高职高专规划教材

DM8 数据库基础与应用

主　编　张卫国
副主编　赵爱兵　杨睿娜　周　平

石油工业出版社

内 容 提 要

本书以实际使用过程为框架结构，以先整体后局部为理念，以动态页面中进行数据表记录操作为验证，详尽介绍了 DM8 的基础知识与实践应用，内容涵盖 DM8 中的基本概念、模式操作、数据表操作、数据表记录操作、SQL 语言、数据库的备份与还原。书中突显数据库中表记录在动态网站中的查询与编辑，通过动态网站环境，践行"学以致用"的教学理念。

本书可作为高职院校学生计算机技术基础、网络应用、云计算、大数据等专业核心课程的教材，也适用于初次接触数据库的读者，还可供动态网站开发的自学者或软件开发人员参考。

图书在版编目（CIP）数据

DM8 数据库基础与应用 / 张卫国主编 . —北京：石油工业出版社，2023.9（2025.1 重印）
高职高专规划教材
ISBN 978-7-5183-6160-1

Ⅰ.①D… Ⅱ.①张… Ⅲ.①数据库系统-高等职业教育-教材 Ⅳ.①TP311.13

中国国家版本馆 CIP 数据核字（2023）第 142581 号

出版发行：石油工业出版社
　　　　　（北京市朝阳区安华里二区 1 号楼　100011）
　　　网　址：www.petropub.com
　　　编辑部：（010）64523733
　　　图书营销中心：（010）64523633
经　　销：全国新华书店
排　　版：三河市聚拓图文制作有限公司
印　　刷：北京晨旭印刷厂

2023 年 9 月第 1 版　2025 年 1 月第 2 次印刷
787 毫米×1092 毫米　开本：1/16　印张：15
字数：383 千字

定价：36.00 元
（如发现印装质量问题，我社图书营销中心负责调换）
版权所有，翻印必究

前　言

达梦数据库管理系统是达梦公司推出的具有完全自主知识产权的高性能数据库管理系统，简称 DM。目前达梦数据库管理系统的最新版本是 8.0 版本，简称 DM8。

DM8 数据库在国内的广泛应用，有着重要、重大的现实意义。

任何一种新知识的学习，都遵循着"有所求，才有所学"的模式。尤其是数据库知识的学习，如果不能够在生活中有所体现，则学习时不知为何学，应用时不知如何用。

为了解决学、用之间的隔阂，我们编写了这本教材。本教材不仅包括 DM8 数据库方方面面的内容，而且讲述了 DM8 系统从无到有的平台搭建过程和应用平台的测试过程。例如，首先从 VMware 下载开始讲起，在完成虚拟机软件安装后，讲述了国产麒麟操作系统的版本选择、下载及在虚拟机中的安装过程；在麒麟系统中，完整演示了 DM8 系统的安装及测试；为了达到数据库实践应用目的，成功搭建了 PHP8+Nginx 的动态网站环境。

本教材有三大特点：

（1）不以理论学习方式进行章节划分，而是以学习、使用过程进行章节划分，以实用、适用、易用为理念，没有大而全的理论讲解，只有小而精的范例操作。例如，先从**数据库整体**入手，在完成数据库基本框架了解后，再进行**数据表**的相关操作，最后进行**数据表记录**操作。在数据表记录操作中，由于数据表记录查询的重要性，单独用一个章节讲解。该章节中，除了完成查询方法、技巧的讲解，更是在动态页面环境中完成了相关查询信息的输出。对于 SQL 语言相关知识，以身份证信息输出为引导进行讲解，并在动态页面中实现了存储过程、自定义函数的实践输出。最后，教材对 DM8 数据库的备份、还原进行讲解，使读者不仅能够完成 DM8 数据库的基础知识学习，还能够进行 DM8 数据库系统较为重要的数据库系统维护行为。

（2）一步一截图，无论有无专业基础，按照教材操作都可以顺利完成。

（3）采用双线模式编写。明线是 DM8 数据库的知识，暗线是 SQL 注入攻击的攻防演示，包括动态网站平台搭建（麒麟系统+Nginx+DM8+PHP8）、SQL 注入攻击环境的搭建及 SQL 注入攻击的防范。

另外，由于软件版本变化或服务商站点变更，不能保证所有下载链接长久有效，请根据实际情况进行调整。本书部分源码和课后提升的文档可扫描右方二维码查阅。

部分源码和课后提升的文档

本教材由天津石油职业技术学院张卫国担任主编,天津石油职业技术学院赵爱兵、天津滨海职业学院杨睿娜、天津滨海职业学院周平担任副主编,具体编写分工如下:张卫国负责第1章、第2章;赵爱兵负责第3章、第4章;杨睿娜负责第5章、第6章;周平负责第7章、第8章。全书由张卫国统稿,天津石油职业技术学院李洋洋、衣娜、曹冬、袁峰、刘晓莲参与了资料收集、整理工作。

因编者水平有限,书中错误及不妥之处在所难免,敬请读者批评指正。

编者
2023 年 6 月

目 录

1 DM8 环境搭建 …………………… 1
  1.1 教学目标 …………………………… 1
    1.1.1 知识目标 ……………………… 1
    1.1.2 能力目标 ……………………… 1
    1.1.3 素质目标 ……………………… 1
  1.2 课前自学 …………………………… 2
    1.2.1 环境介绍 ……………………… 2
    1.2.2 VMware Workstation 17.0 Pro 的下载及安装 …………………… 2
    1.2.3 银河麒麟系统的安装 ………… 6
  1.3 课中实训 ………………………… 18
    1.3.1 DM8 数据库的安装 ………… 18
    1.3.2 DM8 数据库的测试 ………… 37
  1.4 课后提升 ………………………… 40

2 动态网站环境搭建 ………………… 41
  2.1 教学目标 ………………………… 41
    2.1.1 知识目标 …………………… 41
    2.1.2 能力目标 …………………… 41
    2.1.3 素质目标 …………………… 41
  2.2 课前自学 ………………………… 41
    2.2.1 达梦数据库介绍 …………… 41
    2.2.2 Nginx 介绍 ………………… 42
    2.2.3 PHP8 介绍 ………………… 43
    2.2.4 MobaXterm 介绍 …………… 43
  2.3 课中实训 ………………………… 43
    2.3.1 MobaXterm 的下载、测试 …………………………………… 43
    2.3.2 Nginx 的安装、测试 ……… 47
    2.3.3 PHP8 的安装、测试 ……… 49
    2.3.4 DM8 的数据库连接测试 … 54
  2.4 课后提升 ………………………… 58

3 模式、数据表、数据列的创建、更名与删除 ……………………………… 59
  3.1 教学目标 ………………………… 59
    3.1.1 知识目标 …………………… 59
    3.1.2 能力目标 …………………… 59
    3.1.3 素质目标 …………………… 59
  3.2 课前自学 ………………………… 59
    3.2.1 DM8 数据库中常用术语 … 59
    3.2.2 数据库和实例 ……………… 62
    3.2.3 模式 ………………………… 63
    3.2.4 用户 ………………………… 63
    3.2.5 数据表 ……………………… 63
    3.2.6 数据库、实例、表空间、用户、模式、数据表之间的关系 ……………………………… 63
    3.2.7 数据列 ……………………… 64
  3.3 课中实训 ………………………… 64
    3.3.1 数据库的创建、删除 ……… 64
    3.3.2 模式的创建、删除 ………… 75
    3.3.3 模式的查看、切换 ………… 79
    3.3.4 数据表的创建、更名、删除 ……………………………… 79
    3.3.5 数据列的创建、更名、删除 ……………………………… 84
  3.4 课后提升 ………………………… 89

4 数据表记录的插入、修改与删除 …… 90

4.1 教学目标 …… 90
4.1.1 知识目标 …… 90
4.1.2 能力目标 …… 90
4.1.3 素质目标 …… 90
4.2 课前自学 …… 90
4.2.1 数据表的重要性 …… 90
4.2.2 DM8 数据表及列名（字段）的命名规范 …… 91
4.3 课中实训 …… 91
4.3.1 插入记录 …… 92
4.3.2 修改记录 …… 97
4.3.3 删除记录 …… 102
4.4 课后提升 …… 106

5 数据表记录的查询 …… 107

5.1 教学目标 …… 107
5.1.1 知识目标 …… 107
5.1.2 能力目标 …… 107
5.1.3 素质目标 …… 107
5.2 课前自学 …… 107
5.3 课中实训 …… 108
5.3.1 完成示例性数据表创建及记录的插入 …… 108
5.3.2 条件表达式实现的查询 …… 113
5.3.3 正则表达式实现的查询 …… 114
5.3.4 聚合函数实现的查询 …… 116
5.3.5 GROUP BY 子句 …… 117
5.3.6 COALESCE（空值判断函数） …… 118
5.3.7 ORDER BY 子句 …… 119
5.3.8 CASE 函数 …… 119
5.3.9 复制表结构（包括表记录） …… 120
5.3.10 批量追加数据 …… 121
5.3.11 连接查询 …… 121
5.3.12 查询 …… 123
5.3.13 TOP、LIMIT、ROWNUM …… 124
5.3.14 RANK …… 126
5.3.15 动态页面下查询的实现 …… 127
5.4 课后提升 …… 133

6 身份证信息的输出 …… 134

6.1 教学目标 …… 134
6.1.1 知识目标 …… 134
6.1.2 能力目标 …… 134
6.1.3 素质目标 …… 134
6.2 课前自学 …… 134
6.2.1 身份证中含有的信息 …… 134
6.2.2 具体省（直辖市、自治区、特别行政区）代码 …… 135
6.3 课中实训 …… 136
6.3.1 常量、变量、变量声明及变量声明输出的示例 …… 136
6.3.2 函数及自定义函数 …… 137
6.3.3 循环、分支语句 …… 145
6.3.4 存储过程及自定义存储过程的输出 …… 149
6.3.5 自定义函数 …… 157
6.3.6 自定义存储过程与自定义函数的不同 …… 161
6.3.7 在页面中完成身份证信息的输出 …… 162
6.4 课后提升 …… 166

7 模式对象与用户管理 …… 167

7.1 教学目标 …… 167

  7.1.1 知识目标 …………… 167
  7.1.2 能力目标 …………… 167
  7.1.3 素质目标 …………… 167
 7.2 课前自学 ……………… 168
  7.2.1 模式对象定义及作用 …… 168
  7.2.2 索引、视图、触发器的定义及作用 ……………… 168
  7.2.3 密码策略 …………… 168
 7.3 课中实训 ……………… 169
  7.3.1 模式对象管理 ………… 169
  7.3.2 用户管理 …………… 178
 7.4 课后提升 ……………… 188

8 备份还原操作 …………… 189
 8.1 教学目标 ……………… 189
  8.1.1 知识目标 …………… 189
  8.1.2 能力目标 …………… 189
  8.1.3 素质目标 …………… 189
 8.2 课前自学 ……………… 189
  8.2.1 备份 ………………… 189
  8.2.2 还原 ………………… 190
  8.2.3 恢复 ………………… 190
  8.2.4 备份、还原、恢复的关系 …………………… 190
 8.3 课中实训 ……………… 191
  8.3.1 备份 ………………… 191
  8.3.2 还原 ………………… 205
  8.3.3 逻辑备份（导出） …… 213
  8.3.4 逻辑还原（导入） …… 223
 8.4 课后提升 ……………… 232

1　DM8 环境搭建

DM8 环境搭建是 DM（达梦）数据库学习的基础。DM8 的安装、配置环境较为复杂，需要反复练习。

1.1　教学目标

1.1.1　知识目标

（1）了解宿主机环境；
（2）了解虚拟机环境；
（3）掌握 DM8 的安装；
（4）掌握 DM8 的基本测试。

1.1.2　能力目标

（1）能够完成虚拟机软件的安装；
（2）能够完成虚拟机系统（银河麒麟）的安装；
（3）能够完成 DM8 数据库的安装及测试。

1.1.3　素质目标

（1）具备自学能力，能够完成数据库发展史的相关资料阅读；
（2）具备获取信息，并利用信息的能力；
（3）具备团队合作精神，相互帮助完成实操训练。

面对当前国外对我国基础软硬件核心技术封锁的现状，我们需要将核心技术牢牢把握在自己手中，摆脱对外依赖性制约，形成自主发展能力。数据库作为基础软件的"三驾马车"之一，具有高技术含量、高技术壁垒的特性，是守护数据安全乃至国家安全的关键底层支柱。达梦始终坚持自主研发、原始创新，打造了一套完整的纯国产数据库产品及解决方案，满足用户数字化转型的多样需求，从根本上杜绝知识产权风险。

1.2　课前自学

1.2.1　环境介绍

1.2.1.1　宿主机环境要求

（1）操作系统：
① Windows 系统：Windows 10 或更高版本。
② Linux 系统：Ubuntu 20.04、Red Hat Enterprise Linux 8.4 或更高版本。
（2）CPU：具有 AMD-V 支持的 64 位 AMD CPU 或具有 VT-x 支持的 64 位 Intel CPU。推荐使用多核心 CPU。
（3）主板：打开 CPU 虚拟化功能。
（4）内存：至少 8GB RAM，推荐 16GB RAM。
（5）硬盘空间：至少 100 GB 的可用硬盘空间，推荐使用固态硬盘。
（6）显卡：64MB 显存独立显卡，推荐 128MB 显存独立显卡。

1.2.1.2　虚拟机软件 VMware Workstation 简介

虚拟机（Virtual Machine）指通过软件模拟的具有完整硬件系统功能的、运行在一个完全隔离环境中的完整计算机系统。

虚拟机软件指能够创建、运行并进行管理虚拟机的软件。

VMware Workstation 是一款功能非常强大的虚拟机软件，它可以帮助用户在 Windows（或 Linux）系统上同时开启多个系统，比如 Mac、Linux 及 Windows10/11 等，还能与云技术和容器技术（如 Docker 和 Kubernetes）协同工作。目前使用的版本为 VMware Workstation 17.0 Pro。

VMware Workstation 17.0 Pro 不仅带来了许多新特性，例如微软 Windows 11 硬性要求——虚拟可信平台模块（TPM）2.0，同时也带来了许多其他新功能，例如 Windows Server 2022、RHEL 9、Debian 11.x 和 Ubuntu 22.04。

VMware Workstation 17.0 Pro 还可以主机启动时自动启动本地虚拟机，用户还可以在完全或快速加密之间进行选择，支持 OpenGL 4.3（Windows 7、Linux with Mesa 22.0.0 或 Linux 内核 5.16.0 的更高版本），以及 WDDM 1.2。

1.2.2　VMware Workstation 17.0 Pro 的下载及安装

1.2.2.1　VMware Workstation 17.0 Pro 的下载

（1）在百度搜索栏中完成关键字"VMware Workstation Pro 官网"输入。鼠标左键单击含有"CN"字样的链接，如图 1.1 所示。

提示：VMware 网址为 https://www.vmware.com/cn/products/workstation-pro.html。

1 DM8 环境搭建

图 1.1 从百度进入 VMware 公司中文官网

（2）鼠标左键单击"下载试用版"链接，如图 1.2 所示。

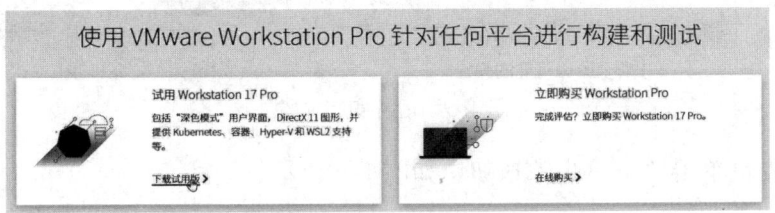

图 1.2 下载"Workstation 17 Pro"试用版

（3）根据宿主机系统实际情况，单击对应版本的"DOWNLOAD NOW"链接，如图 1.3 所示。

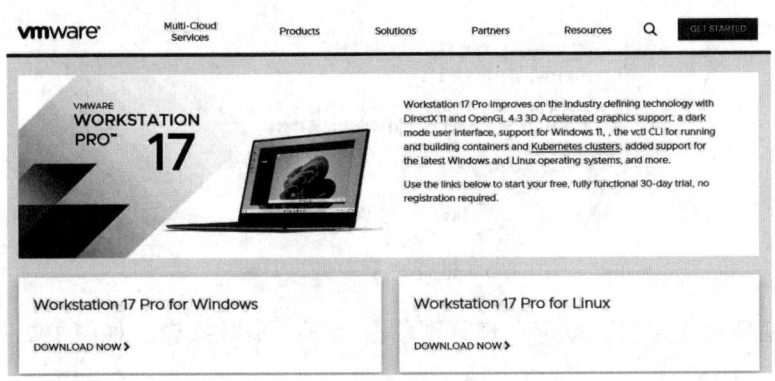

图 1.3 选择宿主机系统对应的版本

提示：本教材宿主机采用 Windows 系统。

（4）根据宿主机系统实际情况，完成 Workstation 17 Pro 下载。之后进入下载目录，如图 1.4 所示。

图 1.4 下载并打开下载目录

— 3 —

1.2.2.2　VMware Workstation 17.0 Pro 的安装

（1）鼠标左键双击"VMware-workstation-full-17.0.0-20800274.exe"程序名称。根据宿主机系统实际情况，鼠标左键单击"下一步"按钮，如图 1.5 所示。

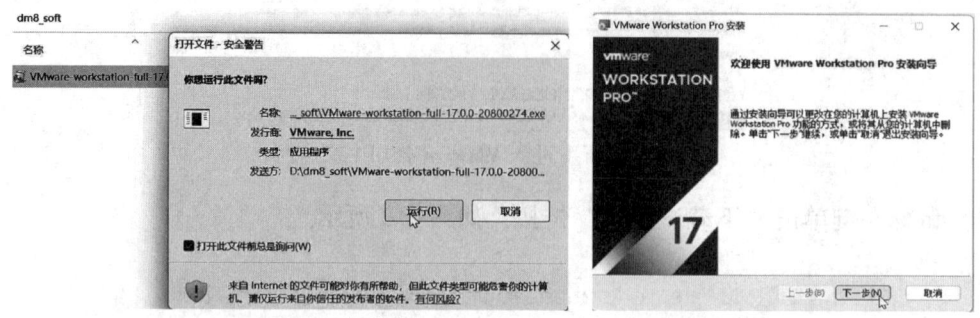

(a) 安全原因可能的弹窗　　　　　　(b) 运行"下一步"安装

图 1.5　运行安装文件

（2）鼠标左键单击"下一步"按钮，如图 1.6 所示。

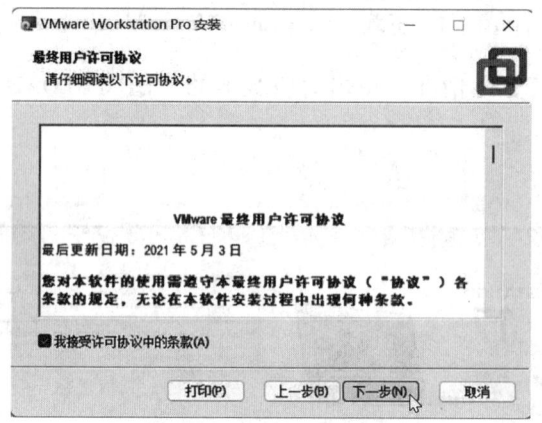

图 1.6　进行"下一步"安装

（3）完成两项对应选项，鼠标左键分别单击"下一步"按钮，如图 1.7 所示。

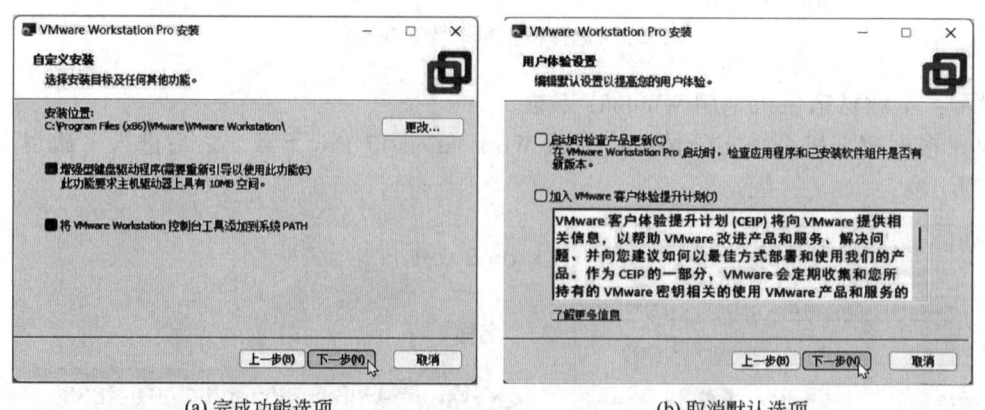

(a) 完成功能选项　　　　　　　　　(b) 取消默认选项

图 1.7　完成两项对应选项

（4）完成快捷方式选项，鼠标左键单击"下一步"按钮，如图1.8所示。

（5）鼠标左键单击"安装"按钮，如图1.9所示。

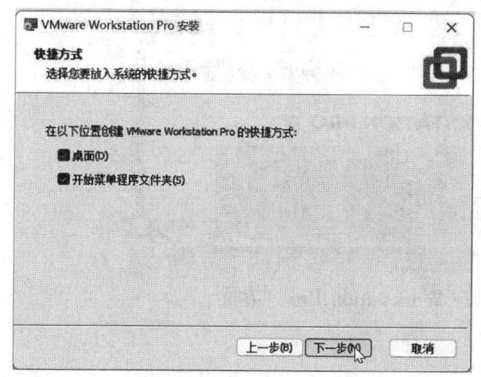

图1.8　完成快捷方式选项

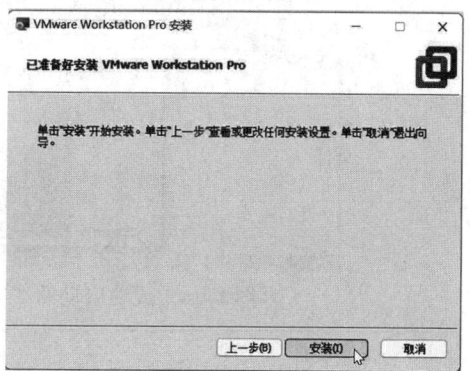

图1.9　开始安装

（6）鼠标左键单击"完成"按钮，完成安装，如图1.10所示。

（7）鼠标左键单击"是"按钮，准备重新启动系统，如图1.11所示。

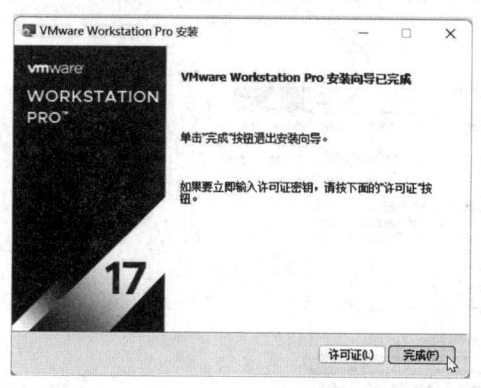

图1.10　完成安装

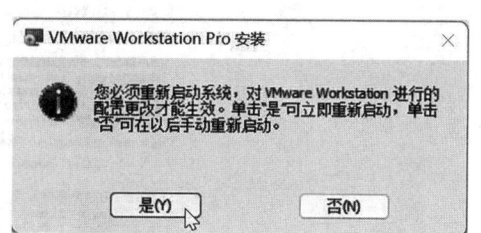

图1.11　准备重新启动系统

（8）系统重启后，鼠标左键双击桌面"VMware Workstation Pro"图标。完成相应选项，鼠标左键单击"继续"按钮，如图1.12所示。

（9）鼠标左键单击"完成"按钮，如图1.13所示。

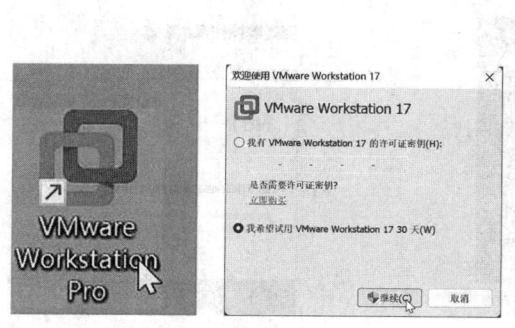

图1.12　确定试用

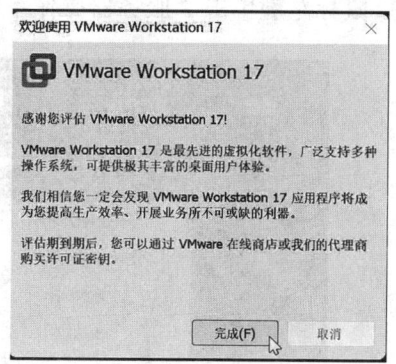

图1.13　完成评估安装

（10）成功启动"VMware Workstation Pro"虚拟机软件，如图 1.14 所示。

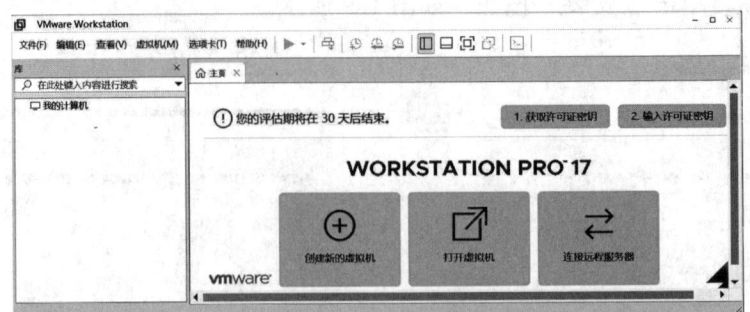

图 1.14　成功启动的"VMware Workstation Pro"界面

1.2.3　银河麒麟系统的安装

1.2.3.1　银河麒麟系统的下载

（1）在百度搜索栏中完成关键字"银河麒麟系统"输入，鼠标左键单击含有"银河麒麟操作系统"字样的链接，如图 1.15 所示。

图 1.15　在百度中完成关键字的输入

提示：麒麟网址为 https：//www.kylinos.cn/。
（2）在"产品"下选择"服务器操作系统"，如图 1.16 所示。
（3）鼠标左键单击"服务器操作系统版本"下的"More"链接，如图 1.17 所示。

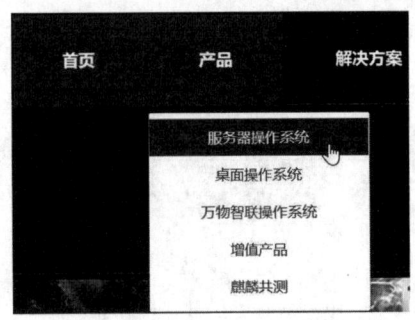

图 1.16　准备下载"服务器操作系统"

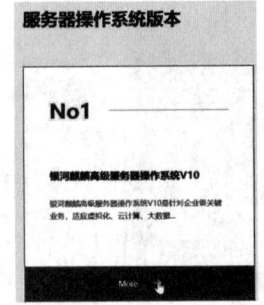

图 1.17　单击"More"链接

(4) 鼠标左键单击"申请试用"按钮，如图1.18所示。

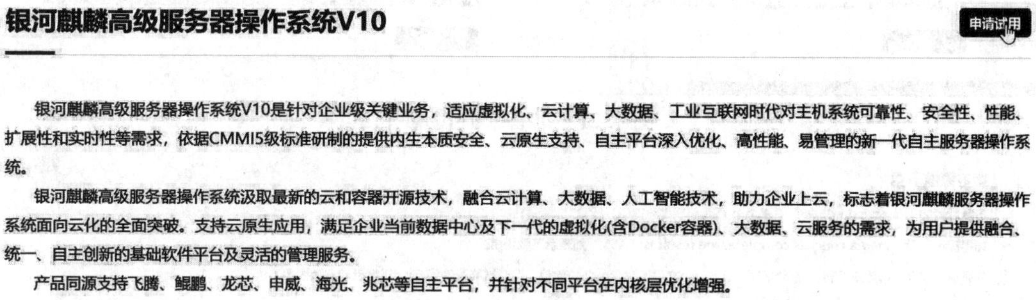

图1.18　单击"申请试用"按钮

(5) 完成相关信息填写，鼠标左键单击"立即提交"按钮，如图1.19所示。

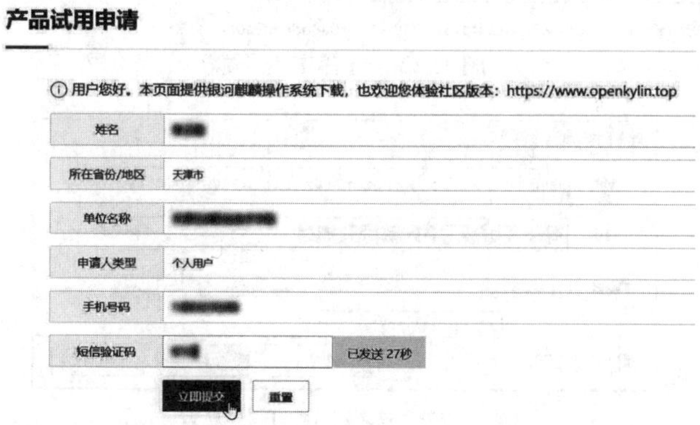

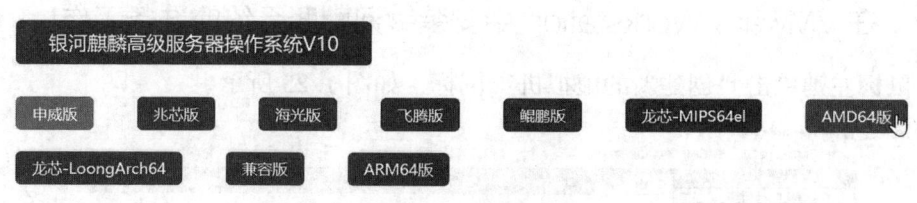

图1.19　提交产品试用申请

(6) 鼠标左键单击"AMD64版"按钮，如图1.20所示。

图1.20　选择试用版本

提示：试用版本的选择与宿主机的具体物理架构有关，请根据实际情况进行选择。

(7) 鼠标左键先单击"复制提取码"按钮，之后鼠标左键单击下载地址链接，如图1.21所示。

(8) 鼠标左键单击"本地下载"链接地址，如图1.22所示。

(9) 完成文件下载位置的选择，鼠标左键单击"下载"，如图1.23所示。

图 1.21　准备下载镜像

图 1.22　选择本地下载

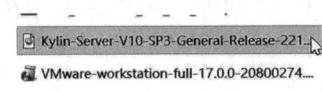

图 1.23　选择文件下载位置

（10）完成下载后，进入下载目录进行查看，如图 1.24 所示。

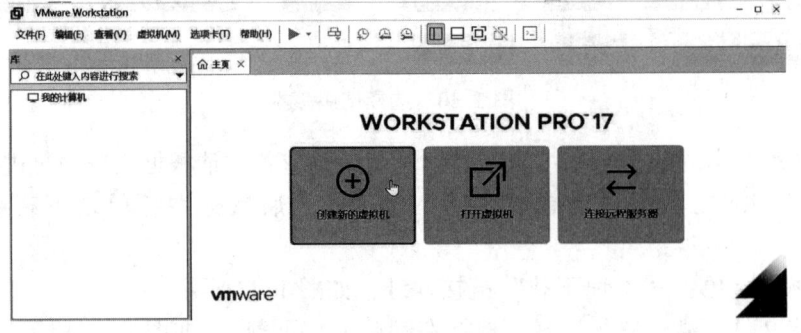

图 1.24　查看下载文件

1.2.3.2　在 VMware Workstation 中安装银河麒麟系统的准备工作

（1）鼠标左键单击"创建新的虚拟机"图标，如图 1.25 所示。

(2)完成典型配置,鼠标左键单击"下一步"按钮,如图 1.26 所示。
(3)选择稍后安装操作系统,鼠标左键单击"下一步"按钮,如图 1.27 所示。

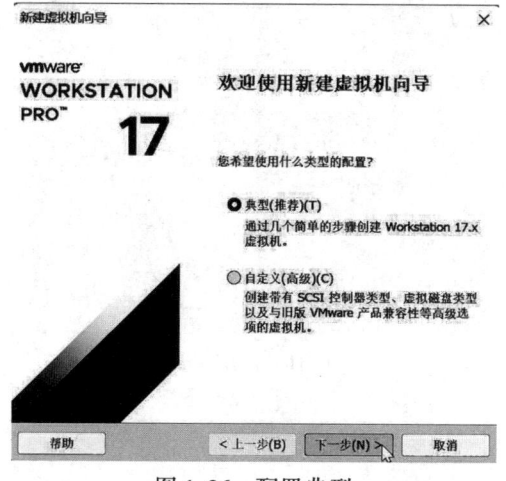

图 1.26　配置典型

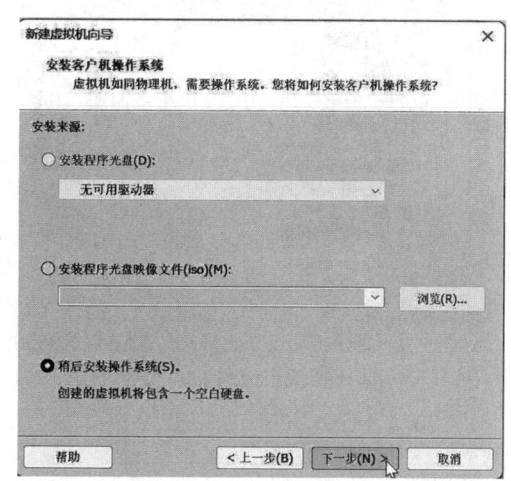

图 1.27　稍后安装操作系统

(4)完成客户机操作系统及版本选择,鼠标左键单击"下一步"按钮,如图 1.28 所示。
(5)完成虚拟机名称输入,鼠标左键单击"浏览"按钮,如图 1.29 所示。

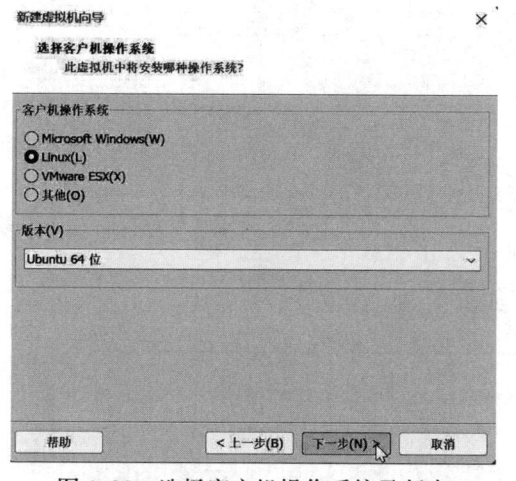

图 1.28　选择客户机操作系统及版本

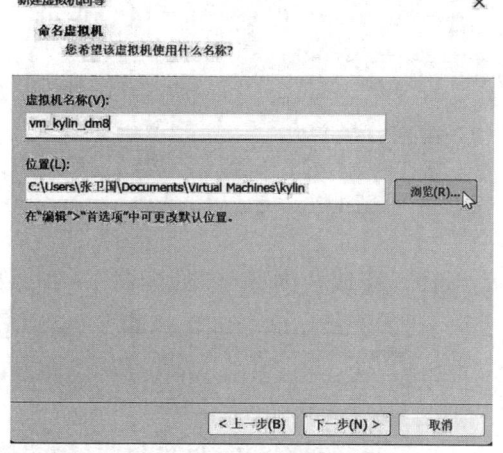

图 1.29　输入虚拟机名称

提示:本教材中虚拟机文件存放目录为"vm_kylin_dm8"。
(6)完成虚拟机位置的目录选择,鼠标左键单击"确定"按钮,如图 1.30 所示。
提示:该目录需要提前建立,目录名称尽量贴近实际功能描述。
(7)命名虚拟机并确定位置,鼠标左键单击"下一步"按钮,如图 1.31 所示。
(8)指定磁盘容量,鼠标左键单击"下一步"按钮,如图 1.32 所示。
(9)鼠标左键单击"自定义硬件"按钮,如图 1.33 所示。

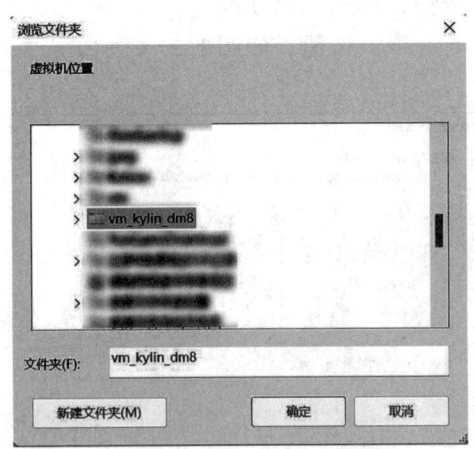
图 1.30 选择虚拟机文件存放目录的位置

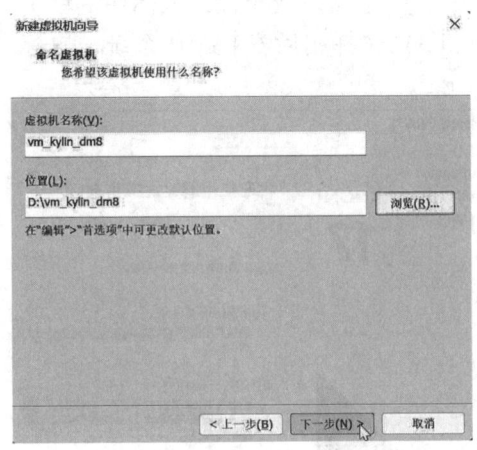
图 1.31 虚拟机命名

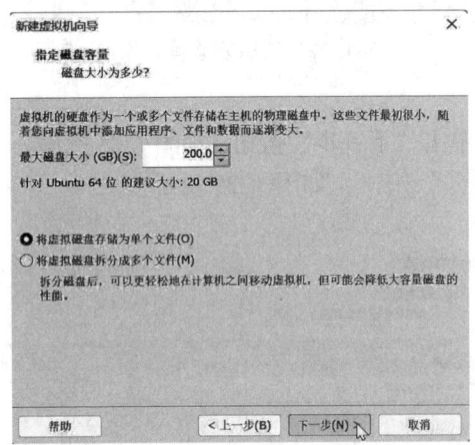
图 1.32 完成磁盘选项

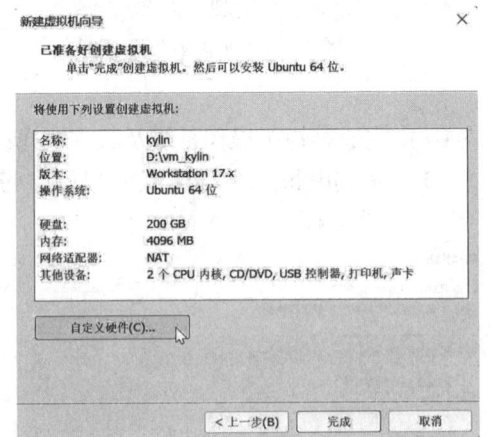
图 1.33 自定义硬件

(10)完成"内存""处理器"的参数选择,如图 1.34 所示。

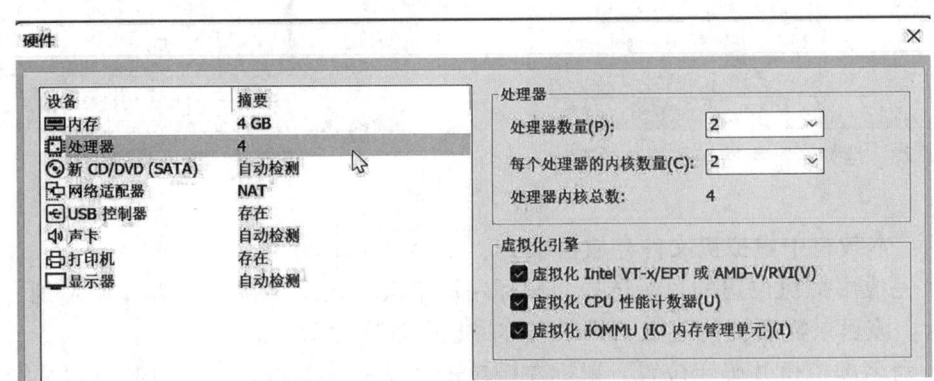
图 1.34 选择"内存""处理器"的参数

(11)完成"新 CD/DVD(SATA)"参数选择,鼠标左键单击"浏览"按钮,如图 1.35 所示。

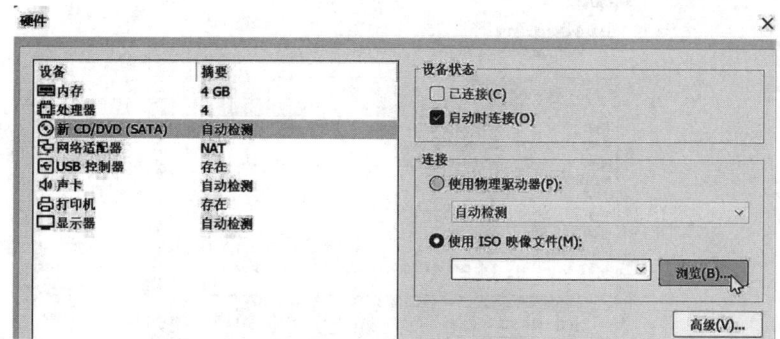

图 1.35 选择"新 CD/DVD（SATA）"参数

（12）完成银河麒麟系统的镜像文件选择，鼠标左键单击"打开"按钮，如图 1.36 所示。

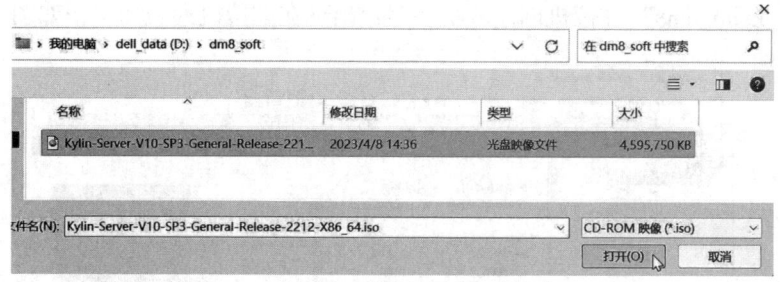

图 1.36 选择镜像文件

（13）鼠标左键单击"关闭"按钮，如图 1.37 所示。

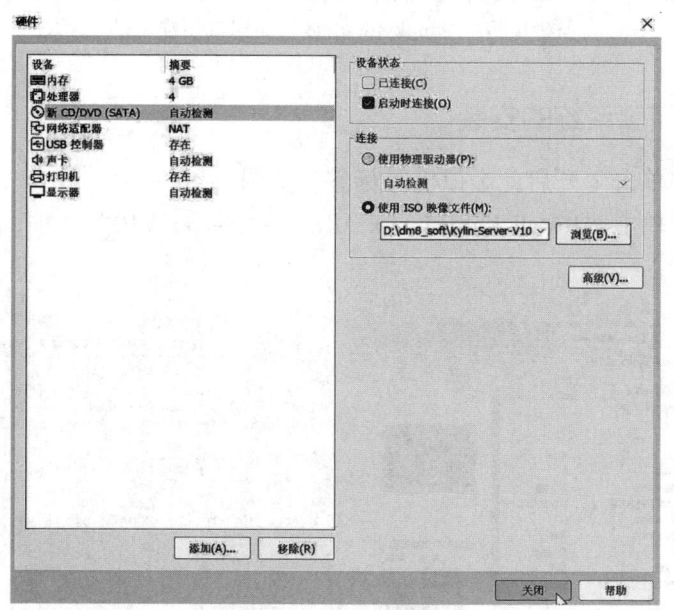

图 1.37 自定义硬件

（14）鼠标左键单击"完成"按钮，如图 1.38 所示。

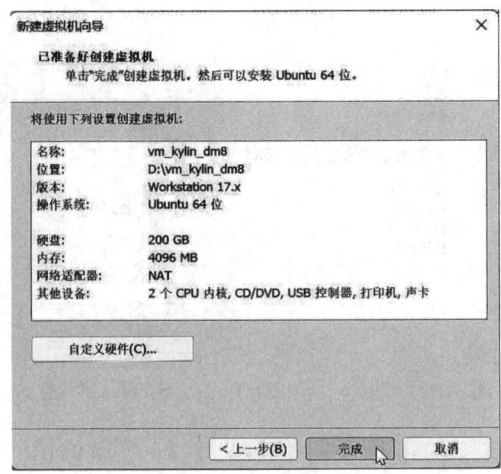

图 1.38 完成创建

(15)"vm_kylin_dm8"虚拟机创建成功,名称出现在虚拟机列表当中,如图 1.39 所示。

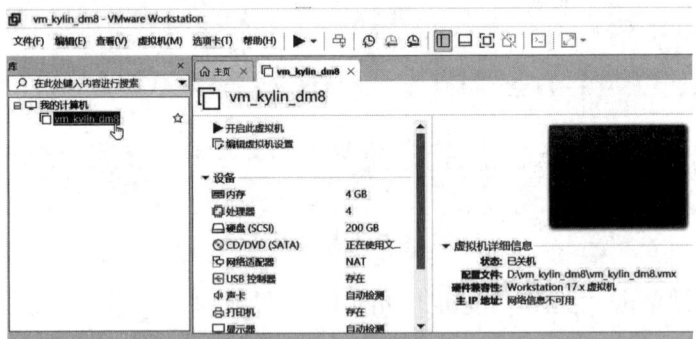

图 1.39 "vm_kylin_dm8"虚拟机创建成功

1.2.3.3 银河麒麟系统的安装

(1)鼠标左键单击"开启此虚拟机"标签,如图 1.40 所示。
(2)鼠标左键单击"Install Kylin Linux Advanced Server V10"选项,如图 1.41 所示。

图 1.40 单击"开启此虚拟机"

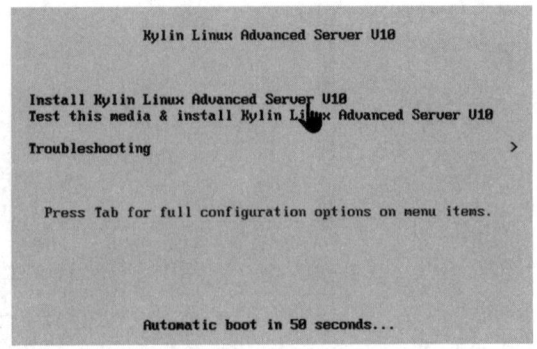

图 1.41 单击"Install Kylin Linux Advanced Server V10"

1 DM8 环境搭建

提示：按键盘上的"↑"箭头或"↓"箭头，可以实现安装选项的上下切换。本例安装中，默认选用第 1 个选项。按键盘上的"Enter"键，进行确认安装。

注意：鼠标左键在虚拟机界面处单击，即可进入虚拟机系统。进入虚拟机系统的鼠标不会同时出现在宿主机界面中。如果需要在宿主机中看到鼠标的话，按键盘上的"Ctrl+Alt"键，会将鼠标光标移出虚拟机。

（3）完成安装语言的选择，鼠标左键单击"继续"按钮，如图 1.42 所示。

（4）鼠标左键单击"安装目的地"图标，如图 1.43 所示。

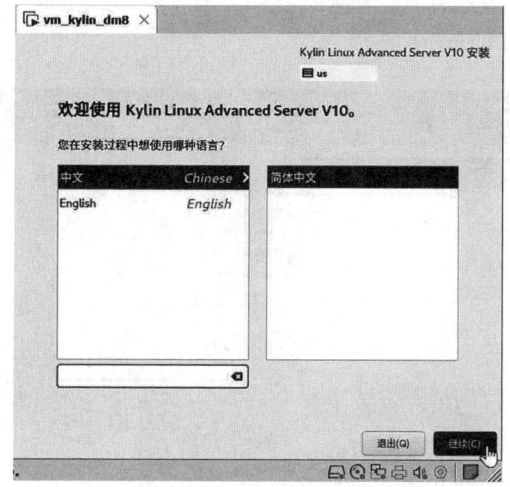

图 1.42 选择安装语言

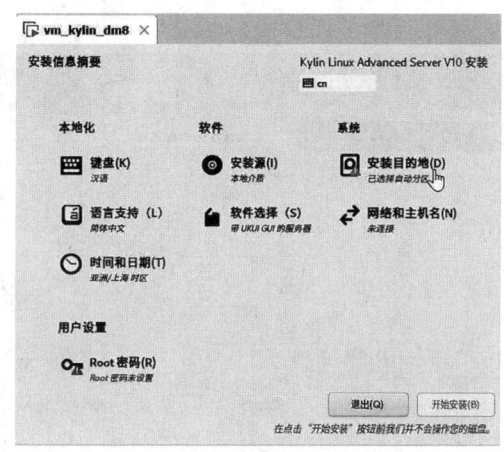

图 1.43 选择安装目的地

（5）鼠标左键单击"完成"按钮，如图 1.44 所示。

图 1.44 完成安装目标位置选择

（6）鼠标左键单击"网络和主机名"按钮，如图 1.45 所示。

（7）鼠标左键单击"以太网"右侧开关按钮，如图 1.46 所示。

提示：如果以太网开关按钮打开后，又自动关闭，可以在"VMware Workstation Pro"中依次点击"编辑""虚拟网络编辑器""VMnet8""还原默认设置"进行调整，如图 1.47 所示。

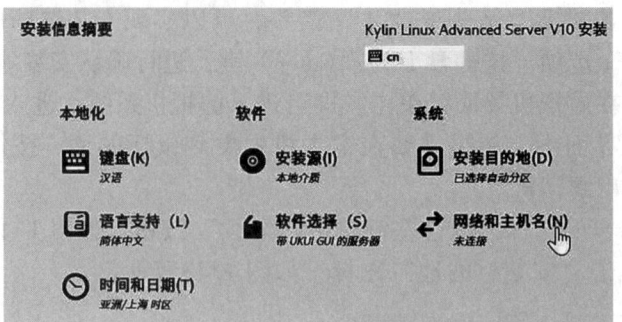

图 1.45　设置网络和主机名

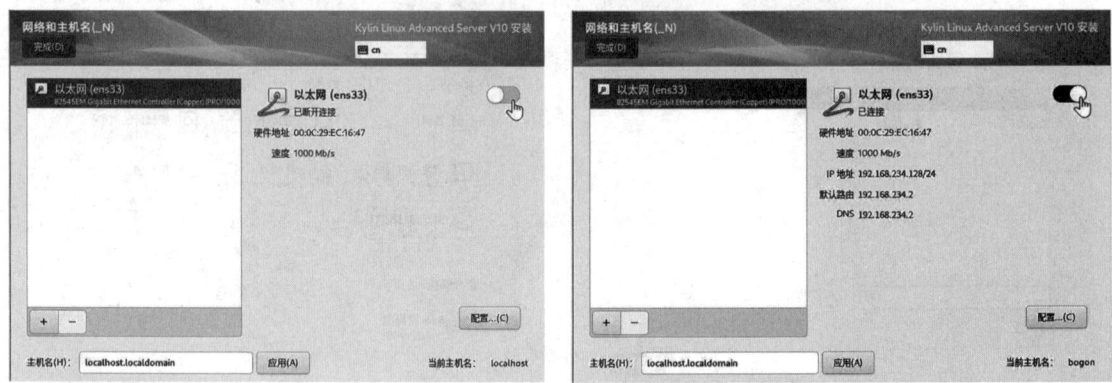

图 1.46　设置网络和主机名

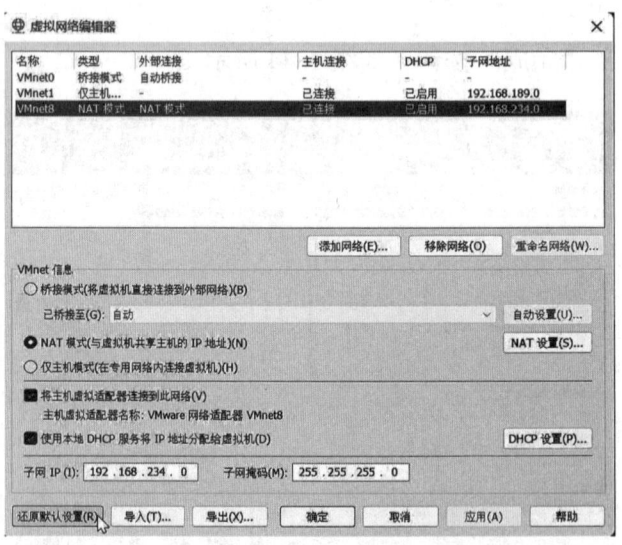

图 1.47　还原 "VMnet8" 默认设置

（8）完成主机名称输入，鼠标左键单击 "完成" 按钮，如图 1.48 所示。

（9）鼠标左键单击 "Root 密码" 图标，如图 1.49 所示。

（10）鼠标左键单击 "完成" 图标，如图 1.50 所示。

注意：由于麒麟系统密码安全要求，密码要符合以下要求：至少 8 位以上，有大、小写字母、数字及允许使用的特殊符号中的至少 3 种。如果密码不符合以上要求，则不能通过 ROOT 密码完成操作。

1 DM8 环境搭建

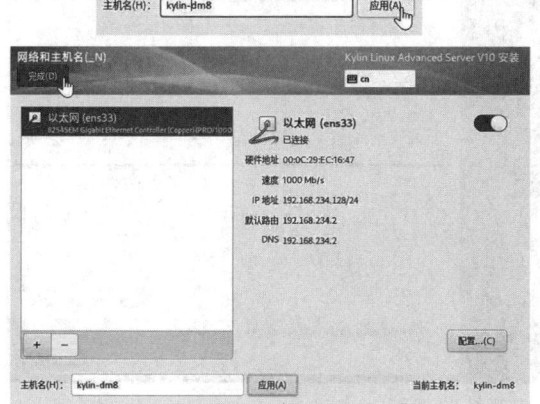

图 1.48 完成主机名应用

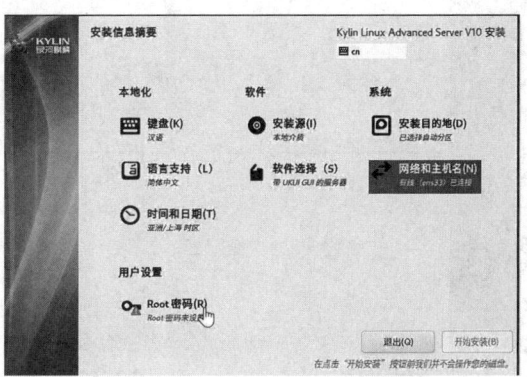

图 1.49 单击 "Root 密码" 图标

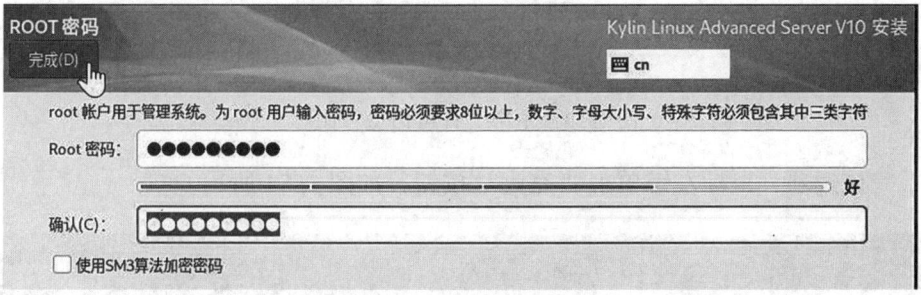

图 1.50 密码输入及确认

本教材中密码采用 "Abcd@0000"。

（11）鼠标左键单击 "开始安装" 图标，如图 1.51 所示。

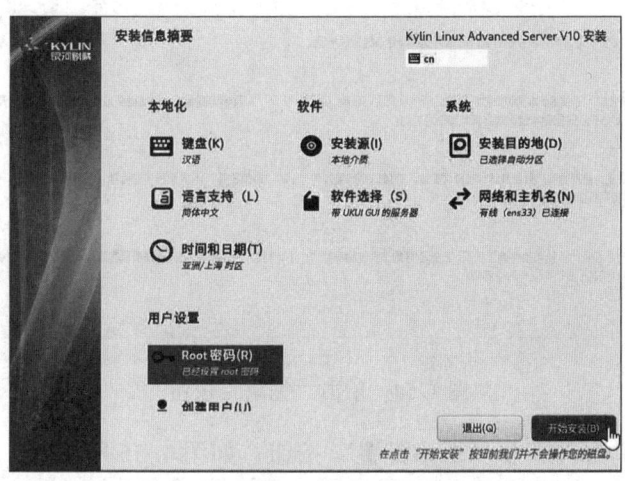

图 1.51 单击 "开始安装" 按钮

（12）等待安装，系统安装完成后，鼠标左键单击 "重启系统" 图标，如图 1.52 所示。

（13）鼠标左键单击 "许可信息" 图标，如图 1.53 所示。

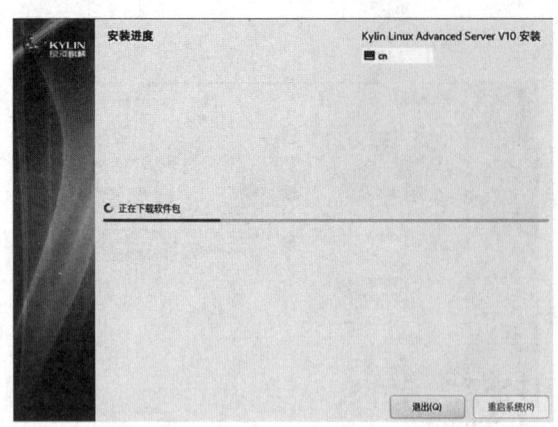 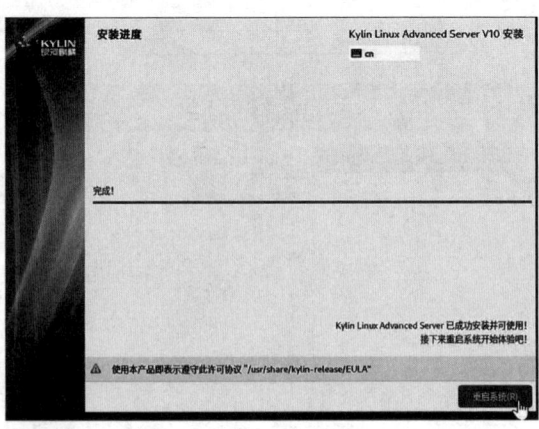

图 1.52　单击"重启系统"图标

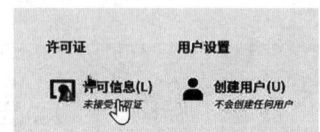

图 1.53　单击"许可信息"图标

（14）完成选项，鼠标左键单击"完成"按钮，如图 1.54 所示。

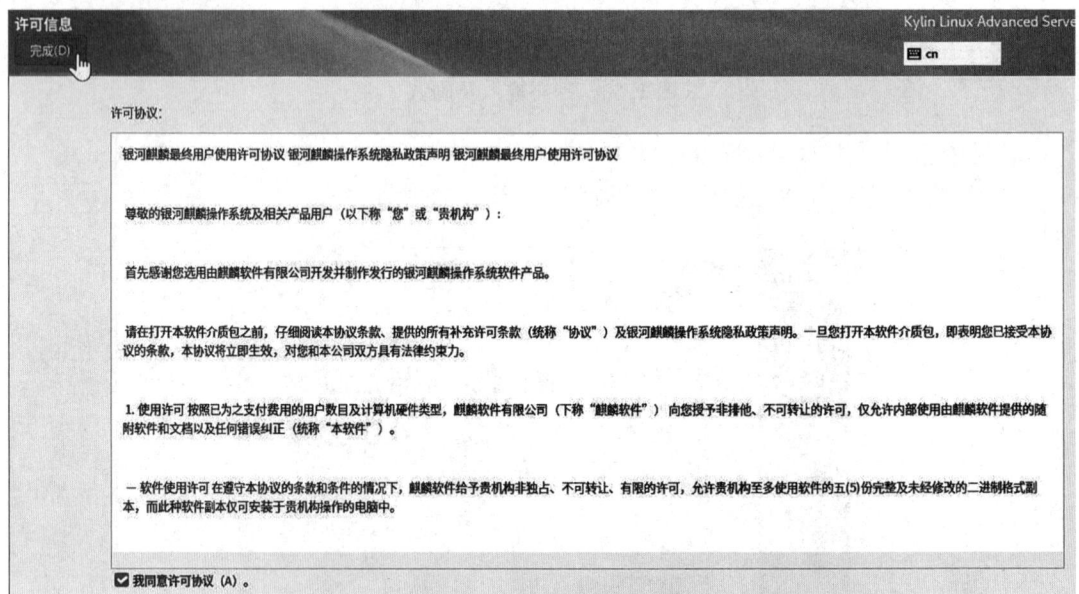

图 1.54　单击"完成"按钮

（15）鼠标左键单击右下方"结束配置"按钮，如图 1.55 所示。
（16）完成"root"账户输入，鼠标左键单击向右箭头，如图 1.56 所示。
（17）完成密码输入，鼠标左键单击向右箭头，如图 1.57 所示。
（18）正常登录到银河麒麟系统，如图 1.58 所示。

1 DM8 环境搭建

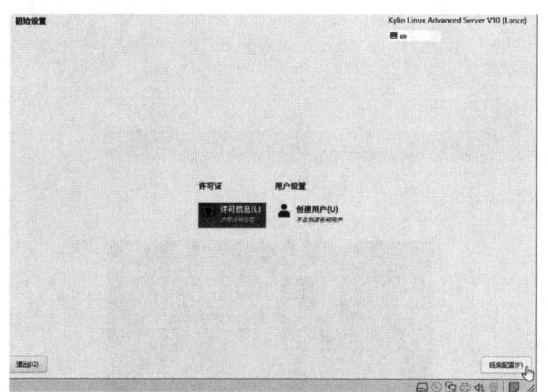

图 1.55 单击"结束配置"按钮

图 1.56 输入账户

图 1.57 完成账户、密码的输入

图 1.58 银河麒麟系统桌面

（19）鼠标移至"vm_kylin_DM8"虚拟机名称标签上并右键单击，再依次左键单击"电源""关闭客户机"；鼠标左键单击"关机"按钮，如图 1.59 所示。

图 1.59 关闭操作系统

(20) 完成虚拟机关机，如图 1.60 所示。

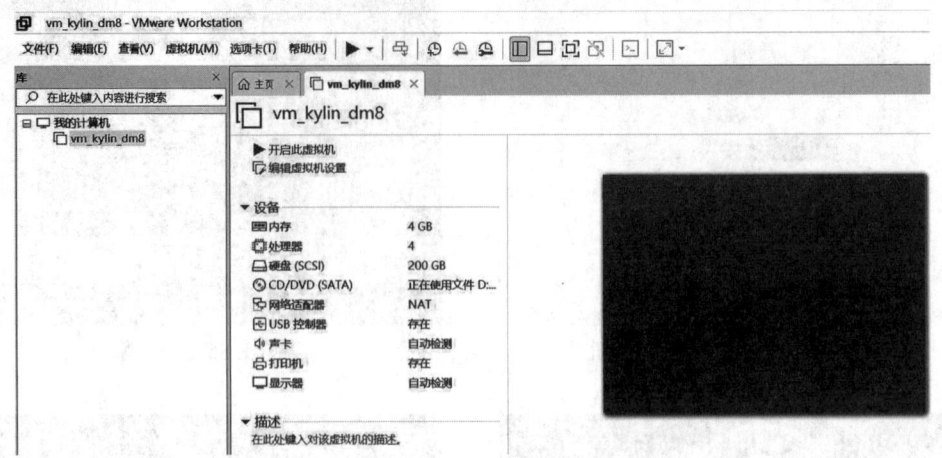

图 1.60　虚拟机关机

1.3　课中实训

1.3.1　DM8 数据库的安装

1.3.1.1　DM8 数据库的下载

（1）在百度搜索栏中完成关键字"武汉达梦数据库"输入。鼠标左键单击含有"武汉达梦数据库有限公司"字样的链接，如图 1.61 所示。

图 1.61　百度搜索"武汉达梦数据库"

提示：达梦数据库官方网址为 https://www.dameng.com/。

（2）依次点击"数据库""数据库产品系"，如图 1.62 所示。

（3）鼠标左键单击"达梦数据库管理系统（DM8）"，如图 1.63 所示。

1 DM8 环境搭建

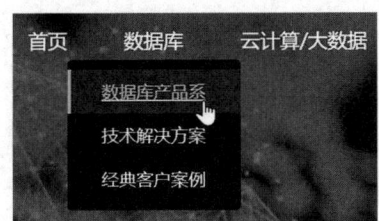

图 1.62 选择数据库产品系   图 1.63 选择达梦数据库
　　　　　　　　　　　　　　　　　管理系统（DM8）

（4）鼠标左键单击"试用下载"按钮，如图 1.64 所示。

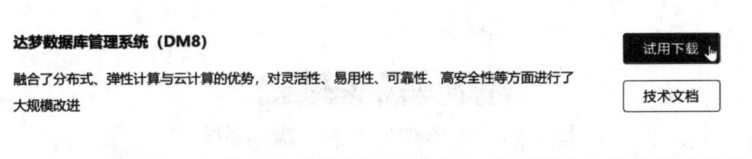

图 1.64 试用下载

（5）完成账户信息输入，鼠标左键单击"登录"按钮，如图 1.65 所示。

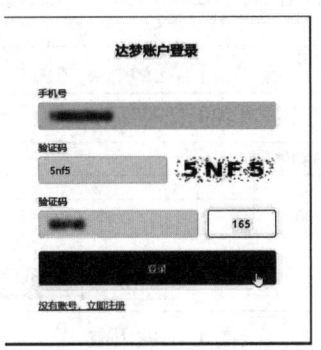

图 1.65 登录

提示：如果没有达梦账户，请先进行达梦账户的注册。
（6）鼠标左键单击"达梦数据库管理系统（DM8）"图标，如图 1.66 所示。

图 1.66 选择达梦数据库管理系统（DM8）

— 19 —

（7）完成 CPU 平台及操作系统选择，鼠标左键单击"立即下载"按钮，如图 1.67 所示。

图 1.67　选择 CPU 平台、操作系统

提示：CPU 平台请根据宿主机实际情况进行选择。由于没有银河麒麟系统选项，操作系统选择"Centos8"。

（8）完成下载目录选择，鼠标左键单击"下载"按钮，如图 1.68 所示。

图 1.68　下载

（9）查看下载目录下文件，鼠标左键单击选中"dm8_20230104_x86_rh6_64.zip"文件，如图 1.69 所示。

（10）鼠标右键单击，在弹出的快捷菜单中依次点击"7-ZIP""提取到当前位置"，如图 1.70 所示。

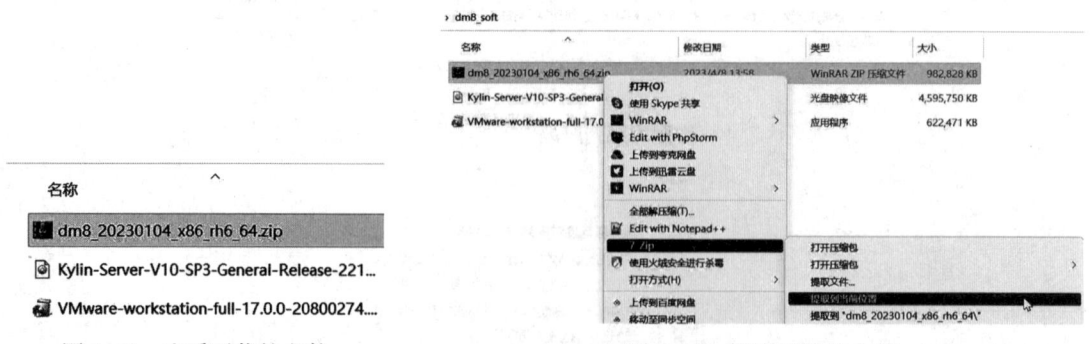

图 1.69　查看下载的文件　　　　　图 1.70　提取下载的文件

1　DM8 环境搭建

提示：如果系统中没有 7-ZIP 软件，请自行下载并安装该软件。如果有其他压缩软件，也可以直接使用。

（11）查看完成解压的 ISO 文件，如图 1.71 所示。

1.3.1.2　在银河麒麟系统中 DM8 数据库的安装

（1）鼠标左键单击"编辑虚拟机设置"标签，如图 1.72 所示。

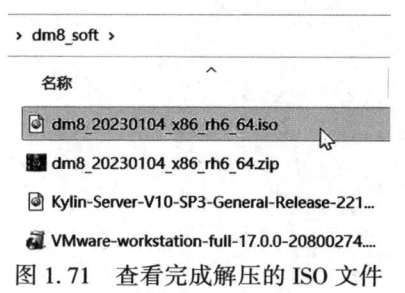

图 1.71　查看完成解压的 ISO 文件

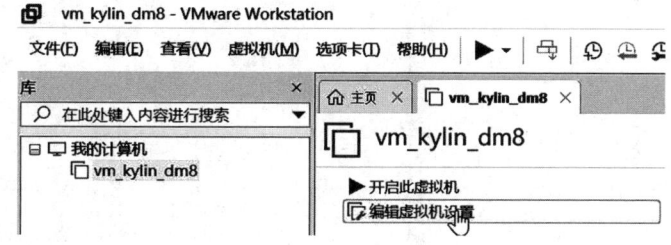

图 1.72　编辑虚拟机设置

（2）鼠标左键单击选中"CD/DVD（SATA）"选项，鼠标左键单击"浏览"按钮，如图 1.73 所示。

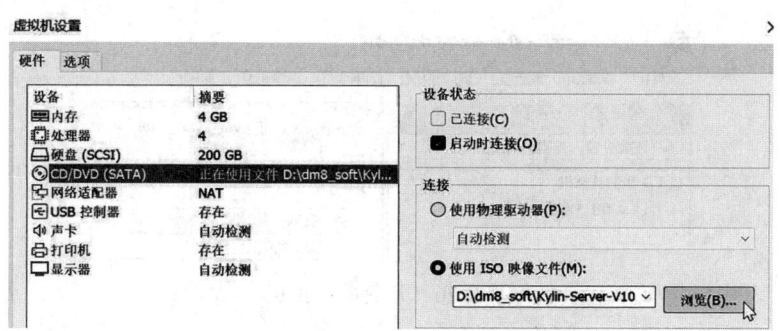

图 1.73　更改 ISO 镜像文件

（3）鼠标左键单击选中"dm8_20230104_x86_rh6_64.iso"文件，鼠标左键单击"打开"按钮，如图 1.74 所示。

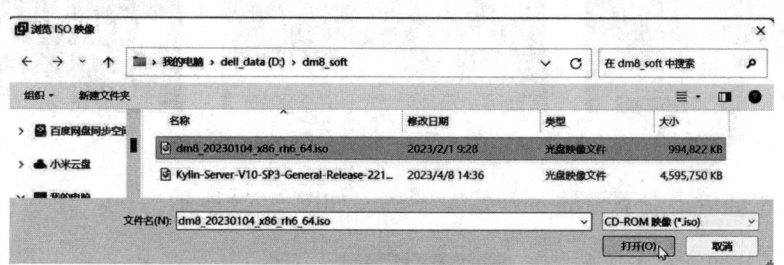

图 1.74　打开 ISO 镜像文件

（4）鼠标左键单击"确定"按钮，如图 1.75 所示。
（5）鼠标左键单击"开启此虚拟机"图标，如图 1.76 所示。
（6）完成账户、密码输入，登录系统，如图 1.77 所示。

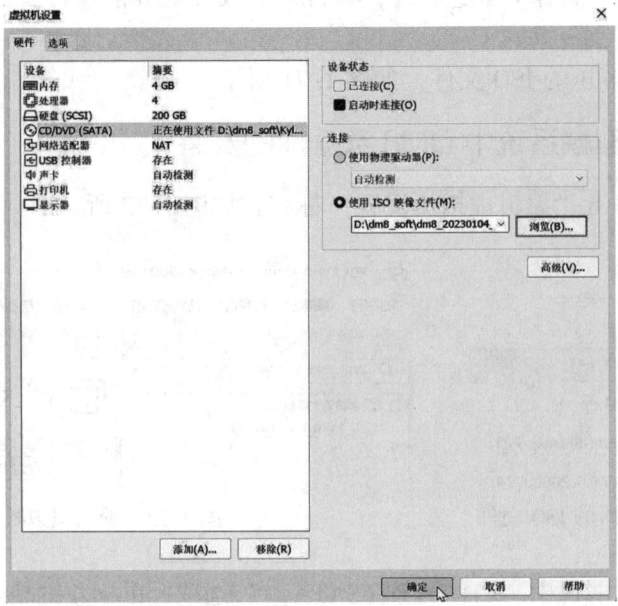

图 1.75 完成 ISO 镜像文件更改

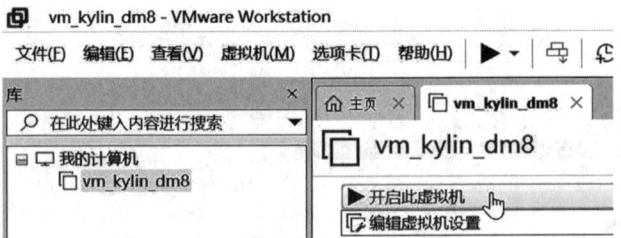

图 1.76 开启此虚拟机

图 1.77 登录系统

(7) 鼠标左键单击左下角的"开始"图标,如图 1.78 所示。

图 1.78 单击"开始"图标

（8）鼠标左键依次单击“所有程序”“系统工具”“终端”，进入终端界面，如图 1.79 所示。

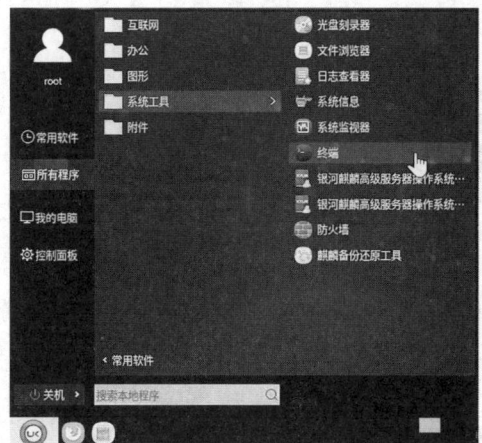

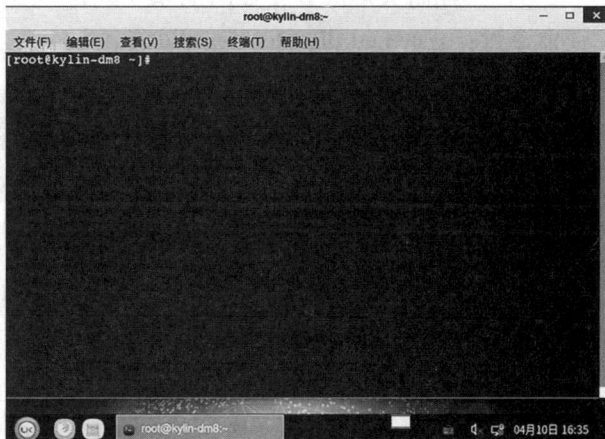

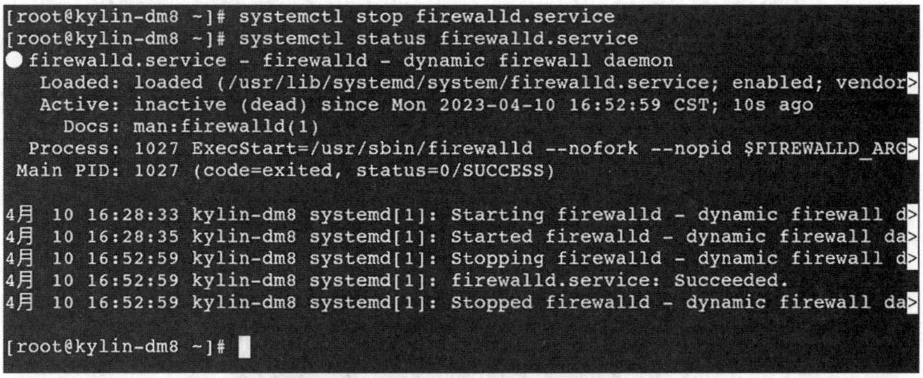

图 1.79　进入“终端”界面

（9）停用并查看防火墙服务，如图 1.80 所示。

命令行 1：systemctl stop firewalld. service

命令行 2：systemctl status firewalld. service

```
[root@kylin-dm8 ~]# systemctl stop firewalld.service
[root@kylin-dm8 ~]# systemctl status firewalld.service
● firewalld.service - firewalld - dynamic firewall daemon
   Loaded: loaded (/usr/lib/systemd/system/firewalld.service; enabled; vendor>
   Active: inactive (dead) since Mon 2023-04-10 16:52:59 CST; 10s ago
     Docs: man:firewalld(1)
  Process: 1027 ExecStart=/usr/sbin/firewalld --nofork --nopid $FIREWALLD_ARG>
 Main PID: 1027 (code=exited, status=0/SUCCESS)

4月 10 16:28:33 kylin-dm8 systemd[1]: Starting firewalld - dynamic firewall d>
4月 10 16:28:35 kylin-dm8 systemd[1]: Started firewalld - dynamic firewall da>
4月 10 16:52:59 kylin-dm8 systemd[1]: Stopping firewalld - dynamic firewall d>
4月 10 16:52:59 kylin-dm8 systemd[1]: firewalld.service: Succeeded.
4月 10 16:52:59 kylin-dm8 systemd[1]: Stopped firewalld - dynamic firewall da>

[root@kylin-dm8 ~]#
```

图 1.80　停用并查看防火墙服务

提示 1：如果出现图 1.81 提示，可按“Ctrl+C”键或“Q”键结束进程显示。

```
[root@kylin-dm8 ~]# systemctl stop firewalld.service
[root@kylin-dm8 ~]# systemctl status firewalld.service
● firewalld.service - firewalld - dynamic firewall daemon
   Loaded: loaded (/usr/lib/systemd/system/firewalld.service; enabled; vendor>
   Active: inactive (dead) since Mon 2023-04-10 16:52:59 CST; 10s ago
     Docs: man:firewalld(1)
  Process: 1027 ExecStart=/usr/sbin/firewalld --nofork --nopid $FIREWALLD_ARG>
 Main PID: 1027 (code=exited, status=0/SUCCESS)

4月 10 16:28:33 kylin-dm8 systemd[1]: Starting firewalld - dynamic firewall d>
4月 10 16:28:35 kylin-dm8 systemd[1]: Started firewalld - dynamic firewall da>
4月 10 16:52:59 kylin-dm8 systemd[1]: Stopping firewalld - dynamic firewall d>
4月 10 16:52:59 kylin-dm8 systemd[1]: firewalld.service: Succeeded.
4月 10 16:52:59 kylin-dm8 systemd[1]: Stopped firewalld - dynamic firewall da>
lines 1-12/12 (END)
```

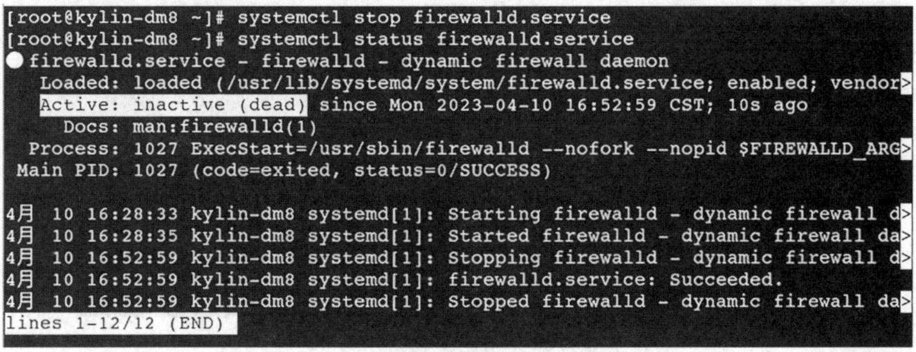

图 1.81　未完全停止的防火墙状态显示

提示 2：如果数据库需要远程访问，则需要停用防火墙服务。相对于开放数据库对应的端口号，停用防火墙服务更为快捷。

（10）禁用防火墙服务，如图 1.82 所示。

命令行：systemctl disable firewalld.service

```
[root@kylin-dm8 ~]# systemctl disable firewalld.service
Removed /etc/systemd/system/multi-user.target.wants/firewalld.service.
Removed /etc/systemd/system/dbus-org.fedoraproject.FirewallD1.service.
[root@kylin-dm8 ~]#
```

图 1.82　禁用防火墙服务

提示：禁用防火墙服务是为了防止系统重启后，防火墙服务再重新启动。

（11）添加用户组 dminstall，如图 1.83 所示。

命令行：groupadd dminstall

```
[root@kylin-dm8 ~]# groupadd dminstall
[root@kylin-dm8 ~]#
```

图 1.83　添加新用户组 dminstall

（12）添加用户 dmdba，如图 1.84 所示。

命令行：useradd -g dminstall dmdba

```
[root@kylin-dm8 ~]# useradd  -g dminstall dmdba
[root@kylin-dm8 ~]# ls /home
dmdba
[root@kylin-dm8 ~]#
```

图 1.84　添加新用户 dmdba

（13）完成用户 dmdba 的激活，如图 1.85 所示。

命令行：passwd dmdba

```
[root@kylin-dm8 ~]# passwd dmdba
更改用户 dmdba 的密码 。
新的　密码：
重新输入新的　密码：
passwd: 所有的身份验证令牌已经成功更新。
[root@kylin-dm8 ~]#
```

图 1.85　激活用户 dmdba

注意：本教材中密码一律采用"Abcd@0000"。

（14）完成根目录下安装目录 DM8 的创建，如图 1.86 所示。

命令行：mkdir /dm8

```
[root@kylin-dm8 ~]# ls /
backup  boot  etc   lib    media  opt   root  sbin  sys  usr
bin     dev   home  lib64  mnt    proc  run   srv   tmp  var
[root@kylin-dm8 ~]# mkdir /dm8
[root@kylin-dm8 ~]# ls /
backup  boot  dm8   home   lib64  mnt   proc  run   srv  tmp  var
bin     dev   etc   lib    media  opt   root  sbin  sys  usr
```

图 1.86　创建安装目录 DM8

（15）更改安装目录 DM8 的所有者（或组），如图 1.87 所示。

命令行：chown dmdba:dminstall /dm8

```
[root@kylin-dm8 ~]# ls -ld /dm8
drwxr-xr-x 2 root root 6  4月 13 11:43
[root@kylin-dm8 ~]# chown dmdba:dminstall /dm8
[root@kylin-dm8 ~]# ls -ld /dm8
drwxr-xr-x 2 dmdba dminstall 6  4月 13 11:43
[root@kylin-dm8 ~]#
```

图 1.87　更改 DM8 的所有者（或组）

（16）修改 DM8 系统文件最大打开数，并存盘退出，如图 1.88 所示。

命令行：vi /etc/security/limits. conf

提示：在文件末添加内容如下：

dmdba soft nofile 65536

dmdba hard nofile 65536

```
#        - maxlogins - max number of logins for this user
#        - maxsyslogins - max number of logins on the system
#        - priority - the priority to run user process with
#        - locks - max number of file locks the user can hold
#        - sigpending - max number of pending signals
#        - msgqueue - max memory used by POSIX message queues (bytes)
#        - nice - max nice priority allowed to raise to values: [-20, 19]
#        - rtprio - max realtime priority
#
#<domain>      <type>  <item>         <value>
#

#*               soft    core            0
#*               hard    rss             10000
#@student        hard    nproc           20
#@faculty        soft    nproc           20
#@faculty        hard    nproc           50
#ftp             hard    nproc           0
#@student        -       maxlogins       4

# End of file
dmdba soft nofile 65536
dmdba hard nofile 65536
-- INSERT --
```

图 1.88　修改 DM8 系统文件最大打开数

（17）载入 DM8 镜像文件到“/mnt”目录，如图 1.89 所示。

命令行：mount /dev/cdrom /mnt

```
[root@kylin-dm8 ~]# mount /dev/cdrom  /mnt
mount: /mnt: WARNING: source write-protected, mounted read-only.
[root@kylin-dm8 ~]# ls /mnt
'DM8 Install.pdf'   DMInstall.bin
[root@kylin-dm8 ~]#
```

图 1.89　载入 DM8 镜像文件

提示：如果出现镜像载入失败的提示，请查看该虚拟机设置中 CD/DVD（SATA）选项是否正常，如图 1.90 所示。

（18）将“/mnt”目录拷贝至“/opt/”目录下，如图 1.91 所示。

命令行：cp -rf /mnt /opt

```
[root@kylin-dm8 ~]# mount /dev/cdrom    /mnt
mount: /mnt: 在 /dev/sr0 上找不到媒体.
[root@kylin-dm8 ~]#
```

(a) 镜像载入失败的提示

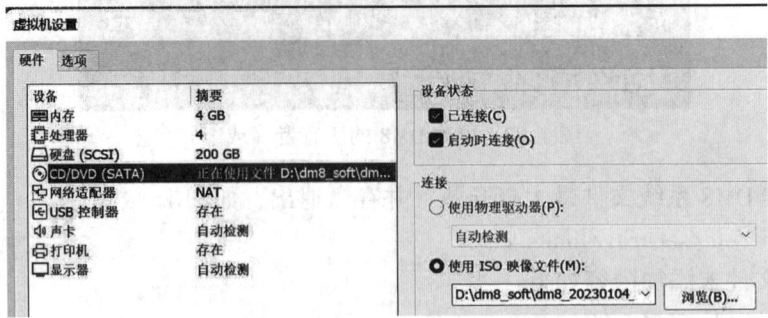

(b) 修正设备状态

图 1.90　修正设置中 CD/DVD（SATA）状态选项

```
[root@kylin-dm8 ~]# ls /opt

[root@kylin-dm8 ~]# cp -rf /mnt /opt
[root@kylin-dm8 ~]# ls /opt
mnt
[root@kylin-dm8 ~]#
```

图 1.91　拷贝 "/mnt" 目录到 "/opt/" 目录

(19) 改变 "/opt/mnt/*" 文件权限，如图 1.92 所示。

命令行 1：chmod +777 /opt/mnt/*

命令行 2：chmod +777 /opt/mnt/

```
[root@kylin-dm8 ~]# chmod +777 /opt/mnt/*
[root@kylin-dm8 ~]# chmod +777 /opt/mnt/
[root@kylin-dm8 ~]#
```

图 1.92　改变 "/opt/mnt/*" 文件权限

(20) 在 "/opt/" 目录下完成 "tmp" 目录创建，如图 1.93 所示。

命令行：mkdir /opt/tmp

```
[root@kylin-dm8 ~]# ls /opt
firefox  mnt  patch_workspace
[root@kylin-dm8 ~]# mkdir /opt/tmp
[root@kylin-dm8 ~]# ls /opt
firefox  mnt  patch_workspace  tmp
[root@kylin-dm8 ~]#
```

图 1.93　在 "/opt/" 目录下完成 "tmp" 目录创建

(21) 改变 "/opt/tmp" 文件权限，如图 1.94 所示。

命令行：chmod +777 -R /opt/tmp/

```
[root@kylin-dm8 ~]# chmod +777 -R /opt/tmp/
[root@kylin-dm8 ~]#
```

图 1.94　改变 "/opt/tmp" 文件权限

（22）授权所有用户都能访问 X Server，如图 1.95 所示。
命令行：xhost +

图 1.95　授权访问 X Server

提示：X 是一种应用程序，用于管理一个或多个图形显示及连接到计算机的一个或多个输入设备（键盘、鼠标等）。

（23）查看输出端提示，如图 1.96 所示。
命令行：echo $DISPLAY

图 1.96　查看输出提示

（24）切换到用户"dmdba"，修改".bash_profile"配置文件，如图 1.97 所示。
命令行 1：su - dmdba
命令行 2：vi .bash_profile

图 1.97　修改".bash_profile"配置文件

（25）完成".bash_profile"编辑，存盘退出，如图 1.98 所示。

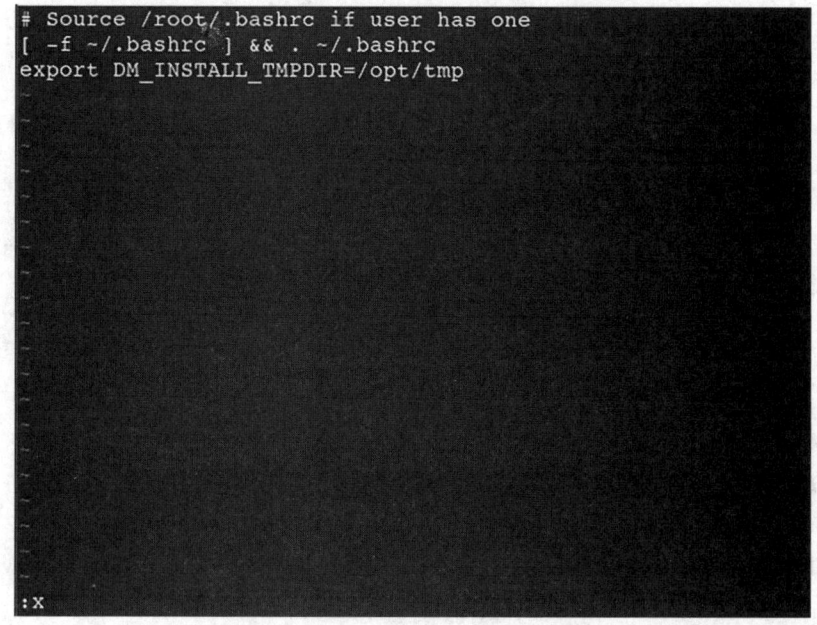

图 1.98　完成".bash_profile"编辑

添加内容：export DM_INSTALL_TMPDIR=/opt/tmp

（26）重新载入“. bash_profile”文件，如图 1.99 所示。

命令行：source . bash_profile

```
[dmdba@kylin-dm8 ~]$ source .bash_profile
[dmdba@kylin-dm8 ~]$
```

图 1.99　重新载入“. bash_profile”文件

（27）进入“/opt/mnt”目录，如图 1.100 所示。

命令行：cd /opt/mnt/

```
[dmdba@kylin-dm8 ~]$ pwd
/home/dmdba
[dmdba@kylin-dm8 ~]$ cd /opt/mnt/
[dmdba@kylin-dm8 mnt]$ pwd
/opt/mnt
[dmdba@kylin-dm8 mnt]$ ls
'DM8 Install.pdf'   DMInstall.bin
[dmdba@kylin-dm8 mnt]$
```

图 1.100　进入“/opt/mnt”目录

（28）运行“DMInstall. bin”程序，如图 1.101 所示。

命令行 1：export DISPLAY=：0

注意此处的输出值必须与（23）命令行的输出值一致。

命令行 2：. /DMInstall. bin

```
[dmdba@kylin-dm8 mnt]$ export DISPLAY=:0
[dmdba@kylin-dm8 mnt]$ ./DMInstall.bin
```

图 1.101　运行“DMInstall. bin”程序

（29）进入 DM8 安装界面，鼠标左键单击“确定”按钮，如图 1.102 所示。

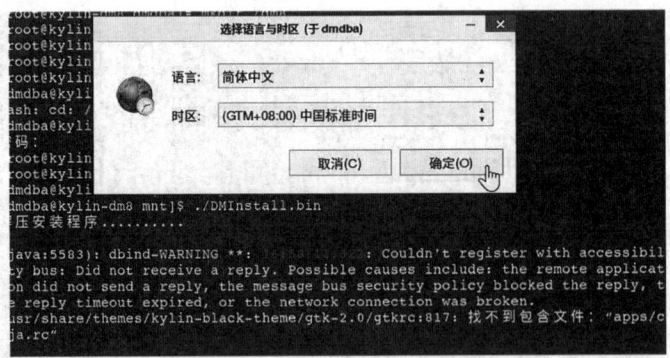

图 1.102　进入安装界面

（30）鼠标左键单击“下一步”按钮，如图 1.103 所示。

（31）完成选项，鼠标左键单击“下一步”按钮，如图 1.104 所示。

（32）鼠标左键单击“下一步”按钮，如图 1.105 所示。

提示：如果没有 Key 文件，直接进行“下一步”操作也可以。如果有 Key 文件，可以浏览导入或后期拷贝至指定目录后重启数据库服务生效。

（33）采用默认选项，鼠标左键单击“下一步”按钮，如图 1.106 所示。

1 DM8 环境搭建

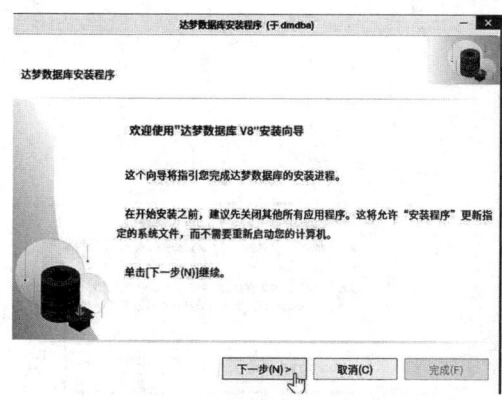

图 1.103　使用安装向导

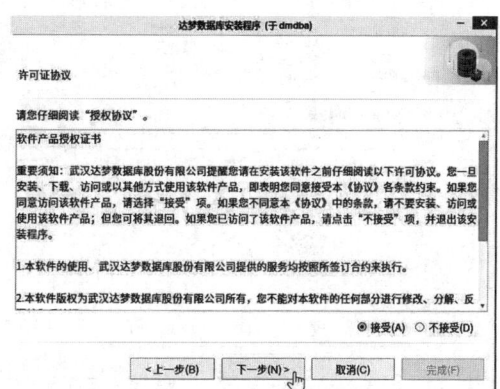

图 1.104　接受"授权协议"

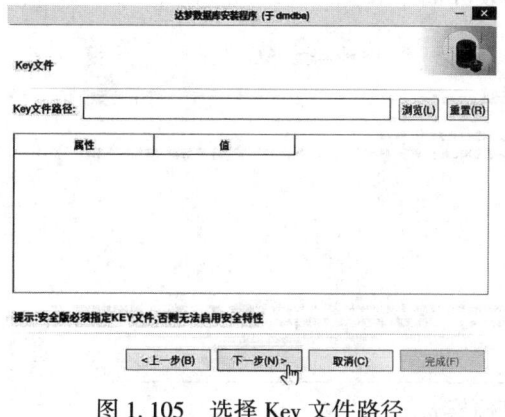

图 1.105　选择 Key 文件路径

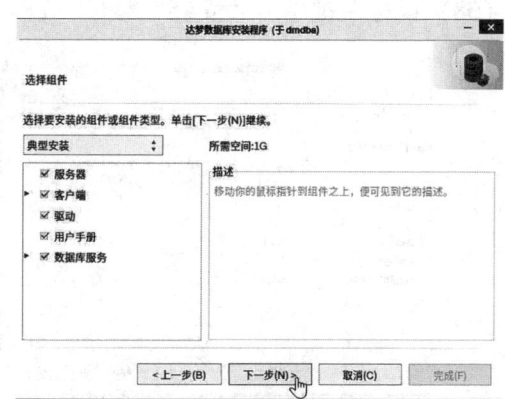

图 1.106　选择"典型安装"

（34）鼠标左键单击右侧"浏览"按钮，如图 1.107 所示。
（35）在"文件系统"下选择"dm8"，鼠标左键单击"确定"按钮，如图 1.108 所示。

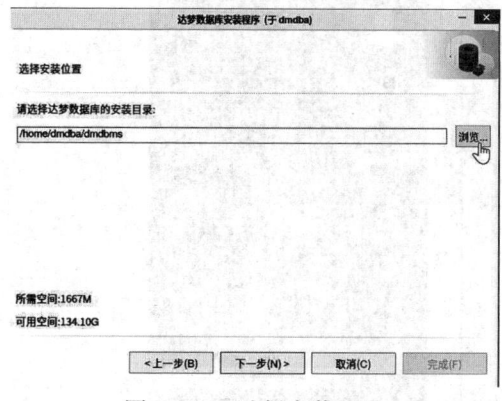

图 1.107　选择安装目录

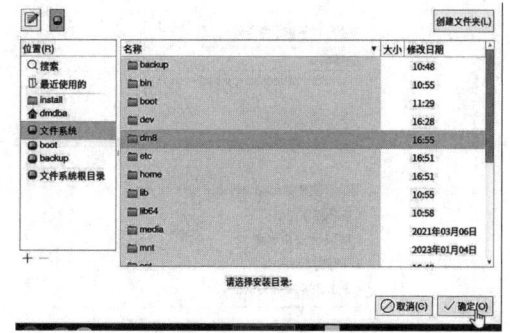

图 1.108　确定安装目录

（36）鼠标左键单击"下一步"按钮，如图 1.109 所示。
（37）鼠标左键单击"确定"按钮，如图 1.110 所示。

— 29 —

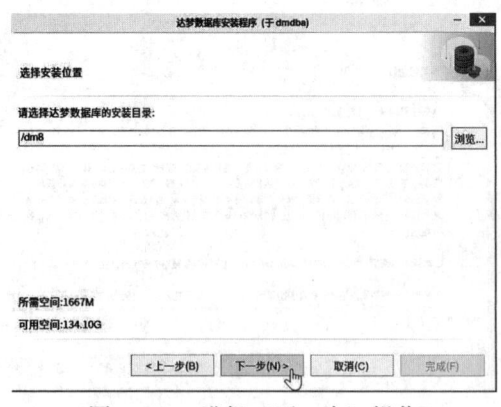
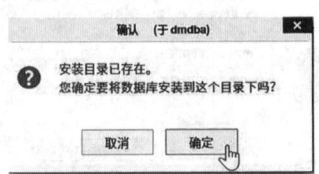

图 1.109　进行"下一步"操作　　　图 1.110　确定上述操作

（38）鼠标左键单击"安装"按钮，进入安装界面，如图 1.111 所示。

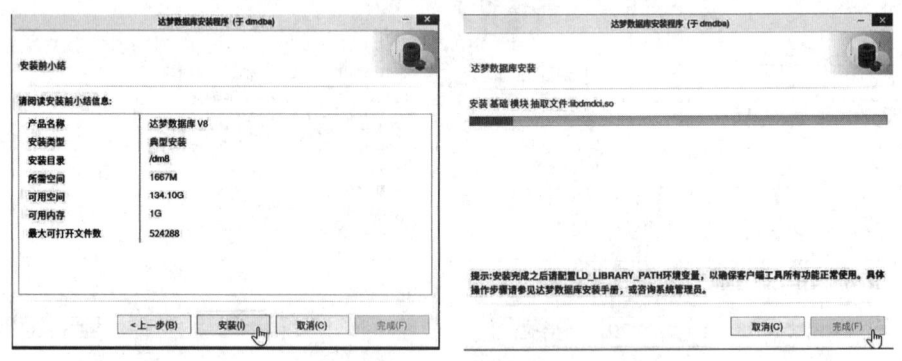

图 1.111　进行安装

（39）在弹出"执行配置脚本（于 dmdba）"界面时，鼠标左键单击虚拟机左下方"开始"图标，在弹出菜单中选中"终端"选项，如图 1.112 所示。

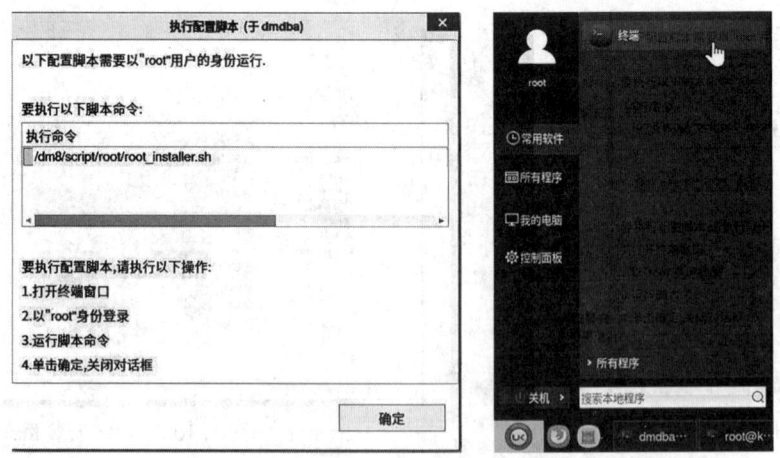

图 1.112　单击"终端"图标

提示：如果图示中位置没有"终端"图标，请自行在"所有程序"中进行"终端"程序的运行。

（40）在"终端"命令行中，完成脚本的执行，如图 1.113 所示。

图 1.113　完成脚本执行

（41）鼠标左键单击安装界面中"确定"按钮，在弹出对话框中单击"是"按钮，如图 1.114 所示。

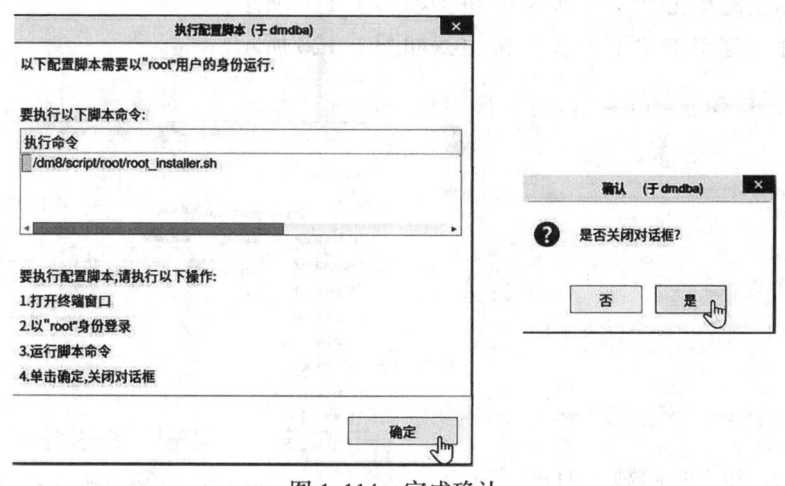

图 1.114　完成确认

（42）鼠标左键单击"完成"按钮，如图 1.115 所示。

（43）鼠标左键单击"初始化"按钮，如图 1.116 所示。

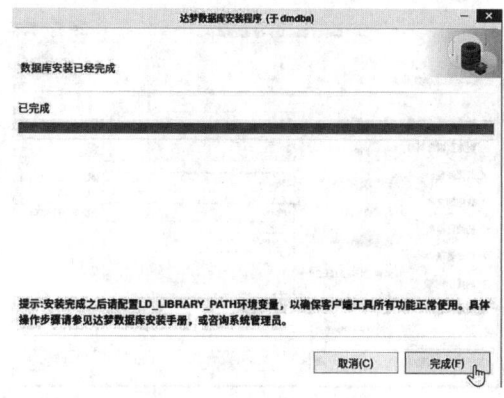

图 1.115　安装完成

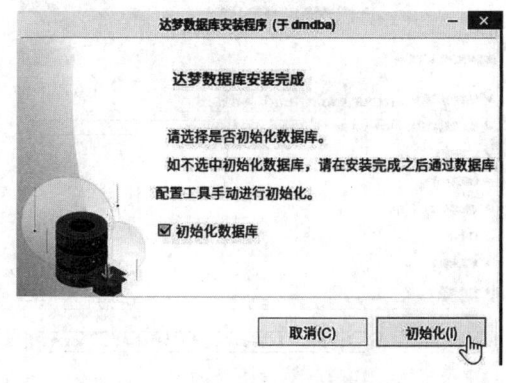

图 1.116　初始化数据库

(44) 鼠标左键单击"开始"按钮,如图 1.117 所示。
(45) 鼠标左键单击"下一步"按钮,如图 1.118 所示。

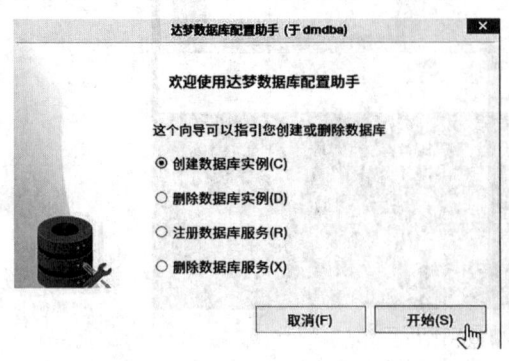

图 1.117 开始创建数据库实例　　　图 1.118 创建数据库模板

(46) 鼠标左键单击"下一步"按钮,如图 1.119 所示。
(47) 鼠标左键单击"下一步"按钮,如图 1.120 所示。

 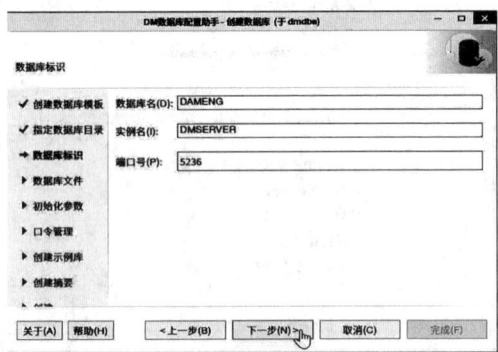

图 1.119 指定数据库目录　　　图 1.120 进行数据库标识

(48) 鼠标左键单击"下一步"按钮,如图 1.121 所示。
(49) 鼠标左键单击"下一步"按钮,如图 1.122 所示。

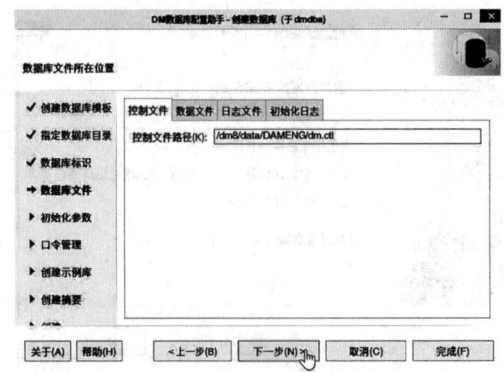 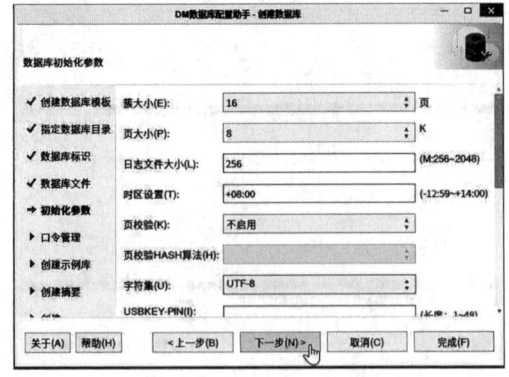

图 1.121 选择数据库文件　　　图 1.122 初始化参数

提示：一定要注意字符集的选项，本教材中采用"UTF-8"字符集。
（50）完成选项，鼠标左键单击"下一步"按钮，如图1.123所示。
提示：本教材中密码（口令）一律为：Abcd@0000。
（51）完成选项，鼠标左键单击"下一步"按钮，如图1.124所示。

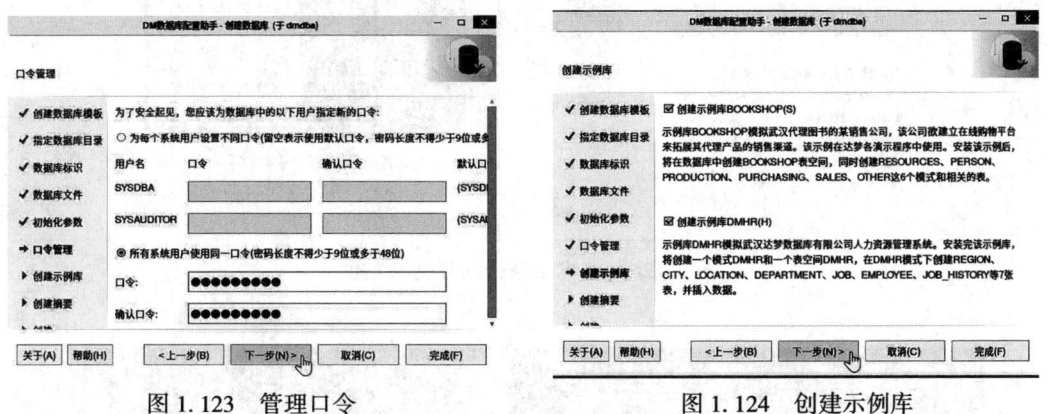

图1.123　管理口令　　　　　　　图1.124　创建示例库

（52）完成选项，鼠标左键单击"完成"按钮，如图1.125所示。

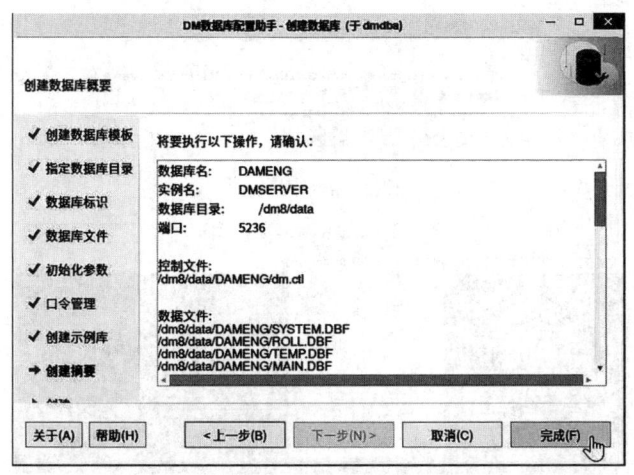

图1.125　创建摘要

（53）在弹出"执行配置脚本（于dmdba）"界面时，鼠标左键在"需要执行以下脚本命令"框中第一行位置连续3击，实现此行全部选中。鼠标右键单击，在弹出快捷菜单中选中"复制"选项。鼠标左键单击工具栏中"终端"图标，在"终端"界面中，鼠标右键单击，在弹出快捷菜单中选中"粘贴"选项，如图1.126所示。
（54）回车，完成命令行的执行，如图1.127所示。
（55）与步骤（53）类似，完成"执行配置脚本（于dmdba）"界面第2行命令行的操作，如图1.128所示。
（56）回车，完成命令行的执行，如图1.129所示。
（57）与步骤（53）类似，完成"执行配置脚本（于dmdba）"界面第3行命令行的操作，如图1.130所示。

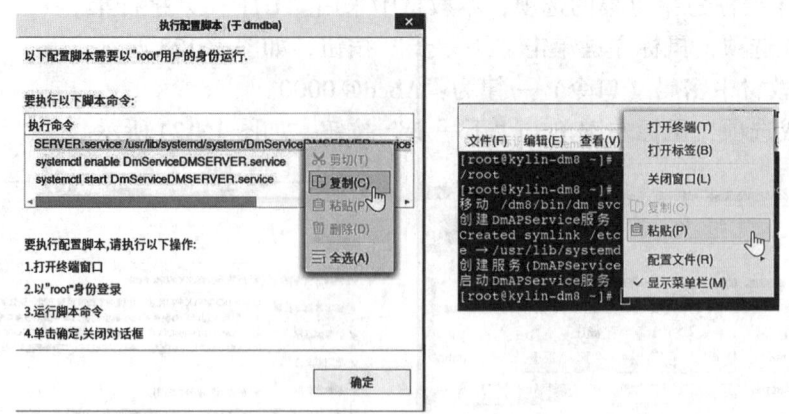

图 1.126 完成命令行的复制与粘贴

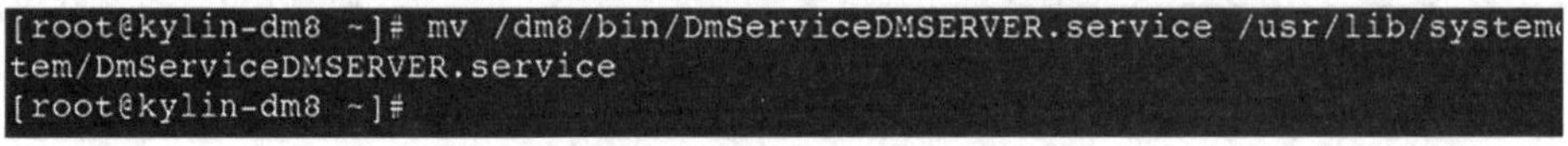

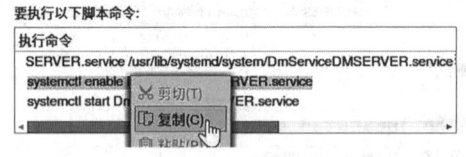

图 1.127 执行命令行

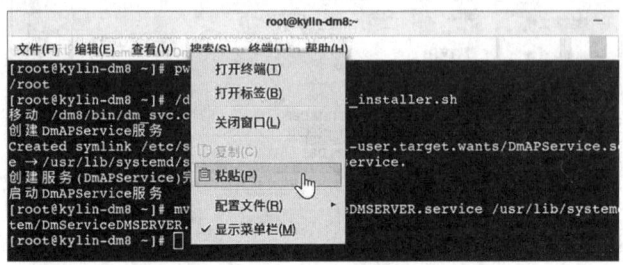

(a) 完成命令行的复制

(b) 完成命令行的粘贴

图 1.128 完成命令行的复制与粘贴

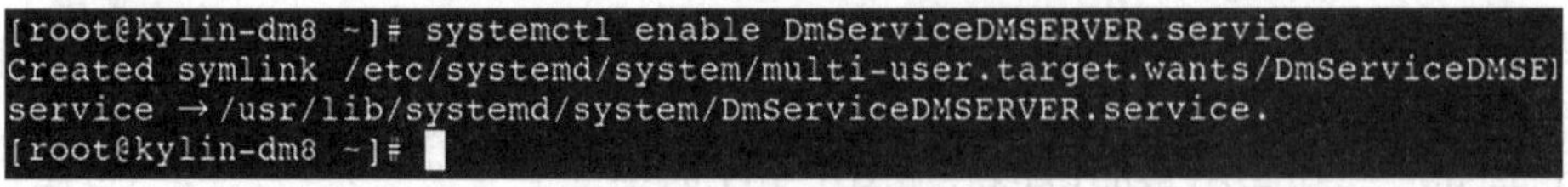

图 1.129 执行完成命令行

（58）回车，完成命令行的执行，如图 1.131 所示。

（59）鼠标左键单击安装界面中"确定"图标，在弹出对话框中单击"是"按钮，如图 1.132 所示。

（60）鼠标左键单击"确定"图标，如图 1.133 所示。

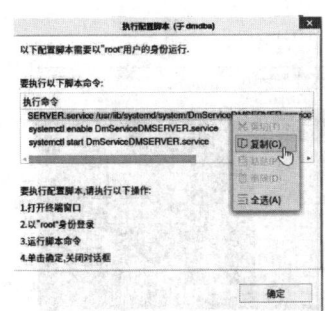 

图 1.130　完成命令行的复制与粘贴

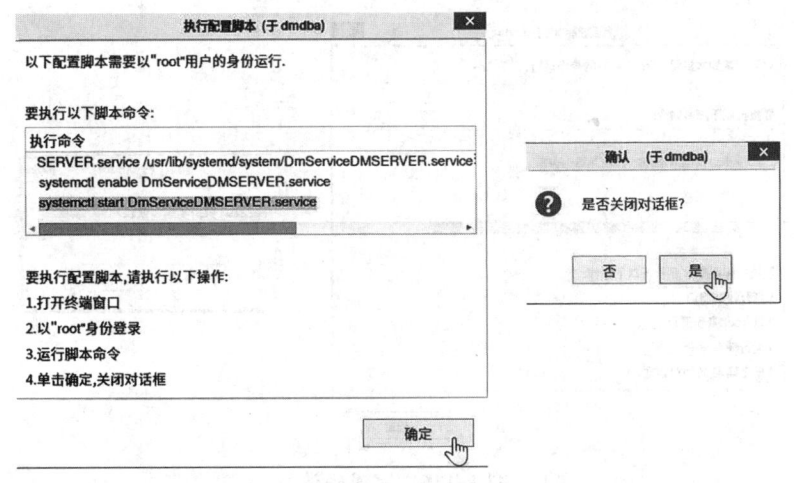

图 1.131　执行命令行

图 1.132　完成确认

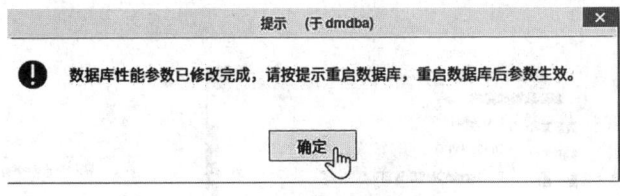

图 1.133　重启数据库

（61）与步骤（53）类似，完成"执行配置脚本（于 dmdba）"界面第 1 行命令行的操作，如图 1.134 所示。

（62）回车，完成命令行的执行，如图 1.135 所示。

（63）鼠标左键单击安装界面中"确定"图标，在弹出对话框中单击"是"按钮，如图 1.136 所示。

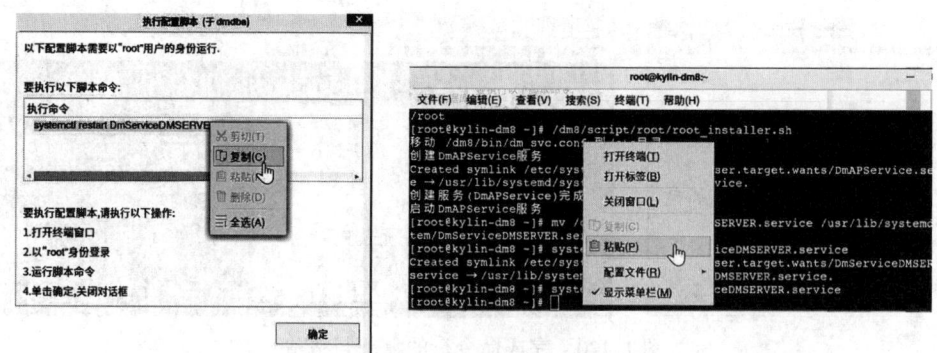

图 1.134 完成命令行的复制与粘贴

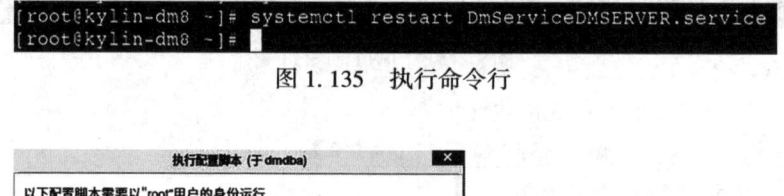

图 1.135 执行命令行

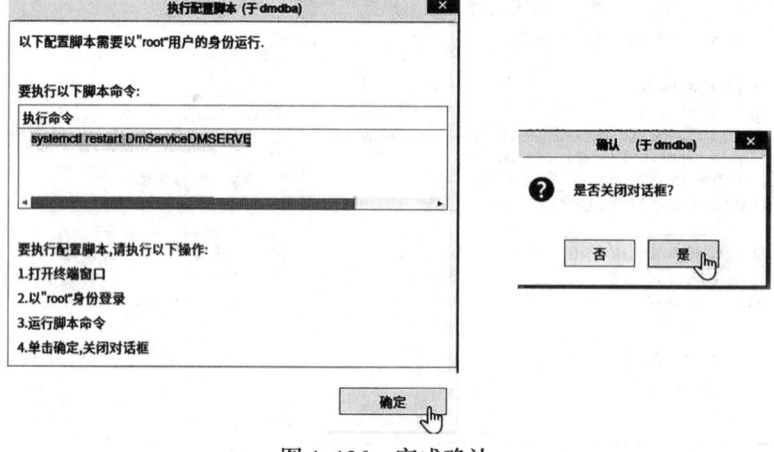

图 1.136 完成确认

（64）鼠标左键单击"完成"按钮，在弹出对话框中单击"确定"按钮，如图 1.137 所示。

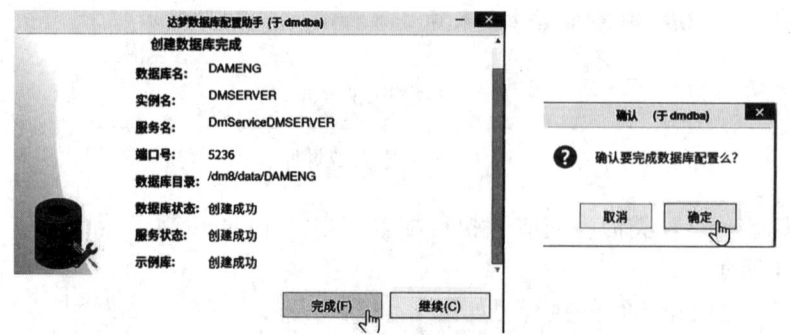

图 1.137 完成数据库配置确认

（65）达梦数据库安装完成，如图 1.138 所示。

1 DM8 环境搭建

图 1.138 数据库安装完成

1.3.2 DM8 数据库的测试

1.3.2.1 disql 的 2 种启动方式

1. bin 方式

(1) 查看当前目录,切换到"/dm8/bin"目录,如图 1.139 所示。

命令行 1:pwd

命令行 2:cd /dm8/bin

(2) 运行"disql"服务,完成用户、密码的输入后,成功登录到 SQL 界面,如图 1.140 所示。

命令行:./disql

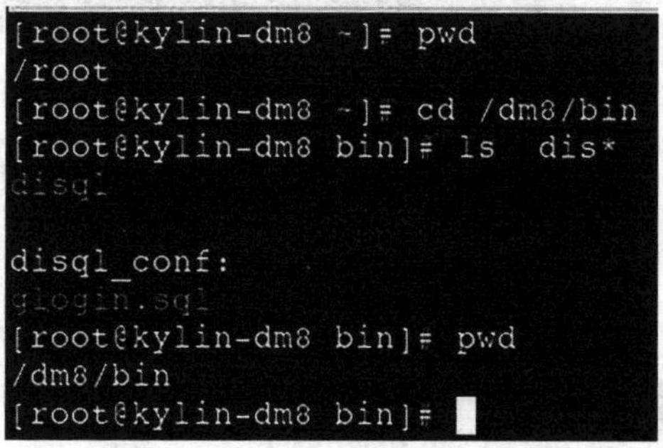

图 1.139 查看并切换目录

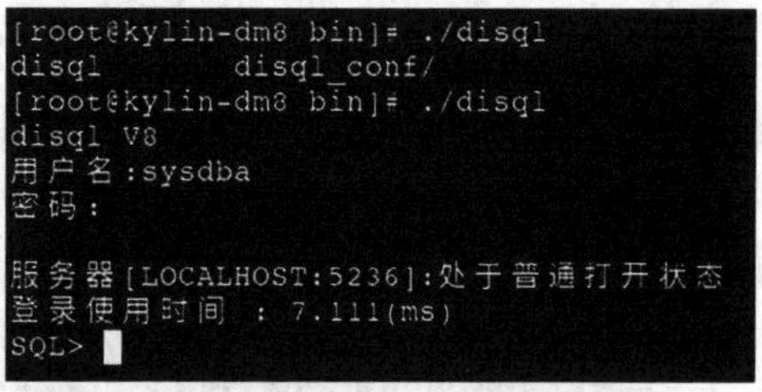

图 1.140 运行"disql"服务

提示:用户为"sysdba",密码为"Abcd@0000"。

(3) 完成当前数据库名称的查看,如图 1.141 所示。

命令行:select name from v$database;

(4) 退出 SQL 状态,如图 1.142 所示。

命令行:exit

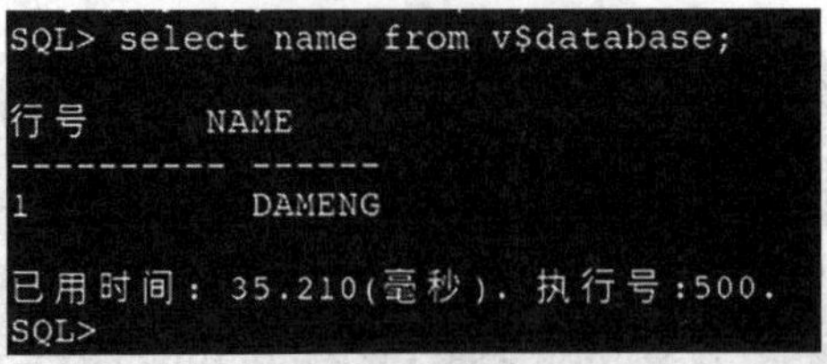

图 1.141　查看当前数据库名称 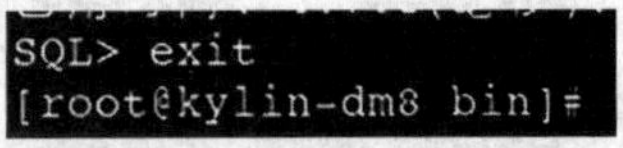　　　　图 1.142　退出 SQL 状态

2. tool 方式

（1）查看当前目录，切换到"/dm8/tool"目录，如图 1.143 所示。

命令行 1：pwd

命令行 2：cd /dm8/tool/

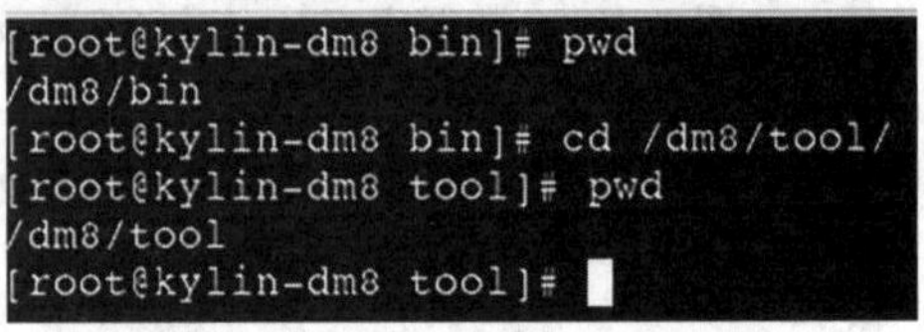

图 1.143　查看并切换目录

（2）运行"disql"服务，使用"conn"命令进行登录连接，如图 1.144 所示。

命令行 1：./disql

命令行 2：conn sysdba/"Abcd@0000"

或者 conn 后，输入用户、密码登录。

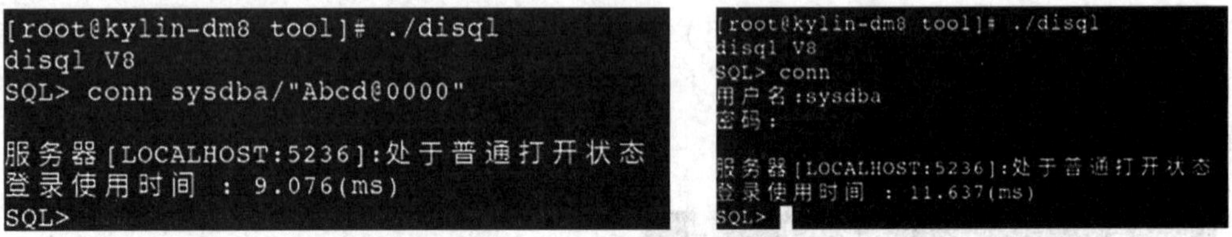

图 1.144　运行"disql"服务

（3）完成当前数据库名称的查看，如图 1.145 所示。

命令行：select username from dba_users;

（4）退出 SQL 状态，如图 1.146 所示。

命令行：exit

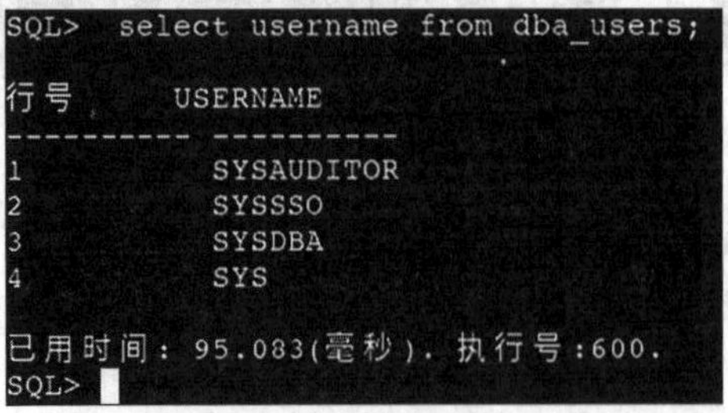

图 1.145　查看当前数据库名称 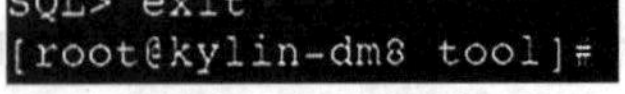　　　　图 1.146　退出 SQL 状态

1.3.2.2 Manager 的启动

（1）切换到"/dm8/tool"目录，如图 1.147 所示。

命令行：cd /dm8/tool/

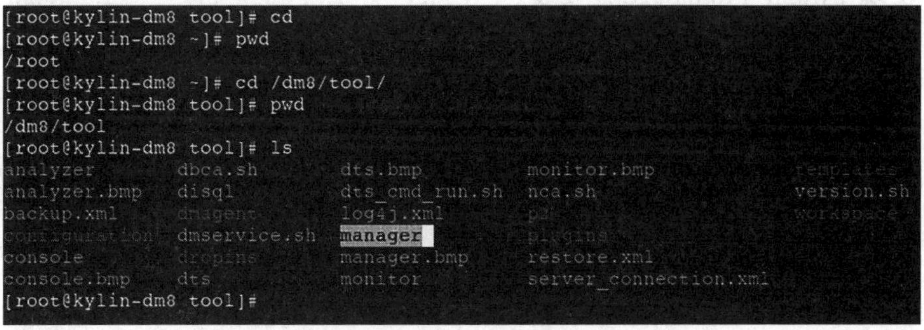

图 1.147 切换目录

（2）运行"manager"服务，完成用户、密码的输入后，鼠标左键单击"确定"按钮，如图 1.148 所示。

命令行：./manager

图 1.148 登录"manager"

（3）在"LOCALHOST（SYSDBA）"下依次选择"模式""OTHER""表""DEPARTMENT"，鼠标右键单击，在弹出快捷菜单中选中"浏览数据"选项，如图 1.149 所示。

（4）鼠标左键依次单击"文件""退出"，如图 1.150 所示。

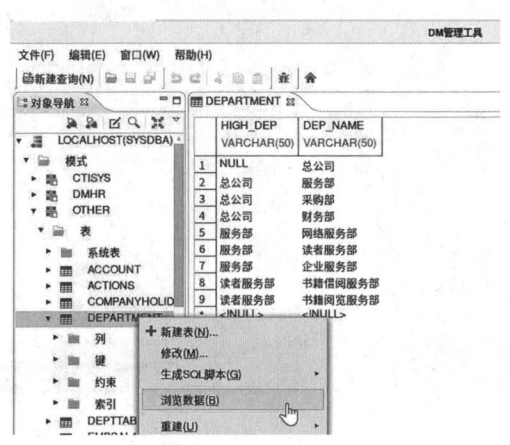

图 1.149 浏览数据

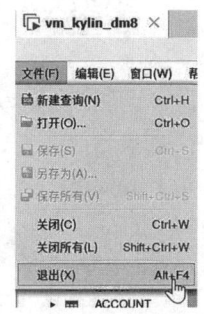

图 1.150 关闭"manager"服务

1.4　课后提升

（1）实现 VMware Pro 的下载及安装。
（2）实现麒麟系统的安装、测试。
（3）实现 DM8 数据库的安装、测试。
（4）会使用 VMware Pro 完成拍照、打开等常用操作。
（5）会使用 VMware Pro 完成克隆操作。

2 动态网站环境搭建

数据库应用非常广泛，尤其是在互联网应用中更为明显，其中也包括手机 APP 中的应用。搭建动态网站环境，有利于对数据库在互联网的应用有进一步理解。

2.1 教学目标

2.1.1 知识目标

（1）了解达梦数据库；
（2）了解 Nginx；
（3）掌握 PHP8 的下载、编译；
（4）掌握 DM8 的 php 扩展安装。

2.1.2 能力目标

（1）能够完成 Nginx 的安装、测试；
（2）能够完成 PHP8 的下载、编译、测试；
（3）能够完成 DM8 的 php 扩展安装、测试。

2.1.3 素质目标

（1）具备自学能力，能够完成达梦数据库的相关资料阅读；
（2）具备获取信息，并利用信息的能力；
（3）具备团队合作精神，相互帮助完成实操训练。

2.2 课前自学

2.2.1 达梦数据库介绍

武汉达梦数据库有限公司成立于 2000 年，其前身是华中科技大学数据库与多媒体研究所，为中国电子信息产业集团（CEC）旗下基础软件企业，专业从事数据库管理系统的研发、销售与服务，同时可为用户提供大数据平台架构咨询、数据技术方案规划、产品部署与实施等服务。

— 41 —

武汉达梦数据库有限公司坚持原始创新、独立研发，拥有全部源代码，具有完全自主知识产权，是国家规划布局内重点软件企业，同时也是获得国家"双软"认证和国家自主原创产品认证的高新技术企业，拥有国内数据库研发精英团队，多次与国际数据库巨头同台竞技并夺标。

DM8 是武汉达梦数据库有限公司在总结 DM 系列产品研发与应用经验的基础上，坚持开放创新、简洁实用的理念，推出的新一代自研数据库，目前主要应用于我国国防军事、公安、电力、电信、审计、交通、电子政务、税务、国土资源、制造业、消防、电子商务等 20 多个行业及领域，装机量超过 10 万套。

DM8 吸收借鉴当前先进新技术思想与主流数据库产品的优点，融合了分布式、弹性计算与云计算的优势，对灵活性、易用性、可靠性、高安全性等方面进行了大规模改进，多样化架构充分满足不同场景需求，支持超大规模并发事务处理和事务-分析混合型业务处理，动态分配计算资源，实现更精细化的资源利用、更低成本的投入。

DM8 核心特性如下：

（1）读写分离架构——数据库读写分离。
① 支持自动故障切换；
② 支持事务级读写负载分离；
③ 支持读写分配比例可调整；
④ 读多写少，业务场景下的性能近线性提升。

（2）混合事务分析处理技术——行列融合 2.0。
① 具备事务分析混合型业务处理的能力，满足用户对 HTAP 应用场景的需求；
② 具备变更缓存、高级日志两个关键特性，弥合行存储与列存储的鸿沟。

（3）高安全等级的数据库管理系统。
① 全新的集中式运维管理工具——DEM；
② 管理工具集成新的 SQL 助手 2.0；
③ 运行环境提示与误删保护；
④ 持续增强安全性；
⑤ 支持多种云计算基础设施环境、支持多种软硬件平台。

（4）平滑迁移。
① 广泛的 SQL 语法兼容性；
② 专用 DB API 特性兼容；
③ 便捷的数据迁移。

2.2.2 Nginx 介绍

Nginx（engine x）是一个高性能的 HTTP 和反向代理 web 服务器，同时也提供了 IMAP/POP3/SMTP 服务。Nginx 公开版本 1.19.6 发布于 2020 年 12 月 15 日。

Nginx 将源代码以类 BSD 许可证的形式发布，因它的稳定性、丰富的功能集、简单的配置文件和低系统资源的消耗而闻名。

Nginx 是一款轻量级的 Web 服务器/反向代理服务器及电子邮件（IMAP/POP3）代理服

务器，在 BSD-like 协议下发行。其特点是占有内存少，并发能力强，事实上 nginx 的并发能力在同类型的网页服务器中表现较好。

2.2.3 PHP8 介绍

PHP 是一种用来制作动态网页的服务器端脚本语言。通过 PHP 和 HTML 创建页面，当访问者打开网页时，服务器端便会处理 PHP 指令，由于没有任何繁琐程序所产生的负担，因此可以很快将处理结果送到访问者的浏览器上面。

PHP 是跨平台的开放源代码，可以在 Windows NT 及很多不同的 Unix 版本中执行，轻巧方便。

PHP 代码就嵌在 Web 页面中，因此不必为它建立一个特别的开发环境或 IDE。PHP 语言在使用前，无须声明变量。要创建阵列及散列（关联性阵列）也很快。PHP 的初步面向对象特性还提供了组织及封装代码的简便方法。

PHP8 是 PHP 语言的重要更新。鉴于 PHP7 曾爆出过重大漏洞，PHP8 的优化方向主要是性能和安全。另外，它包含许多新功能和优化，包括命名参数、联合类型、属性、构造函数属性提升、匹配表达式、nullsafe 运算符、JIT，以及类型系统的改进、错误处理和一致性。

2.2.4 MobaXterm 介绍

MobaXterm 又名 MobaXVT，是一款增强型终端、X 服务器和 Unix 命令集（GNU/Cygwin）工具箱。

MobaXterm 分免费开源版和收费专业版。官网提供 MobaXterm 免费开源版"Home Edition"下载。免费开源版又分便捷版（解压即用）和安装版（需要一步步安装）。

免费开源版相对于收费专业版，除了 sessions 数、SSH tunnels 数和其他一些定制化配置外限制外，在终端底部还多了一个"UNREGISTERED VERSION"提示。

Mobaxterm 有以下功能：
（1）支持 Linux 大部分命令；
（2）各种网络工具（端口扫描、FTP server 等）；
（3）功能强大，支持 SSH、FTP、串口、VNC、X server 等功能；
（4）连接 SSH 终端后支持 SFTP 传输文件；
（5）有丰富的插件，可以进一步增强功能；
（6）支持多分屏显示功能。

2.3 课中实训

2.3.1 MobaXterm 的下载、测试

（1）在百度搜索栏中完成关键字"MobaXterm 官网"输入。鼠标左键单击含有"官网"字样的链接，如图 2.1 所示。

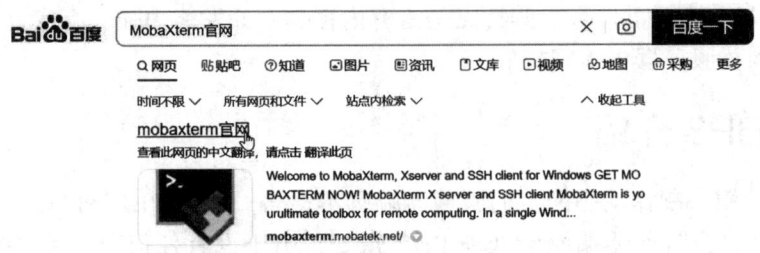

图 2.1　从百度进入 MobaXterm 公司官网

提示：MobaXterm 网站为 https://mobaxterm.mobatek.net/。
（2）鼠标左键单击"Download"标签，如图 2.2 所示。

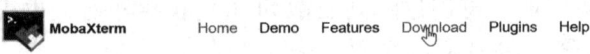

图 2.2　单击"Download"标签

（3）选择左侧"Home Edition（Free）"版本，鼠标左键单击"Download"按钮。鼠标左键单击"MobaXterm Home Edition（Portable edition）"图标，如图 2.3 所示。

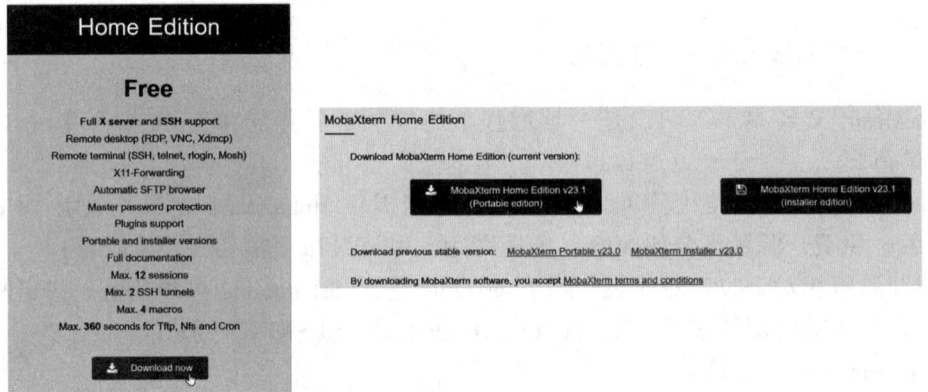

图 2.3　选择下载版本

提示："Portable edition"为便携版，不需要安装就可以使用，俗称绿色版。
（4）完成下载位置确定，鼠标左键单击"下载"按钮，如图 2.4 所示。

图 2.4　确定下载位置

提示：具体下载界面由于系统、设置等不同因素，可能会有不同，请根据实际情况进行操作。

(5)鼠标左键单击选中完成下载的文件,鼠标右键单击,在弹出的快捷菜单中,依次单击"7-Zip""提取到"'MobaXterm_Portable_v23.1\'",如图 2.5 所示。

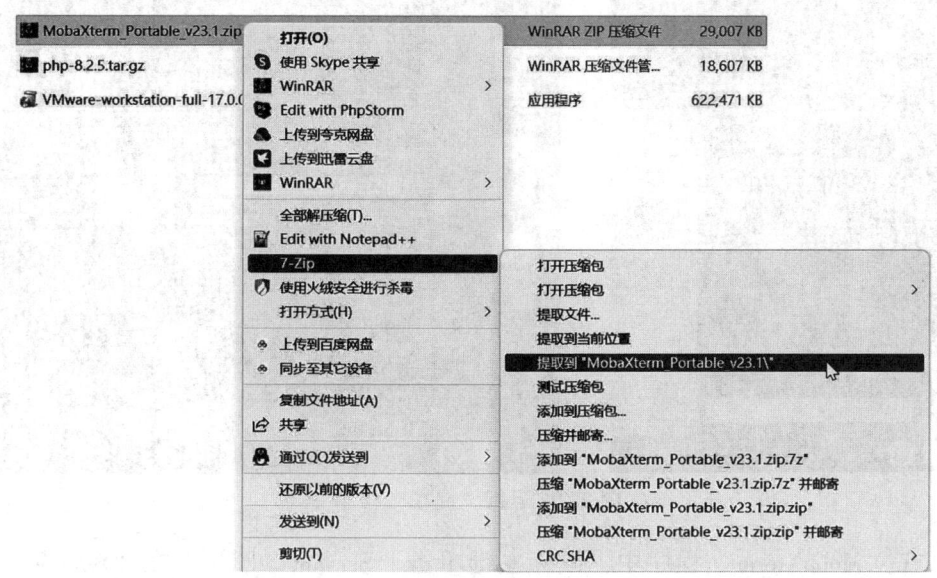

图 2.5　提取压缩文件

(6)完成解压目录进入,鼠标左键双击"MobaXterm_Personal_23.1.exe"程序,完成程序启动,如图 2.6 所示。

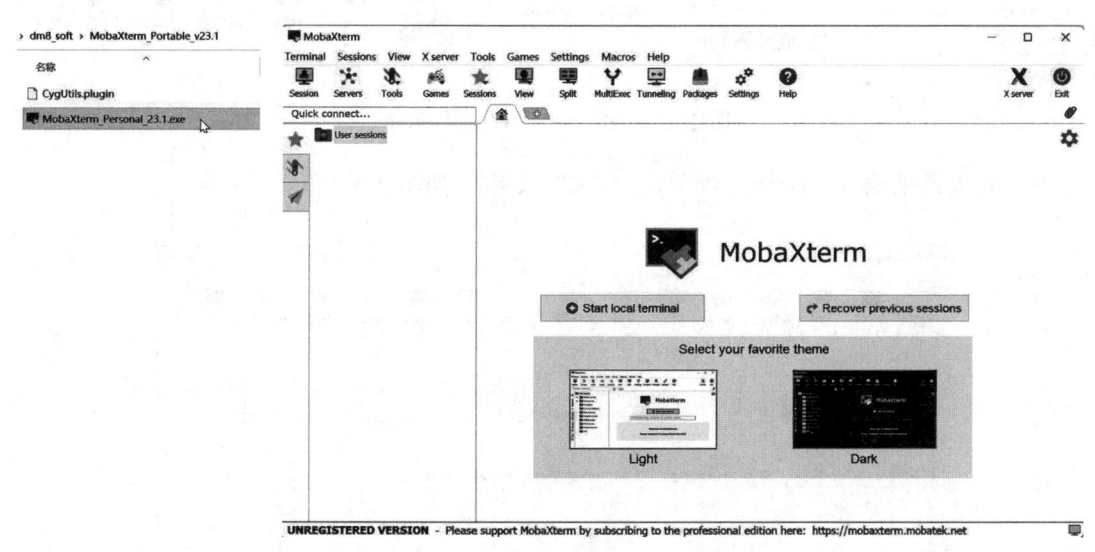

图 2.6　运行"MobaXterm"程序

(7)在虚拟机麒麟系统中,完成"终端"的启动。在终端中完成虚拟机 IP 的查看,如图 2.7 所示。

命令行:ip addr

提示:本教材中麒麟系统的 IP 为"192.168.10.111"。

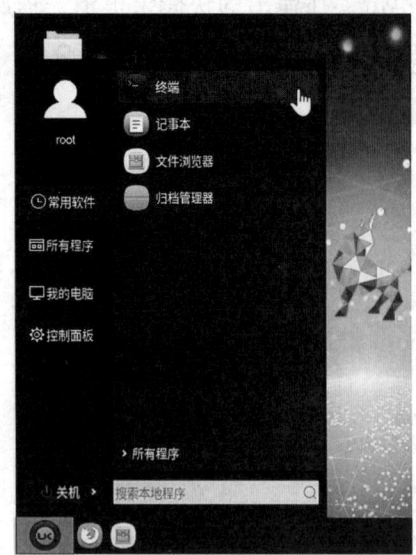

图 2.7 运行"终端"程序

（8）在"MobaXterm"程序中，鼠标左键单击"Session"图标。在"Session settings"界面中，鼠标左键单击"SSH"图标，如图 2.8 所示。

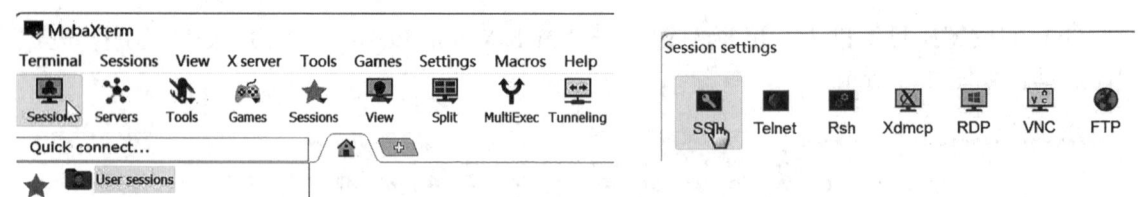

图 2.8 运行"MobaXterm"程序

（9）完成选项输入，鼠标左键单击"OK"按钮，如图 2.9 所示。

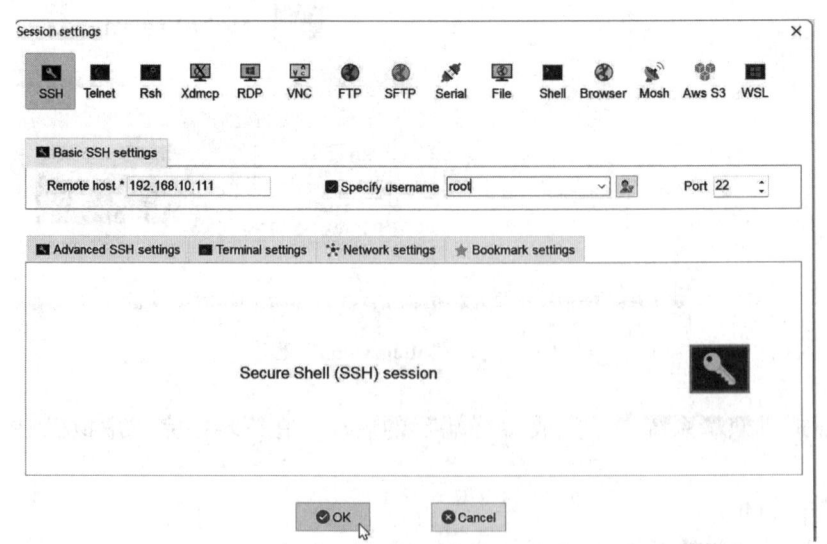

图 2.9 完成"Session"选项输入

(10) 完成远程登录及 IP 地址的显示,如图 2.10 所示。

命令行:ip addr

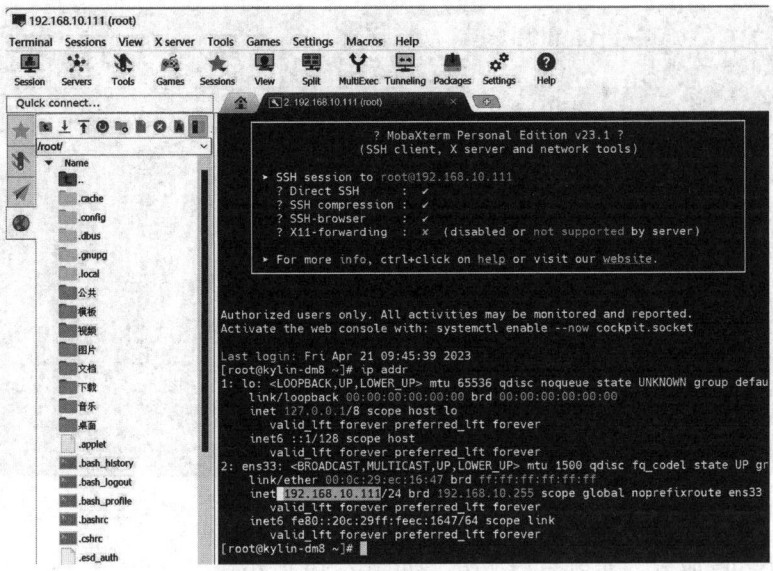

图 2.10 完成远程登录及 IP 显示

2.3.2 Nginx 的安装、测试

2.3.2.1 Nginx 的安装

(1) 完成 Nginx 服务的安装,如图 2.11 所示。

命令行:yum install -y nginx

```
已安装:
  gperftools-libs-2.8-1.ky10.x86_64              nginx-1:1.16.1-11.p01.ky10.x86_64
  nginx-all-modules-1:1.16.1-11.p01.ky10.noarch  nginx-filesystem-1:1.16.1-11.p01.ky10.noarch
  nginx-mod-http-image-filter-1:1.16.1-11.p01.ky10.x86_64  nginx-mod-http-perl-1:1.16.1-11.p01.ky10.x86_64
  nginx-mod-http-xslt-filter-1:1.16.1-11.p01.ky10.x86_64   nginx-mod-mail-1:1.16.1-11.p01.ky10.x86_64
  nginx-mod-stream-1:1.16.1-11.p01.ky10.x86_64
完毕!
[root@kylin-dm8 ~]#
```

图 2.11 安装 nginx 服务

(2) 查看 Nginx 服务状态,如图 2.12 所示。

命令行:systemctl status nginx.service

```
[root@kylin-dm8 ~]# systemctl status nginx.service
● nginx.service - The nginx HTTP and reverse proxy server
   Loaded: loaded (/usr/lib/systemd/system/nginx.service; disabled; vendor preset: disabled)
   Active: inactive (dead)

4月 21 11:49:52 kylin-dm8 systemd    : nginx.service: Unit cannot be reloaded because it is inactive.
[root@kylin-dm8 ~]#
```

图 2.12 查看 Nginx 服务状态

(3) 启动 Nginx 服务并进行查看,如图 2.13 所示。

命令行1：systemctl start nginx.service

命令行2：systemctl status nginx.service

图 2.13　启动并查看 Nginx 服务状态

（4）设置 Nginx 服务为系统重启服务，如图 2.14 所示。

命令行：systemctl enable nginx.service

图 2.14　设置 Nginx 服务为系统重启服务

2.3.2.2　Nginx 的测试

（1）停用防火墙服务，禁用防火墙服务重启后启动，如图 2.15 所示。

命令行1：systemctl stop firewalld.service

命令行2：systemctl status firewalld.service

图 2.15　停用并查看 firewalld 服务状态

（2）禁用防火墙服务，使防火墙服务即使系统重启后也不重新启动，如图 2.16 所示。

命令行：systemctl disable firewalld.service

（3）在宿主机浏览器中，输入虚拟机 IP，进行 Nginx 服务测试，如图 2.17 所示。

```
[root@kylin-dm8 ~]# systemctl disable firewalld.service
Removed /etc/systemd/system/multi-user.target.wants/firewalld.service.
Removed /etc/systemd/system/dbus-org.fedoraproject.FirewallD1.service.
[root@kylin-dm8 ~]#
```

图 2.16　停用并查看 firewalld 服务状态

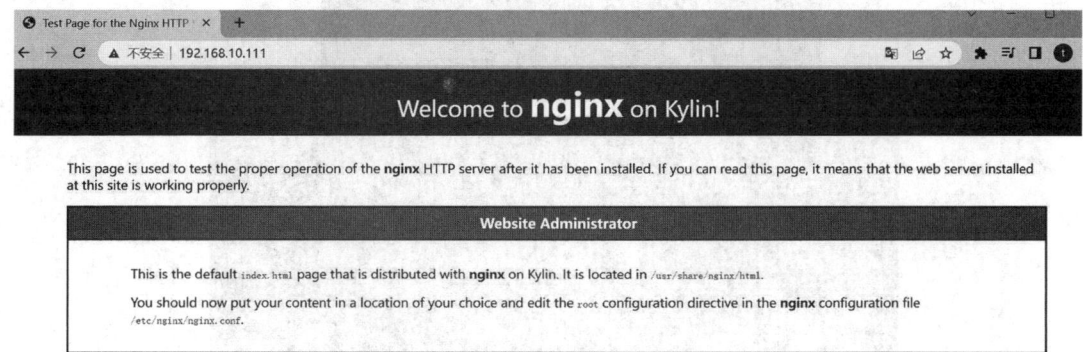

图 2.17　浏览器中进行 Nginx 服务查看

2.3.3　PHP8 的安装、测试

（1）完成页面端 PHP8 的下载，如图 2.18 所示。

命令行：wget https：//www.php.net/distributions/php-8.1.18.tar.gz

```
[root@kylin-dm8 ~]# wget https://www.php.net/distributions/php-8.1.18.tar.gz
--2023-04-21 13:12:41--  https://www.php.net/distributions/php-8.1.18.tar.gz
正在解析主机 www.php.net (www.php.net)... 185.85.0.29, 2a02:cb40:200::1ad
正在连接 www.php.net (www.php.net)|185.85.0.29|:443... 已连接。
已发出 HTTP 请求，正在等待回应... 200 OK
长度：19788494 (19M) [application/octet-stream]
正在保存至: "php-8.1.18.tar.gz"

php-8.1.18.tar.gz    100%[===================>]  18.87M  1.56MB/s    用时 33s

2023-04-21 13:13:15 (594 KB/s) - 已保存 "php-8.1.18.tar.gz" [19788494/19788494]

[root@kylin-dm8 ~]# ls
公共  视频  文档  音乐    anaconda-ks.cfg    php-8.1.18.tar.gz
模板  图片  下载  桌面    initial-setup-ks.cfg  select
[root@kylin-dm8 ~]#
```

图 2.18　完成页面端 PHP8 的下载

提示：PHP 版本的选择取决于 DM8 数据库 PHP 扩展中所支持的 PHP 最高版本。

（2）解压并进入"php-8.1.18"目录，如图 2.19 所示。

命令行 1：tar -zxvf　php-8.1.18.tar.gz

命令行 2：cd php-8.1.18/

```
[root@kylin-dm8 ~]# tar -zxvf  php-8.1.18.tar.gz      [root@kylin-dm8 ~]# ls
php-8.1.18/                                           公共  视频  文档  音乐   anaconda-ks.cfg     php-8.1.18
php-8.1.18/pear/                                      模板  图片  下载  桌面   initial-setup-ks.cfg  php-8.1.18.tar.gz
php-8.1.18/pear/install-pear.txt                      [root@kylin-dm8 ~]# cd php-8.1.18/
php-8.1.18/pear/fetch.php                             [root@kylin-dm8 php-8.1.18]# pwd
php-8.1.18/pear/Makefile.frag                         /root/php-8.1.18
php-8.1.18/pear/install-pear-nozlib.phar              [root@kylin-dm8 php-8.1.18]#
php-8.1.18/configure.ac
php-8.1.18/buildconf.bat
php-8.1.18/LICENSE
```

图 2.19　解压并进入"php-8.1.18"目录

（3）对 PHP8 进行配置（configure），如图 2.20 所示。

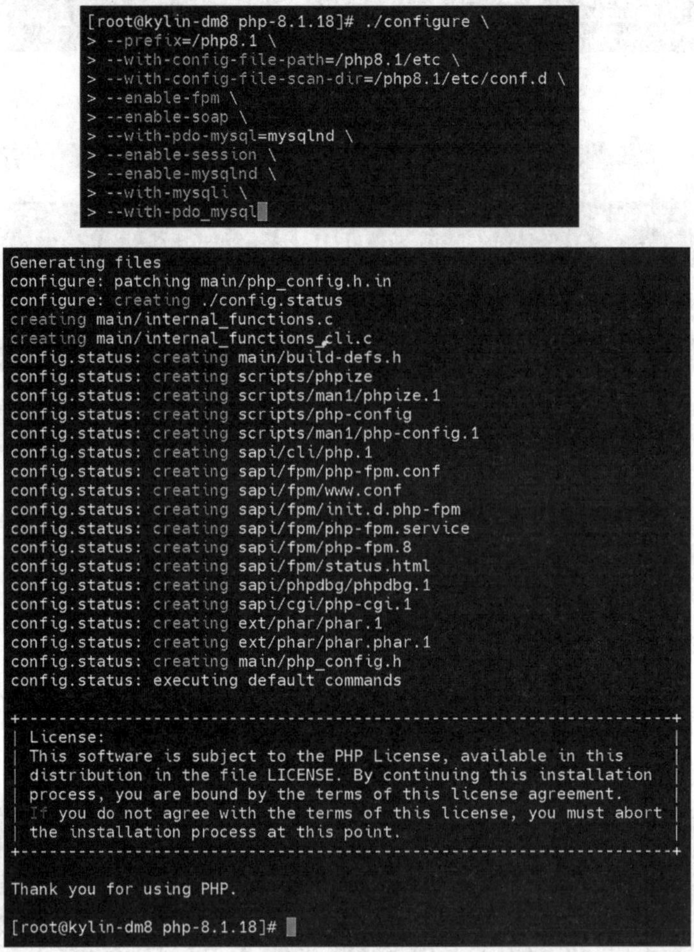

图 2.20　配置 PHP8

命令行：

./configure \

--prefix=/php8.1 \

--with-config-file-path=/php8.1/etc \

--with-config-file-scan-dir=/php8.1/etc/conf.d \

--enable-fpm \

--enable-soap \

--with-pdo-mysql=mysqlnd \

--enable-session \

--enable-mysqlnd \

--with-mysqli \

--with-pdo_mysql

（4）对 PHP8 进行编译（make）、安装（make install），如图 2.21 所示。

命令行：make && make install

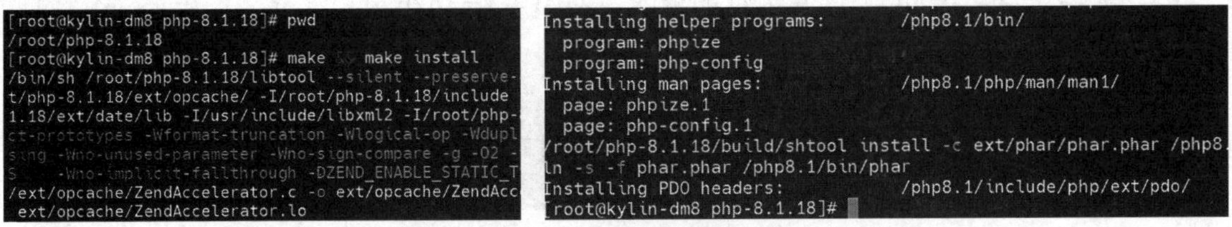

2 动态网站环境搭建

图 2.21 编译、安装 PHP8

提示：此步骤耗时较长，请耐心等待。此步骤结束后请在 VMware 中进行拍照。

（5）完成 PHP8 的相关配置文件拷贝，如图 2.22 所示。

命令行 1：cp /root/php-8.1.18/php.ini-production /php8.1/etc/php.ini

命令行 2：cp /root/php-8.1.18/sapi/fpm/init.d.php-fpm /etc/init.d/php-fpm

命令行 3：cp /php8.1/etc/php-fpm.conf.default /php8.1/etc/php-fpm.conf

命令行 4：cp /php8.1/etc/php-fpm.d/www.conf.default /php8.1/etc/php-fpm.d/www.conf

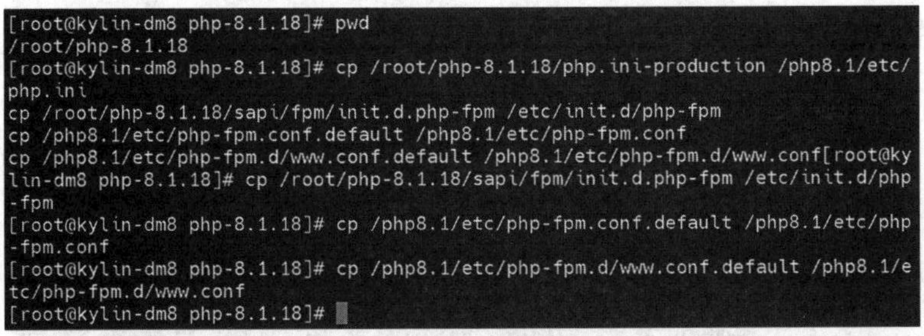

图 2.22 拷贝 PHP8 的相关配置文件

（6）编辑配置文件"profile"，存盘退出，如图 2.23 所示。

命令行：vi /etc/profile

添加内容：

export PATH=$PATH：/php8.1/bin

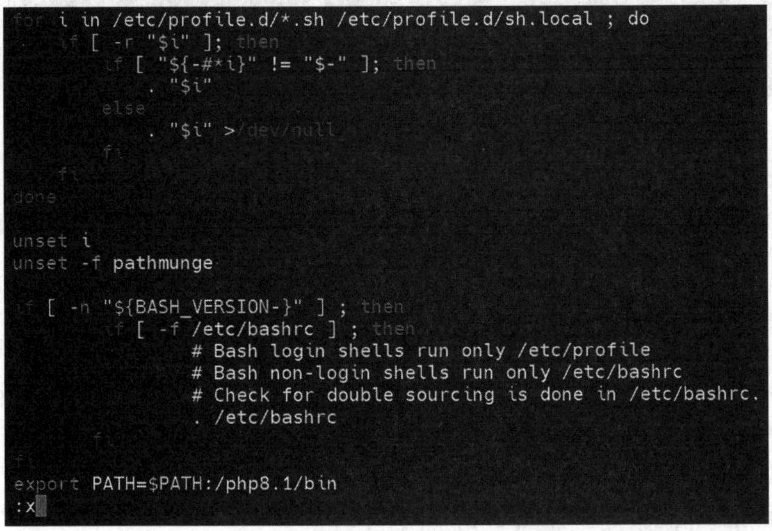

图 2.23 编辑"profile"文件

— 51 —

(7) 立即生效 "profile" 配置文件的更改，如图 2.24 所示。
命令行：source /etc/profile

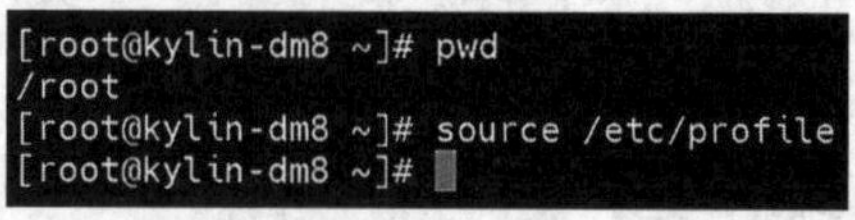

图 2.24　使 "profile" 生效

(8) 显示 PHP 版本号，如图 2.25 所示。
命令行：php -v

图 2.25　显示 PHP 版本号

(9) 在 Nginx 配置文件中，完成对 PHP 文件的支持，如图 2.26 所示。
命令行 1：cd /etc/nginx/
命令行 2：vi nginx.conf

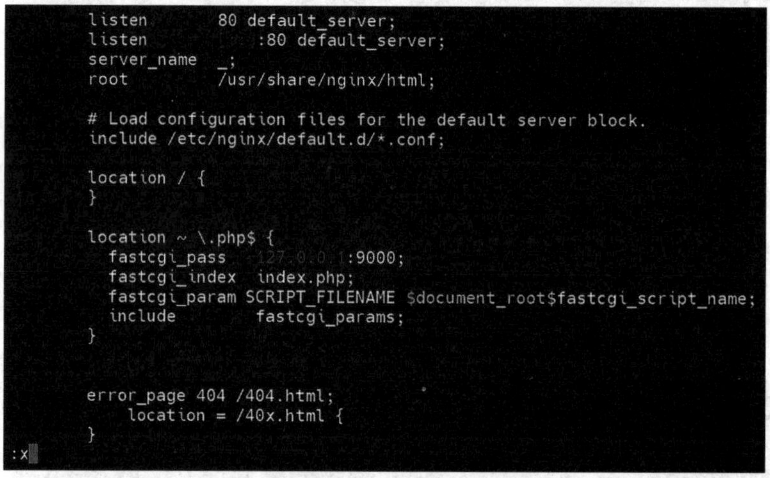

图 2.26　支持 PHP 文件

添加内容：

```
location ~ \.php ${
    fastcgi_pass    127.0.0.1:9000;
    fastcgi_index   index.php;
    fastcgi_param   SCRIPT_FILENAME
    $document_root $fastcgi_script_name;
    include         fastcgi_params;
}
```

(10) 启动 php-fpm 服务，如图 2.27 所示。
命令行 1：cd /etc/init.d/

2 动态网站环境搭建

命令行 2：chkconfig --add php-fpm
命令行 3：chmod a+wrx /etc/init.d/php-fpm
命令行 4：./php-fpm start

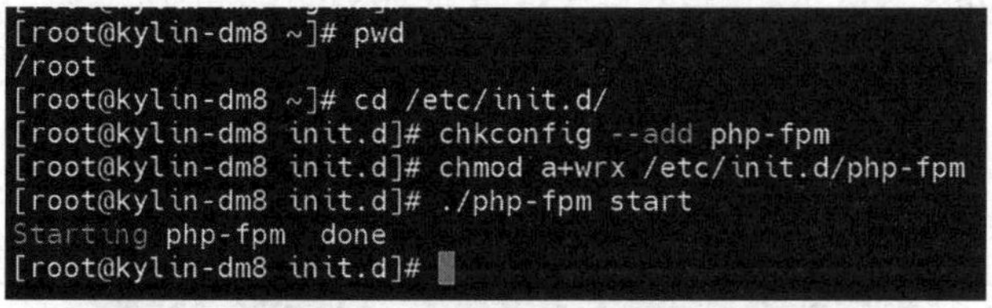

图 2.27 启动 php-fpm 服务

（11）重启虚拟机，如图 2.28 所示。
命令行：reboot

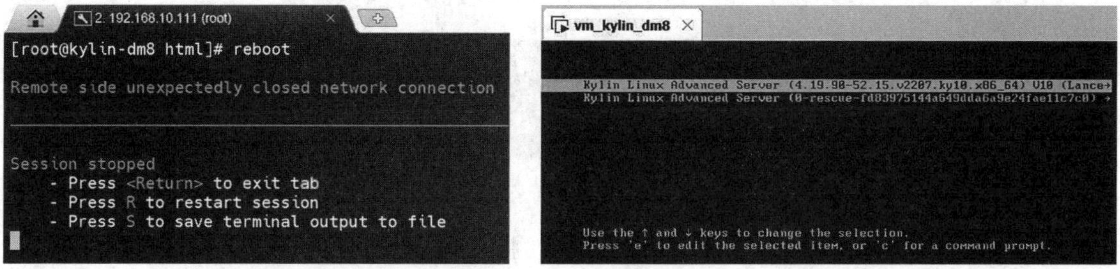

图 2.28 重启虚拟机

（12）查看 php 服务状态，如图 2.29 所示。

图 2.29 查看 php 服务状态

命令行：systemctl status php-fpm.service

提示：如果出现PHP服务未能正常结束情况，按"q"键或"Ctrl+C"键可以结束这种状态。

（13）切换到Nginx的默认站点目录，如图2.30所示。

命令行：cd /usr/share/nginx/html/

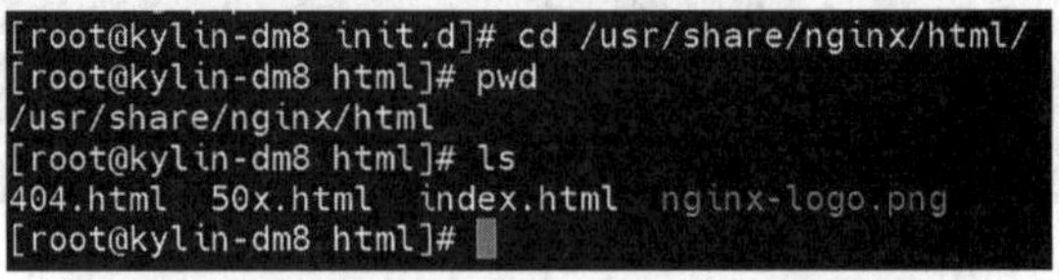

图 2.30　切换到Nginx的默认站点目录

（14）编辑PHP测试页面文件"test1.php"，如图2.31所示。

命令行：echo "<? php phpinfo(); ? >" > test1.php

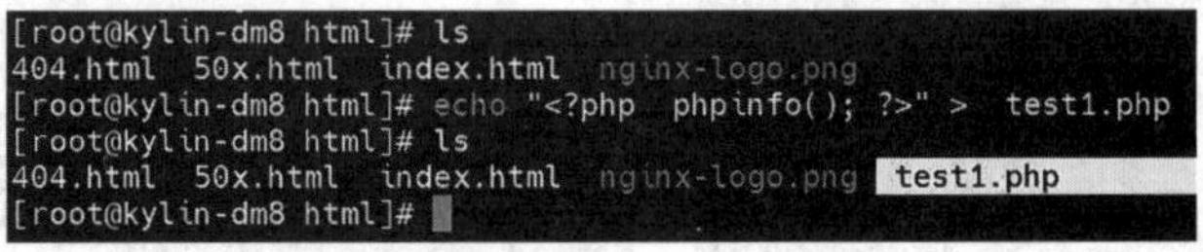

图 2.31　编辑PHP测试页面文件

（15）在浏览器中对"test1.php"文件进行测试，如图2.32所示。

提示：浏览器中的网址为http://192.168.10.111/test1.php。

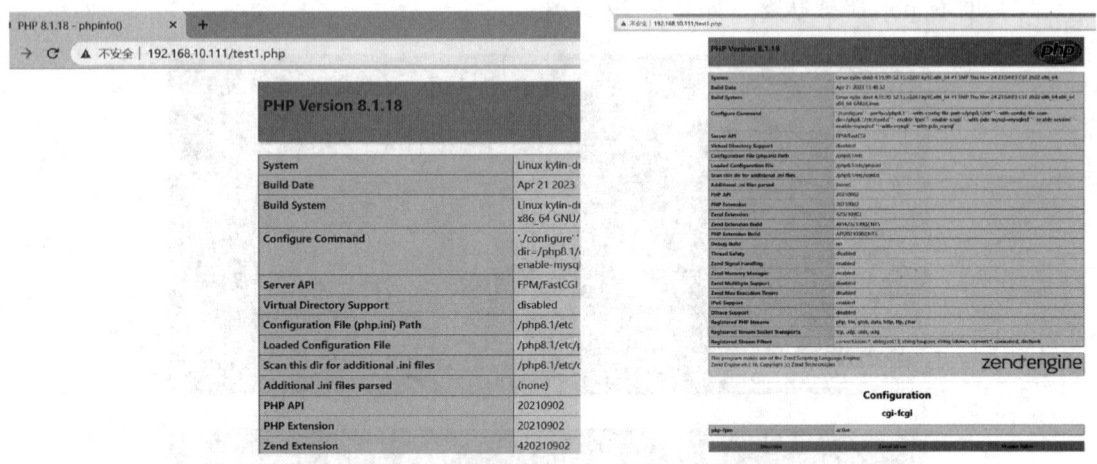

图 2.32　在浏览器中对PHP文件进行测试

2.3.4　DM8的数据库连接测试

（1）编辑"php.ini"配置文件，完成DM8数据库在PHP中扩展驱动，如图2.33所示。

命令行：vi /php8.1/etc/php.ini

添加内容：

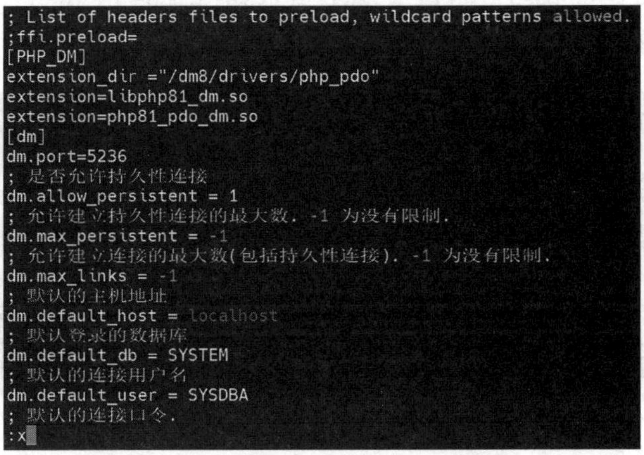

```
; List of headers files to preload, wildcard patterns allowed.
;ffi.preload=
[PHP_DM]
extension_dir ="/dm8/drivers/php_pdo"
extension=libphp81_dm.so
extension=php81_pdo_dm.so
[dm]
dm.port=5236
; 是否允许持久性连接
dm.allow_persistent = 1
; 允许建立持久性连接的最大数. -1 为没有限制.
dm.max_persistent = -1
; 允许建立连接的最大数(包括持久性连接). -1 为没有限制.
dm.max_links = -1
; 默认的主机地址
dm.default_host = localhost
; 默认登录的数据库
dm.default_db = SYSTEM
; 默认的连接用户名
dm.default_user = SYSDBA
; 默认的连接口令.
:x
```

图 2.33 编辑“php.ini”配置文件

[PHP_DM]

extension_dir="/dm8/drivers/php_pdo"

extension=libphp81_dm.so

extension=php81_pdo_dm.so

[DM]

dm.port=5236

;是否允许持久性连接

dm.allow_persistent=1

;允许建立持久性连接的最大数.-1 为没有限制.

dm.max_persistent=-1

;允许建立连接的最大数(包括持久性连接).-1 为没有限制.

dm.max_links=-1

;默认的主机地址

dm.default_host=localhost

;默认登录的数据库

dm.default_db=SYSTEM

;默认的连接用户名

dm.default_user=SYSDBA

;默认的连接口令.

dm.default_pw=Abcd@0000

;连接超时,这个参数未实际的用到,等待服务器支持

dm.connect_timeout=10

;对于各种变长数据类型,每列最大读取的字节数。如果它设置为 0 或是小于 0,那么,读取变长字段时,将显示 NULL 值

dm.defaultlrl=4096

;是否读取二进制类型数据,如果它设置为 0,那么二进制将被 NULL 值代替

dm.defaultbinmode=1

;是否允许检查持久性连接的有效性,如果设置为 ON,那么当重用一个持久性连接时,会检查该连接是否还有效

dm.check_persistent=ON

(2)编辑家目录下".bash_profile"配置文件如图2.34所示。

命令行：vi ~/.bash_profile

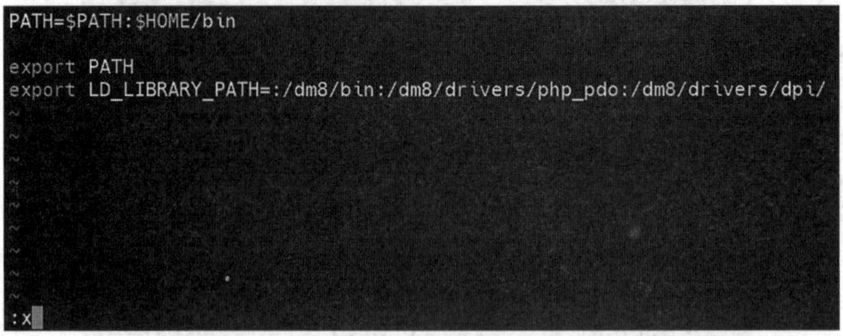

图2.34 编辑".bash_profile"文件

添加内容：

export LD_LIBRARY_PATH=/dm8/bin:/dm8/drivers/php_pdo:/dm8/drivers/dpi/

(3)立即生效".bash_profile"配置文件的更改，如图2.35所示。

命令行：source .bash_profile

图2.35 生效".bash_profile"配置文件

(4)完成PHP扩展查看，如图2.36所示。

命令行：php -m

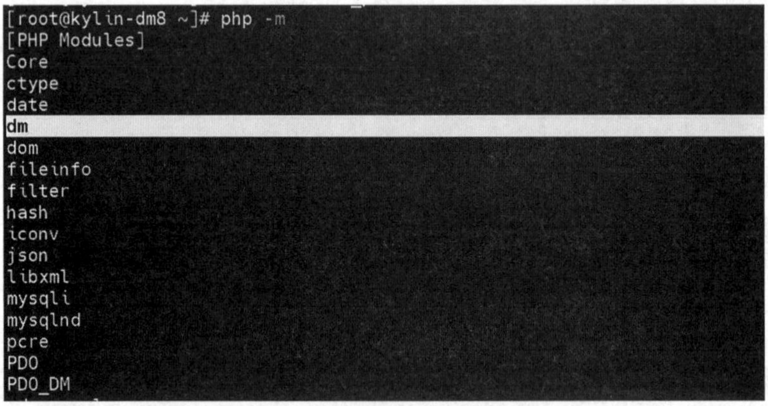

图2.36 查看PHP扩展

(5)完成PHP服务状态查看，如图2.37所示。

命令行：systemctl status php-fpm.service

提示：如果PHP服务启动失败，可以切换到"/etc/init.d"目录，通过"./php-fpm start"命令强制启动服务，如图2.38所示。

(6)在浏览器中，按"F5"键刷新页面，查看PHP扩展服务DM是否载入，如图2.39所示。

```
[root@kylin-dm8 ~]# systemctl status php-fpm.service
● php-fpm.service - LSB: starts php-fpm
   Loaded: loaded (/etc/rc.d/init.d/php-fpm; generated)
   Active: active (running) since Fri 2023-04-21 17:54:22 CST; 1h 39min ago
     Docs: man:systemd-sysv-generator(8)
    Tasks: 3
   Memory: 14.8M
   CGroup: /system.slice/php-fpm.service
           ├─1587 php-fpm: master process (/php8.1/etc/php-fpm.conf)
           ├─1594 php-fpm: pool www
           └─1595 php-fpm: pool www

4月 21 17:54:22 kylin-dm8 systemd[1]: Starting LSB: starts php-fpm...
4月 21 17:54:22 kylin-dm8 php-fpm[1519]: Starting php-fpm  done
4月 21 17:54:22 kylin-dm8 systemd[1]: Started LSB: starts php-fpm.
[root@kylin-dm8 ~]# 
```

图 2.37　查看 PHP 服务状态

```
[root@kylin-dm8 ~]# cd /etc/init.d
[root@kylin-dm8 init.d]# ./php-fpm start
Starting php-fpm  done
```

图 2.38　强制启动 PHP 服务

Directive	Local Value	Master Value
zend.script_encoding	no value	no value
zend.signal_check	Off	Off

ctype

ctype functions	enabled

date

date/time support	enabled
timelib version	2021.19
"Olson" Timezone Database Version	2023.3
Timezone Database	internal
Default timezone	UTC

Directive	Local Value	Master Value
date.default_latitude	31.7667	31.7667
date.default_longitude	35.2333	35.2333
date.sunrise_zenith	90.833333	90.833333
date.sunset_zenith	90.833333	90.833333
date.timezone	no value	no value

dom

DOM/XML	enabled
DOM/XML API Version	20031129
libxml Version	2.9.10
HTML Support	enabled
XPath Support	enabled
XPointer Support	enabled
Schema Support	enabled
RelaxNG Support	enabled

fileinfo

fileinfo support	enabled
libmagic	540

ctype functions	enabled

date

date/time support	enabled
timelib version	2021.19
"Olson" Timezone Database Version	2023.3
Timezone Database	internal
Default timezone	UTC

Directive	Local Value	Master Value
date.default_latitude	31.7667	31.7667
date.default_longitude	35.2333	35.2333
date.sunrise_zenith	90.833333	90.833333
date.sunset_zenith	90.833333	90.833333
date.timezone	no value	no value

dm

DM Support	enabled
Active Persistent Links	0
Active Links	0
DM library	LINUX

Directive	Local Value	Master Value
dm.allow_persistent	On	On
dm.check_persistent	On	On
dm.connect_timeout	********	********
dm.default_cursortype	Static cursor	Static cursor
dm.default_db	SYSTEM	SYSTEM
dm.default_host	localhost	localhost
dm.default_pw	********	********
dm.default_user	SYSDBA	SYSDBA
dm.defaultbinmode	return as is	return as is
dm.defaultlrl	return up to 4096 bytes	return up to 4096 bytes
dm.max_links	Unlimited	Unlimited
dm.max_persistent	Unlimited	Unlimited
dm.port	********	********

dom

DOM/XML	enabled

图 2.39　查看 PHP 扩展服务 DM

（7）完成“php_conn. php”源码编写，并存盘退出，如图 2.40 所示。

```
<?php
  header("Content-type:text/html;charset=utf-8"); //防止页面乱码
try
{    $link = dm_connect("localhost:5236", "SYSDBA", "Abcd@0000")
        or die("未能连接: " . dm_error()."\n");
    //使用 dm_error 会显示 dm 的 php 接口返回的错误, 执行成功, 则继续往下执行

    print "php: dm8数据库连接成功"."\n";
    /*断开连接*/
    dm_close($link);
}
catch(Exception $e)
{    $e->getMessage() . "<br/>";
}
?>
```

图 2.40　编写“php_conn. php”源码

源码：

```php
<? php
    header("Content-type:text/html;charset=utf-8");//防止页面乱码
try
{    $link=dm_connect("localhost:5236","SYSDBA","Abcd@0000")
        or die("未能连接:".dm_error()."\n");
    //使用 dm_error 会显示 DM 的 php 接口返回的错误,执行成功,则继续往下执行。
    print "php:dm8 数据库连接成功"."\n";
    /* 断开连接* /
    dm_close( $link);
}
catch(Exception $e)
{    $e->getMessage()."<br/>";
}
? >
```

（8）完成"php_conn.php"页面浏览，如图2.41所示。

图 2.41 浏览"php_conn.php"页面

2.4　课后提升

（1）实现 Nginx 的安装、测试。
（2）实现 PHP8 的安装、测试。
（3）实现通过宿主机 IP 访问，显示虚拟机中的 PHP 页面。

3 模式、数据表、数据列的创建、更名与删除

模式、数据表、数据列的创建、更名与删除是 DM8 数据库中最基本的操作。通过完成这些操作,可以帮助大家快速进入数据库学习状态。

3.1 教学目标

3.1.1 知识目标

(1) 了解 DM8 数据库中常用术语;
(2) 了解数据库概念;
(3) 掌握模式、数据表、数据列的操作。

3.1.2 能力目标

(1) 能够完成模式的创建、更名、删除;
(2) 能够完成数据表的创建、更名、删除;
(3) 能够完成数据列的创建、更名、删除。

3.1.3 素质目标

(1) 具备自学能力,能够理解 DM8 数据库的术语;
(2) 具备获取信息,并利用信息的能力;
(3) 具备团队合作精神,相互帮助完成实操训练。

3.2 课前自学

3.2.1 DM8 数据库中常用术语

3.2.1.1 常见文件格式

(1) 配置文件:以.ini 结尾的文件。
(2) 控制文件:以 ctl 结尾的文件。控制文件是一个二进制文件。

（3）数据文件：以 .dbf 结尾的文件。

（4）备份文件：以 .bak 为扩展名的文件，还有一个 .meta 元数据文件。

（5）事件日志文件：以 .log 为扩展名的文件，记录了数据库运行期间的关键事件，如启动、关闭、内存申请失败、io 错误等一些致命的错误。

3.2.1.2 DM 默认的预定义用户

（1）SYS：系统内置用户，不允许登录。

（2）SYSDBA：系统管理员，拥有几乎所有权限（除审计和强制访问控制）。

（3）SYSAUDITOR：系统审计管理员，具有审计相关权限。

（4）SYSSSO：系统安全管理员，具有强制访问控制等权限。

（5）SYSDBO：安全版本才有的用户，安全操作员。

3.2.1.3 表空间

1. 表空间概念

表空间是数据库的逻辑存储结构，在 DM 数据库中，表空间由一个或者多个数据文件组成。

一个表空间只能属于一个数据库。所有的数据库对象都存放在指定的表空间中。但主要存放的是表，所以称作表空间。

DM 数据库中的所有对象在逻辑上都存放在表空间中，而物理上都存储在所属表空间的数据文件中。

2. 表空间状态

（1）脱机状态：表空间此时属于不可用状态，可以对表空间数据文件移动、表空间还原等操作。

（2）联机状态：表空间处于使用状态，不能数据文件移动、表空间还原等操作。

3. 表空间分类

（1）永久表空间：主要存储的是数据库中需要永久化存储的对象，如表、视图、存储过程等。

（2）临时表空间：主要存储的是数据库操作时中间执行的过程，操作结束后存放的内容将被释放，不进行永久性保存。

（3）UNDO 表空间：主要存储事务所修改数据的旧值，也就是被修改之前的数据，例如对一张表进行修改时，那么会对表修改前的信息进行保存，这样我们可以对数据进行回滚、撤销等操作。

SYS、SYSSSO、SYSAUDITOR 系统用户，默认的用户表空间是 SYSTEM。

SYSDBA 的默认表空间为 MAIN。

在达梦数据库里每一个用户都有一个默认的表空间，新创建的用户如果没有指定默认表空间，则系统自动指定 MAIN 表空间为用户默认的表空间。

4. 达梦数据库的系统表空间

（1）SYSTEM 表空间：数据字典信息和动态性能视图。

（2）ROLL 表空间：数据库运行中的回滚记录，用户无须干涉。

(3) MAIN 表空间：创建用户时没指定表空间，系统就会用此表空间指定为用户默认表空间。

(4) TEMP 表空间：临时表空间，存放临时数据，排序。内存不够用时会使用这个完成计算。

(5) HMAIN 表空间：huge 表空间，用户无须干涉。

3.2.1.4 常用数据类型

（1）字符数据类型（表 3.1）。

表 3.1 字符数据类型及其功能

具体类型名称	功能
CHAR 或 CHARACTER	定长字符串，最大长度由数据库页面大小决定
VARCHAR	可变长字符串，最大长度由数据库页面大小决定

（2）数值数据类型（表 3.2）。

表 3.2 数值数据类型及其功能

具体类型名称	功能
NUMBER NUMERIC［精度,标度］ DECIMAL/DEC	用于存储零、正负定点数，精度范围 1~38
BIT	用于存储整数数据 1、0 或 NULL
INTEGER/INT	用于存储有符号整数，精度为 10
BIGINT	用于存储有符号整数，精度为 19，标度为 0
TINYINT	用于存储有符号整数，精度为 3，标度为 0，取值范围为 −128~+127
SMALLINT	用于存储有符号整数，精度为 5，标度为 0
BYTE	精度为 3，标度为 0
BINARY	指定定长二进制数据
VARBINARY	指定变长二进制数据，用法类似 BINARY 数据类型
REAL	带二进制的浮点数
FLOAT	二进制精度的浮点数，精度最大不超过 53
DOUBLE	同 FLOAT 相似，精度最大不超过 53
DOUBLE PRECISION	指明双精度浮点数，二进制精度为 53，十进制精度为 15

（3）多媒体数据类型（表 3.3）。

表 3.3 多媒体数据类型及其功能

具体类型名称	功能
TEXT/LONGVARCHAR	变长字符串类型，其字符串的长度最大为 2G−1，用于存储长的文本串
IMAGE/LONGVARBINARY	用于存储多媒体信息中的图像类型
BLOB 或 CLOB	指明变长的字符串，长度最大为 2G−1 字节
BFILE	指明存储在操作系统中的二进制文件

(4) 日期时间数据类型（表 3.4）。

表 3.4　日期时间数据类型及其功能

具体类型名称	功能
DATE	包括年、月、日信息，定义了"-4712-01-01"和"9999-12-31"之间任何一个有效的格里高利日期
TIME	包括时、分、秒信息
TIMESTAMP/DATATIME	包括年、月、日、时、分、秒信息
TIME WITH TIME ZONE	描述一个带时区的 TIME 值
TIMESTAMP WITH LOCAL TIME ZONE	描述一个本地时区的 TIMESTAMP 值

(5) 布尔数据类型（表 3.5）。

表 3.5　布尔数据类型及其功能

具体类型名称	功能
BOOL/BOOLEAN	TRUE 和 FALSE

3.2.2　数据库和实例

数据库是结构化信息或数据的有序集合，一般以电子形式存储在计算机系统中。通常由数据库管理系统（DBMS）来控制。在现实中，数据、DBMS 及关联应用一起被称为数据库系统，通常简称为数据库。

实例一般是由一个正在运行的 DM 后台进程（包含多个线程）及一个大型的共享内存组成的。简单来说，实例就是操作达梦数据库的一种手段，是用来访问数据库的内存结构及后台进程的集合。

3.2.2.1　数据库和实例的关系

数据库是一个文件集合（包括数据文件、临时文件、重做日志文件和控制文件等），保存在物理磁盘或文件系统中。

实例初始化时，会在磁盘或文件系统中生成一个数据目录，目录名是数据库名。目录里带有这个库的配置文件。启动数据库服务，并指定这个数据库的配置文件，会看到这个数据库服务的进程。数据库服务启动后，会将相关数据加载到内存中。

实例就是数据库服务的进程与内存载入的相关数据。

例如在某个地区使用导航系统时，这个地区所有的地点都是物理存在的。这些地点的集合体可以视为一个数据库（物理的、真实存在），导航系统则可以视为实例（虚拟的）。

3.2.2.2　DM8 中数据库概念与 MySQL 中数据库概念的区别

DM8 中数据库没有 MySQL 中 DATABASE 这样的隔离机制，因此可以理解为一个 DM8 实例即是一个数据库。如果要创建另外一个 DM8 数据库那就是需要另外建立一个 DM8 实例，在同一个机器上的多个 DM8 实例必须不同的端口、实例名和数据库名。

MySQL 中有 DATABASE 隔离机制，只要是进入 MySQL 环境，就可以通过 CREATE

DATABASE 命令行，同时创建多个数据库。

MySQL 中其实是将数据库与模式等同，执行"create database"相当于执行"create schema"。

3.2.3 模式

模式（Schema）就是存放了一组相关数据库对象的逻辑容器。简单来讲，模式就是数据库数据的逻辑结构。在 MySQL 环境下，模式就是数据库对象的集合，包括表、索引、视图、存储过程等。

在 DM8 中，一个用户可以创建多个模式，一个模式中的对象（表、视图）可以被多个用户使用。

在不同模式中可以存在相同结构的表，同一用户只要有权限，可以使用模式名称访问这些同构的表。

模式的优势包括：

（1）允许多个用户使用一个数据库而不会干扰其他用户；

（2）把数据库对象组织成逻辑组，便于管理；

（3）第三方的应用可以放在不同的模式中，这样可以避免和其他对象的名字冲突。

3.2.4 用户

用户（user）是数据库中定义的一个名称，用来连接数据库和访问数据库对象，准确些可称为账户，并不是指现实中进行数据库操作的人员。

用户管理是安全管理的一部分。不同的用户有着不同的权限，用来限制每个数据库使用者的权限。

3.2.5 数据表

数据表（TABLE）是数据库中用来存储数据的对象，是将数据按照特定的数据类型和数据结构组织在一起的容器。

数据表是整个数据库系统的基础，也是 DM8 数据库中用于存储数据的工具。

数据表可以存储不同类型的数据，如文本、数字、日期等，并且可以根据需要添加、删除或修改数据。

3.2.6 数据库、实例、表空间、用户、模式、数据表之间的关系

数据库存在于物理磁盘中，当它被载入内存并可以进行管理时，就是实例。在 DM8 中，一个数据库只存在一个实例。

实例是虚拟化的数据库。

一个实例中可以包含若干表空间，表空间可以新建、编辑、删除。

在实例中可以创建多个用户，每个用户在创建时都需指明所属表空间。用户创建之后会自动生成一个默认的模式，默认模式名与用户名相同。每个用户可以创建多个模式，每个模式中可以包含若干张数据表。

DM8 数据库默认使用 SYSDBA 用户和默认表空间进行数据库操作。

3.2.7 数据列

在数据库中,数据表的列也被称为字段。每个字段包含某一专题的信息。例如学生信息数据表中,学号、姓名这些都是表中所有行共有的属性,所以把这些列称为学号字段和姓名字段。

数据库中每个列都有相应的数据类型。数据类型定义列可以存储的数据种类。例如,如果列中存储的为数字(例如购买数量),则相应的数据类型应该为数值类型。如果列中存储的是日期、性别、注释等,则应该用恰当的数据类型规定出来。

3.3 课中实训

3.3.1 数据库的创建、删除

3.3.1.1 视窗下的实现

提示:视窗指的是虚拟机中麒麟系统桌面。视窗中的命令行界面是程序中的"终端"界面。

1. 数据库的创建

(1) 查看达梦服务,如图3.1所示。

命令行1:cd /dm8/tool/

命令行2:./dmservice.sh

(2) 再开一个终端,完成达梦数据库配置助手"dbca.sh"服务启动,如图3.2所示。

命令行1:cd /dm8/tool/

命令行2:./dbca.sh

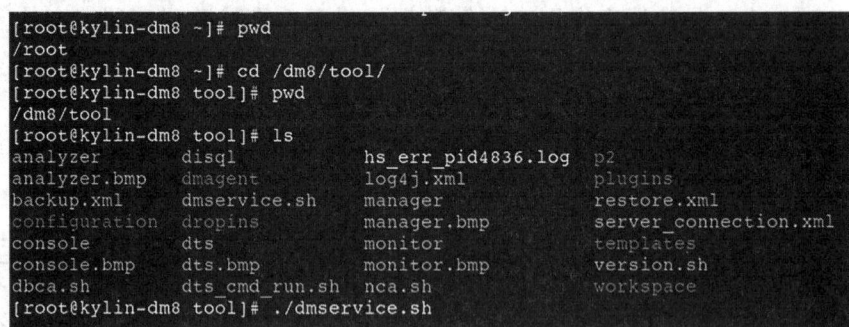

图3.1 查看达梦服务

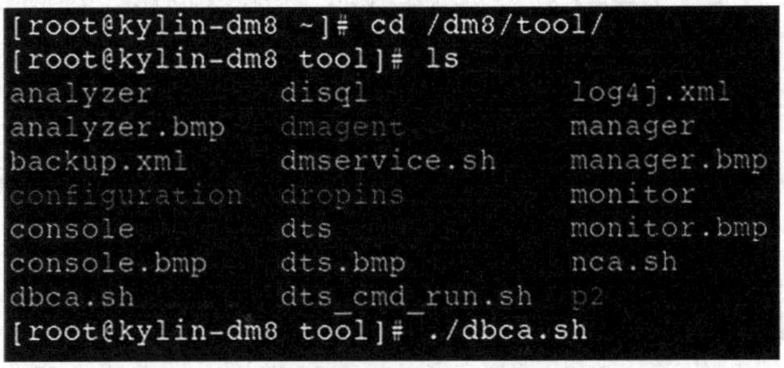

3 模式、数据表、数据列的创建、更名与删除

图 3.2　启动达梦数据库配置助手

（3）使用默认选项，鼠标左键单击"开始"按钮，如图 3.3 所示。
（4）使用默认选项，鼠标左键单击"下一步"按钮，如图 3.4 所示。

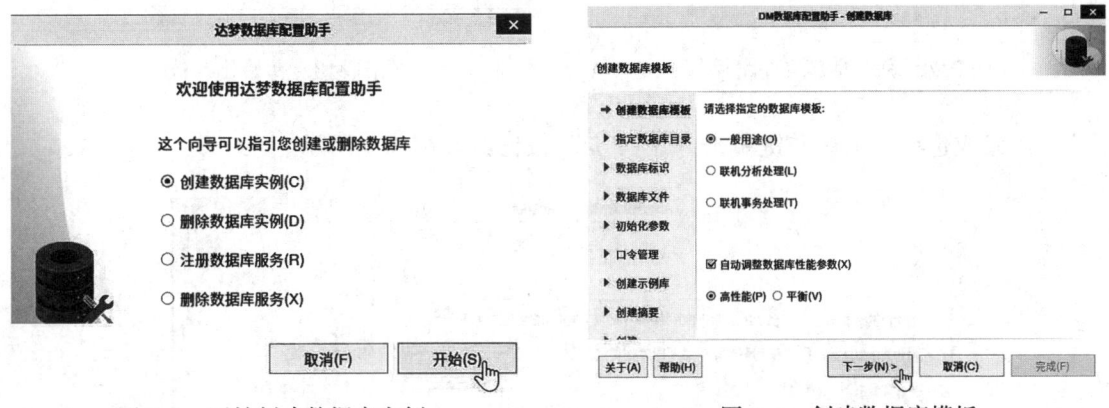

图 3.3　开始创建数据库实例　　　　　　图 3.4　创建数据库模板

（5）完成数据库目录"/dm8/data_2"的创建，鼠标左键单击"下一步"按钮，如图 3.5 所示。
（6）完成选项输入，鼠标左键单击"下一步"按钮，如图 3.6 所示。
提示：数据库名为 DM_TEST1；实例名为 DMSERVER_TEST1；端口号为 5237。

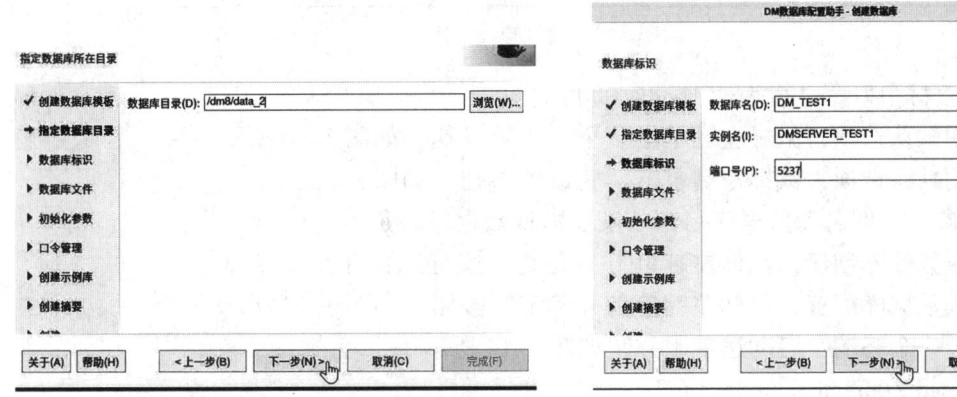

图 3.5　指定数据库目录　　　　　　　　图 3.6　完成选项输入

注意：在 DM8 数据库中，每次新建数据库都必须更改端口、实例名和数据库名。

（7）使用默认选项，鼠标左键单击"下一步"按钮，如图 3.7 所示。

（8）使用默认选项，鼠标左键单击"下一步"按钮，如图 3.8 所示。

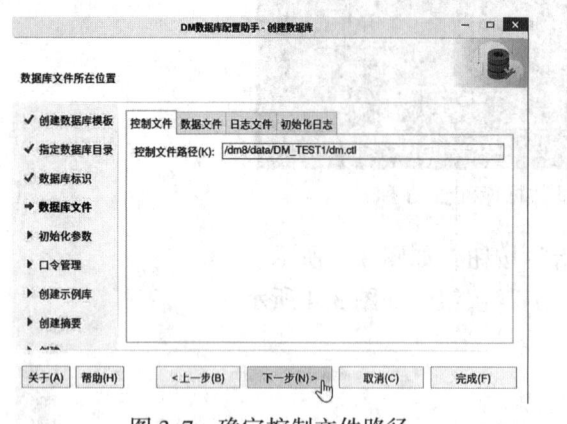
图 3.7　确定控制文件路径

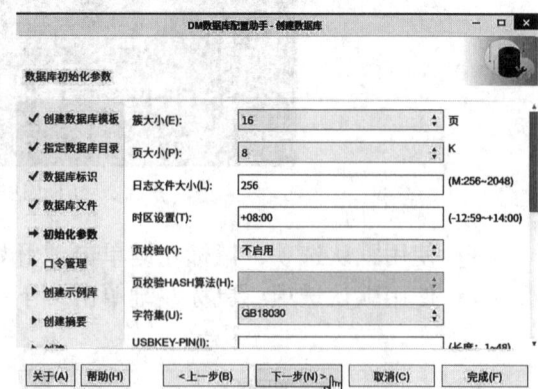
图 3.8　初始化参数

（9）完成选项，鼠标左键单击"下一步"按钮，如图 3.9 所示。

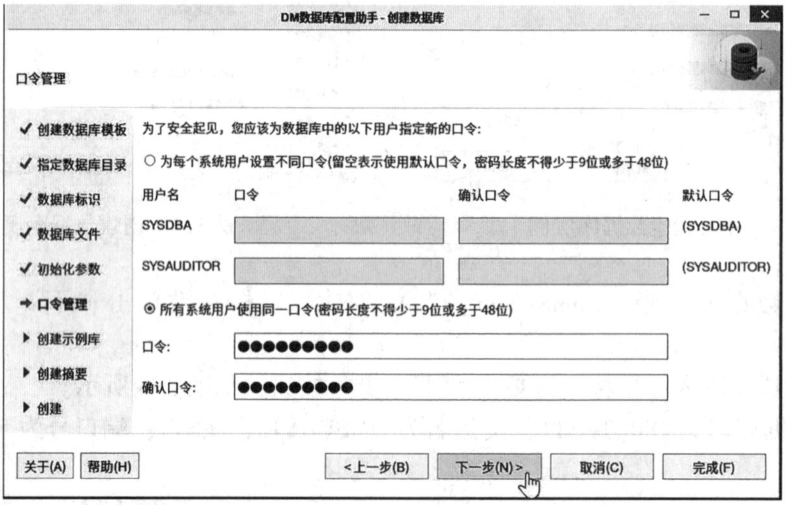

图 3.9　管理口令

提示：本教材中口令一律为"Abcd@0000"。

（10）使用默认选项，鼠标左键单击"下一步"按钮，如图 3.10 所示。

（11）使用默认选项，鼠标左键单击"完成"按钮，如图 3.11 所示。

注意：端口、实例名和数据库名都与安装默认数据库时是不一样的。

（12）完成数据库创建，鼠标左键单击"完成"按钮，如图 3.12 所示。

（13）完成数据库配置，鼠标左键单击"确定"按钮，如图 3.13 所示。

（14）新开一个终端，启动达梦服务，如图 3.14 所示。

命令行 1：cd /dm8/tool/

命令行 2：./dmservice.sh

（15）完成达梦服务状态查看，如图 3.15 所示。

3 模式、数据表、数据列的创建、更名与删除

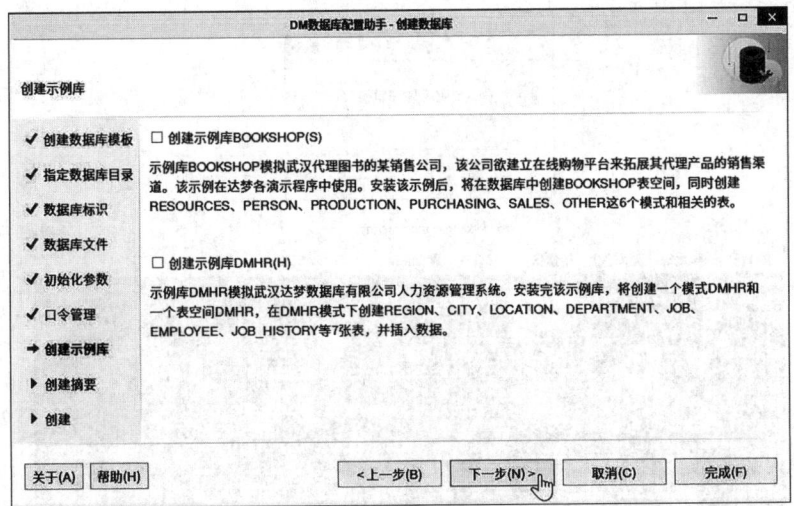

图 3.10 创建示例库

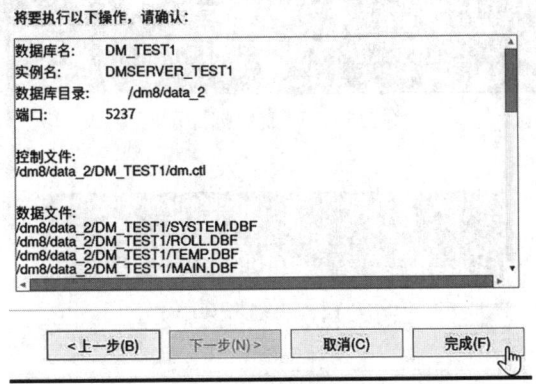

图 3.11 完成默认配置

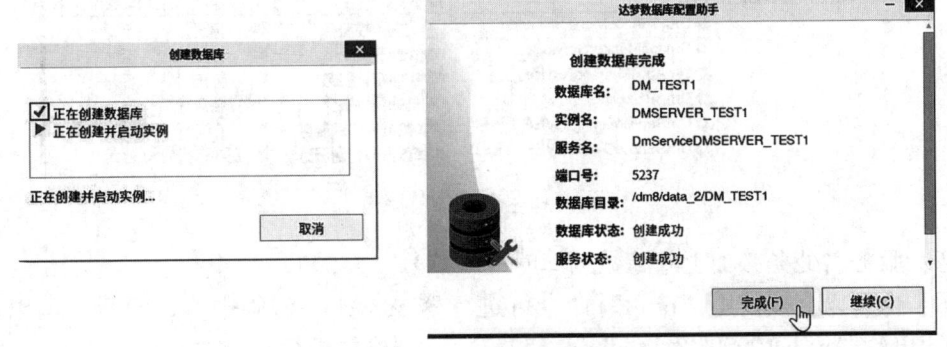

图 3.12 完成数据库创建

(16)新开一个终端,完成新建数据库实例的连接与退出,如图 3.16 所示。
命令行 1:cd /dm8/tool/
命令行 2:./disql
命令行 3:login

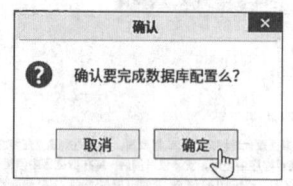

图 3.13 完成数据库配置

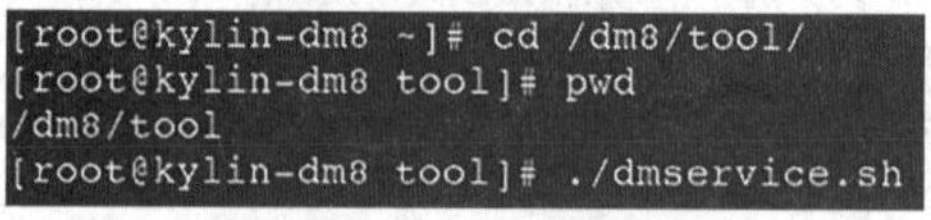

```
[root@kylin-dm8 ~]# cd /dm8/tool/
[root@kylin-dm8 tool]# pwd
/dm8/tool
[root@kylin-dm8 tool]# ./dmservice.sh
```

图 3.14 启动达梦服务

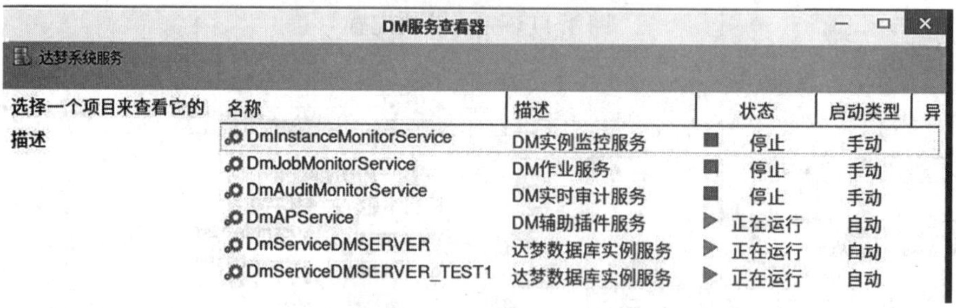

图 3.15 查看达梦服务

注意：服务名处务必加上新建数据库时的端口号"5237"。

提示：也可以直接使用"disql"命令行进行登录，如果密码中有@符号，可以用"./disql 'SYSDBA/"Abcd@0000"'@localhost：5237"示例格式进行登录。

2. 数据库的删除

（1）查看达梦数据库服务"DmServiceDMSERVER_TEST1"状态，如图3.17所示。

命令行 1：cd /dm8/bin

命令行 2：./DmServiceDMSERVER_TEST1 status

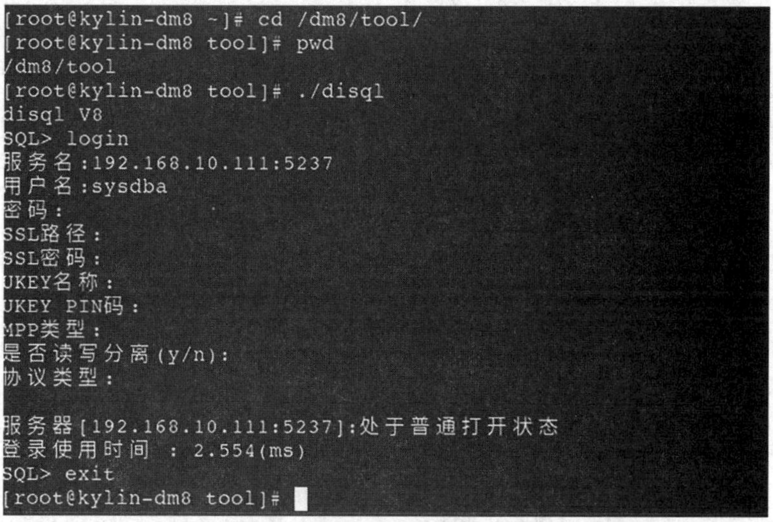
```
[root@kylin-dm8 ~]# cd /dm8/tool/
[root@kylin-dm8 tool]# pwd
/dm8/tool
[root@kylin-dm8 tool]# ./disql
disql V8
SQL> login
服务名:192.168.10.111:5237
用户名:sysdba
密码:
SSL路径:
SSL密码:
UKEY名称:
UKEY PIN码:
MPP类型:
是否读写分离(y/n):
协议类型:

服务器[192.168.10.111:5237]:处于普通打开状态
登录使用时间 : 2.554(ms)
SQL> exit
[root@kylin-dm8 tool]#
```

图 3.16　完成新建数据库实例的登录测试与退出

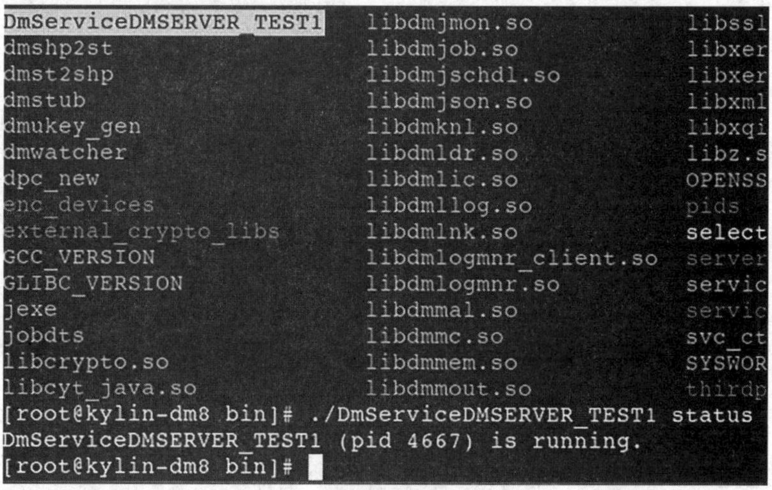
```
DmServiceDMSERVER_TEST1      libdmjmon.so              libssl
dmshp2st                     libdmjob.so               libxer
dmst2shp                     libdmjschdl.so            libxer
dmstub                       libdmjson.so              libxml
dmukey_gen                   libdmknl.so               libxqi
dmwatcher                    libdmldr.so               libz.s
dpc_new                      libdmlic.so               OPENSS
enc_devices                  libdmllog.so              pids
external_crypto_libs         libdmlnk.so               select
GCC_VERSION                  libdmlogmnr_client.so     server
GLIBC_VERSION                libdmlogmnr.so            servic
jexe                         libdmmal.so               servic
jobdts                       libdmmc.so                svc_ct
libcrypto.so                 libdmmem.so               SYSWOR
libcyt_java.so               libdmmout.so              thirdp
[root@kylin-dm8 bin]# ./DmServiceDMSERVER_TEST1 status
DmServiceDMSERVER_TEST1 (pid 4667) is running.
[root@kylin-dm8 bin]#
```

图 3.17　查看“DmServiceDMSERVER_TEST1”服务状态

（2）停用“DmServiceDMSERVER_TEST1”服务，如图 3.18 所示。

命令行 1：./DmServiceDMSERVER_TEST1 stop

命令行 2：./DmServiceDMSERVER_TEST1 status

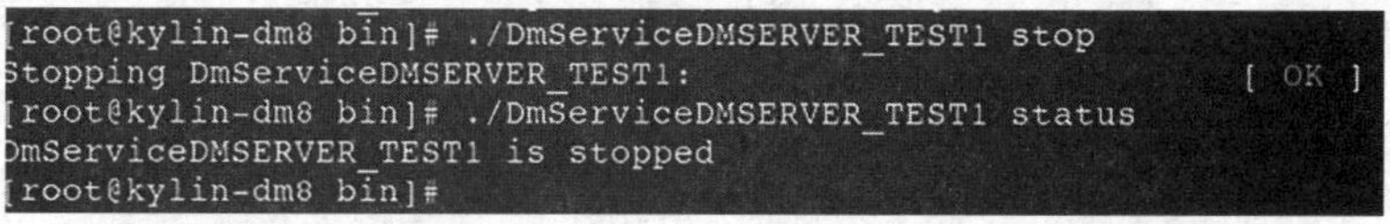
```
[root@kylin-dm8 bin]# ./DmServiceDMSERVER_TEST1 stop
Stopping DmServiceDMSERVER_TEST1:                          [ OK ]
[root@kylin-dm8 bin]# ./DmServiceDMSERVER_TEST1 status
DmServiceDMSERVER_TEST1 is stopped
[root@kylin-dm8 bin]#
```

图 3.18　停用“DmServiceDMSERVER_TEST1”服务

（3）启动达梦数据库配置助手“dbca.sh”服务，如图 3.19 所示。

命令行 1：cd /dm8/tool

命令行 2：./dbca.sh

```
[root@kylin-dm8 bin]# cd /dm8/tool/
[root@kylin-dm8 tool]# pwd
/dm8/tool
[root@kylin-dm8 tool]# ls
analyzer          disql             hs_err_pid4836.log
analyzer.bmp      dmagent           log4j.xml
backup.xml        dmservice.sh      manager
configuration     dropins           manager.bmp
console           dts               monitor
console.bmp       dts.bmp           monitor.bmp
dbca.sh           dts_cmd_run.sh    nca.sh
[root@kylin-dm8 tool]# ./dbca.sh
```

图 3.19 启动 "dbca.sh"

（4）完成选项，鼠标左键单击"开始"按钮，如图 3.20 所示。

（5）完成选项，鼠标左键单击"下一步"按钮，如图 3.21 所示。

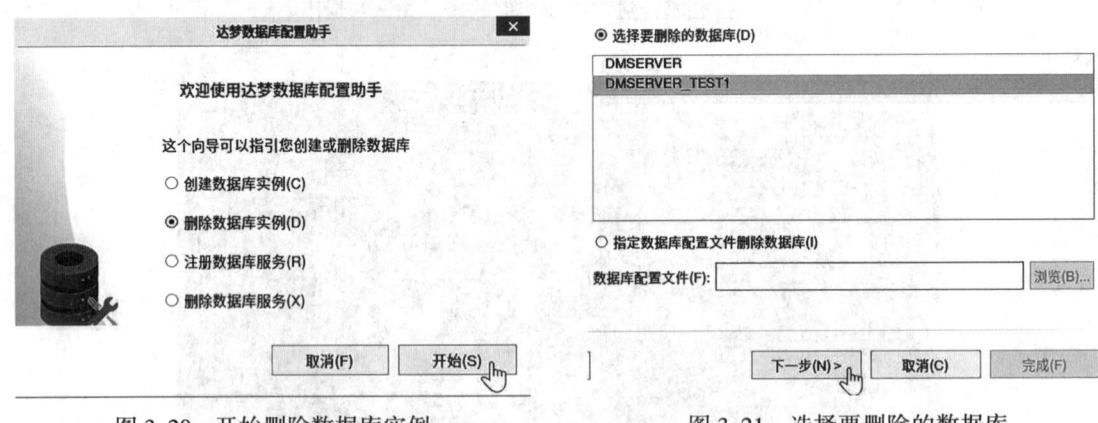

图 3.20 开始删除数据库实例　　　　图 3.21 选择要删除的数据库

（6）鼠标左键单击"完成"按钮，如图 3.22 所示。

（7）鼠标左键单击"确定"按钮，如图 3.23 所示。

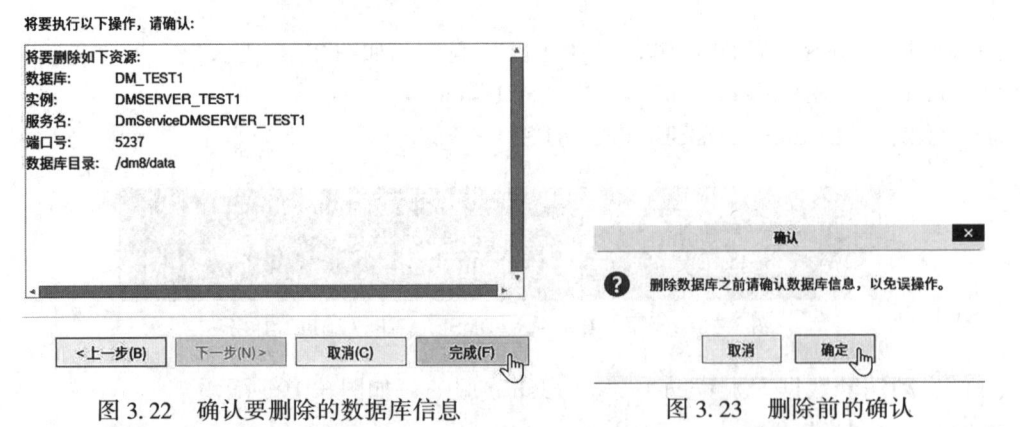

图 3.22 确认要删除的数据库信息　　　　图 3.23 删除前的确认

（8）鼠标左键单击"完成"按钮，之后鼠标左键单击"确定"按钮，如图 3.24 所示。

3 模式、数据表、数据列的创建、更名与删除

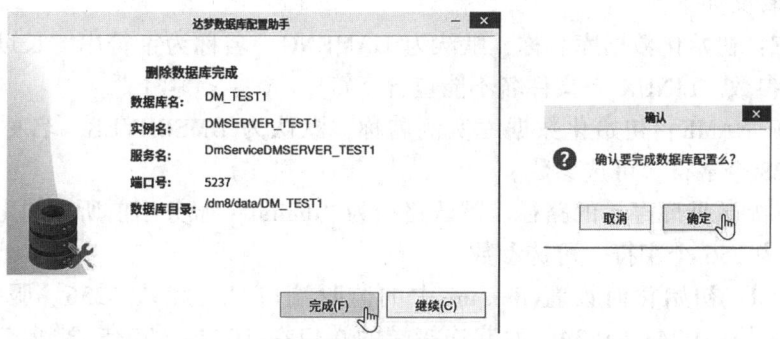

图 3.24 完成数据库的删除确认

3.3.1.2 命令行的实现

提示：本教材中的命令行一般是指远程端"MobaXterm"登录后的操作。

1. 数据库的创建

（1）完成用户"root"到"dmdba"的切换，如图 3.25 所示。

命令行：su dmdba

（2）完成目录"/dm8/bin"的切换，如图 3.26 所示。

命令行：cd /dm8/bin

图 3.25 切换账户　　　图 3.26 切换目录

（3）完成数据库的创建，如图 3.27 所示。

命令行：./dminit path=/dm8/temp db_name=DB_TEST2 port_num=7777

图 3.27 创建数据库

— 71 —

常用参数释义如下：

DB_NAME：初始化数据库名称，默认为 DAMENG。名称为字符串，长度不能超过 128 个字符。可选参数。LINUX 下文件名不能包含字符"/ \ ：< > " | "。

INSTANCE_NAME：初始化数据库实例名称，默认为 DMSERVER。名称为字符串，长度不能超过 128 个字符。可选参数。

PATH：初始数据库存放的路径。默认路径为"dminit"服务当前所在的工作目录。文件路径长度最大为 256 个字符。可选参数。

PORT_NUM：初始化时设置 dm.ini 中的监听端口号，默认 5236。服务器配置此参数，有效值范围为 1024～65534，发起连接端的端口在 1024～65535 之间随机分配。可选参数。

SYSDBA_PWD：初始化时设置 SYSDBA 的密码，默认为 SYSDBA。密码长度为 9~48 个字符。可选参数。

（4）返回到"root"账户，如图 3.28 所示。

命令行：exit

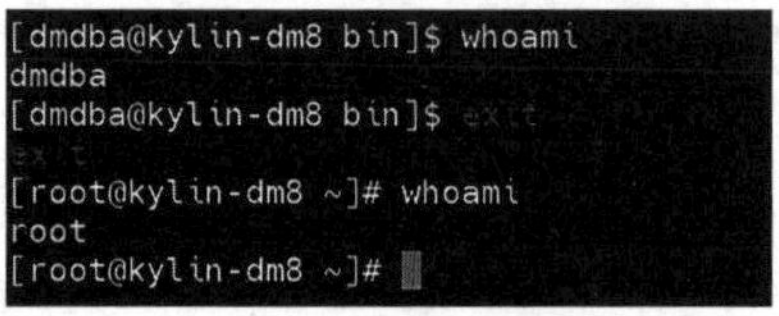

图 3.28 返回账户

（5）切换到"/dm8/script/root/"目录，如图 3.29 所示。

命令行：cd /dm8/script/root/

图 3.29 切换目录

（6）完成名为"DmServicetest2"的服务注册，如图 3.30 所示。

命令行：./dm_service_installer.sh -t dmserver -dm_ini /dm8/temp/DB_TEST2/dm.ini -p TEST2

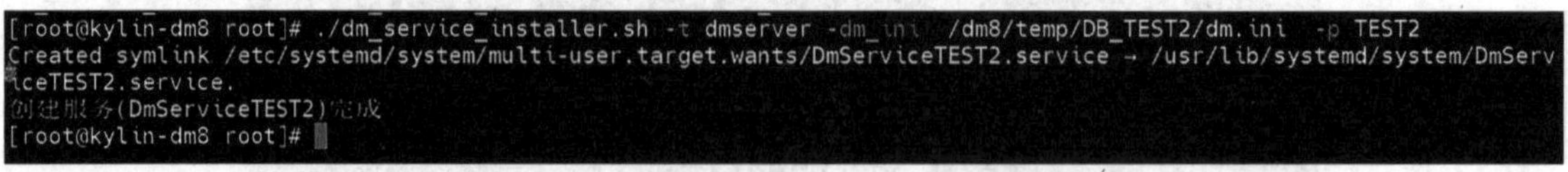

图 3.30 完成名为"DmServicetest2"的服务注册

常用参数释义如下：

-t：注册服务类型，支持以下服务类型：dmap、dmamon、dmserver、dmwatcher、dmmonitor、dmasmsvr、dmcss、dmcssm、dmdrs、dmdras、dmdcs、dmdss。

-p：指定服务名后缀，生成的操作系统服务名为"服务脚本模板名称+服务名后缀"。

3 模式、数据表、数据列的创建、更名与删除

-dm_ini：指定服务所需要的 dm.ini 文件路径。

(7) 切换到"dmdba"账户，如图 3.31 所示。

命令行：su dmdba

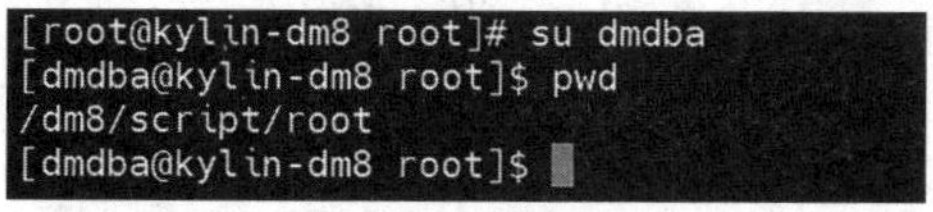

图 3.31 切换账户

(8) 切换到"/dm8/bin"目录，如图 3.32 所示。

命令行：cd /dm8/bin

图 3.32 切换目录

(9) 查看并启动"DmServiceTEST2"服务，如图 3.33 所示。

命令行 1：./DmServiceTEST2 status

命令行 2：./DmServiceTEST2 start

图 3.33 查看并启动"DmServiceTEST2"服务

(10) 启动数据库"DB_TEST2"，如图 3.34 所示。

命令行：./disql SYSDBA/SYSDBA@localhost:7777

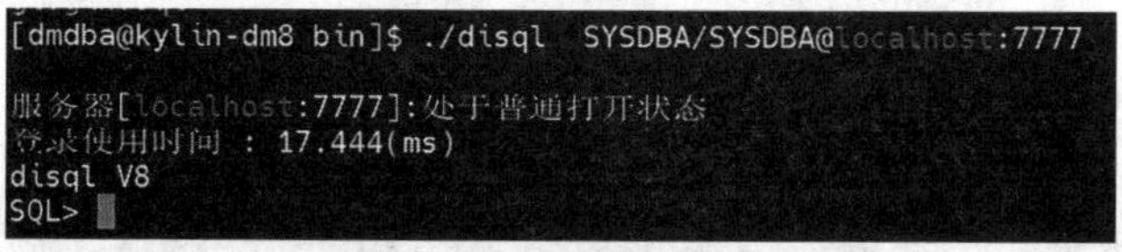

图 3.34 启动数据库"DB_TEST2"

(11) 查看当前数据库实例名称，如图 3.35 所示。

命令行：select name inst_name from v$instance;

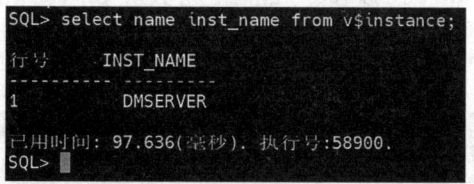

图 3.35 查看当前数据库实例名称

(12) 退出数据库，如图 3.36 所示。

命令行：exit

```
SQL> exit
[dmdba@kylin-dm8 bin]$
```

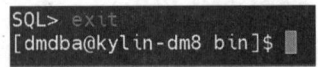

图 3.36 退出数据库

2. 数据库的删除

(1) 查看并停用“DmServiceTEST2”服务，如图 3.37 所示。

命令行 1：cd /dm8/bin

命令行 2：./DmServiceTEST2 status

命令行 3：./DmServiceTEST2 stop

```
[dmdba@kylin-dm8 bin]$ pwd
/dm8/bin
[dmdba@kylin-dm8 bin]$ ./DmServiceTEST2 status
DmServiceTEST2 (pid 6206) is running.
[dmdba@kylin-dm8 bin]$ ./DmServiceTEST2 stop
Stopping DmServiceTEST2:                                   [ OK ]
[dmdba@kylin-dm8 bin]$
```

图 3.37 查看并停用“DmServiceTEST2”服务

(2) 切换到“root”的账户，切换到“/dm8/script/root/”目录，如图 3.38 所示。

命令行 1：su root

命令行 2：cd /dm8/script/root

```
[dmdba@kylin-dm8 bin]$ su root
密码:
[root@kylin-dm8 bin]# whoami
root
[root@kylin-dm8 bin]# cd /dm8/script/root
[root@kylin-dm8 root]# ls
dm_service_installer.sh  dm_service_uninstaller.sh  root_installer.sh
[root@kylin-dm8 root]#
```

图 3.38 切换账户及目录

(3) 删除“DmServiceTEST2”服务，如图 3.39 所示。

命令行：./dm_service_ uninstaller. sh -n DmServiceTEST2

```
[root@kylin-dm8 root]# ./dm_service_uninstaller.sh  -n   DmServiceTEST2
是否删除服务(DmServiceTEST2)?(Y/y:是 N/n:否): y
Removed /etc/systemd/system/multi-user.target.wants/DmServiceTEST2.service.
删除服务文件(/usr/lib/systemd/system/DmServiceTEST2.service)完成
删除服务(DmServiceTEST2)完成
[root@kylin-dm8 root]#
```

图 3.39 删除“DmServiceTEST2”服务

(4) 退出“root”的账户，切换到“/dm8”目录，如图 3.40 所示。

命令行 1：exit

命令行 2：cd /dm8

```
[root@kylin-dm8 root]# exit
exit
[dmdba@kylin-dm8 bin]$ cd /dm8
[dmdba@kylin-dm8 dm8]$ ls
bin   data    desktop  drivers  jar  license_en.txt  log      script  tool       uninstall.sh
bin2  data_2  doc      include  jdk  license_zh.txt  samples  temp    uninstall  web
[dmdba@kylin-dm8 dm8]$
```

图 3.40 切换到“/dm8”目录

3 模式、数据表、数据列的创建、更名与删除

(5) 删除数据库安装目录"temp",完成数据库的删除,如图 3.41 所示。

命令行:rm –rf　temp/

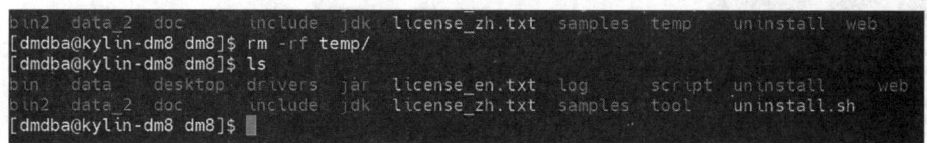

图 3.41　完成数据库的删除

3.3.2　模式的创建、删除

提示:以下操作都基于默认数据库。

3.3.2.1　视窗下的实现

(1) 鼠标左键单击在麒麟系统桌面左下角"开始"图标。在弹出的快捷菜单中,鼠标左键单击"终端"图标,启动终端,如图 3.42 所示。

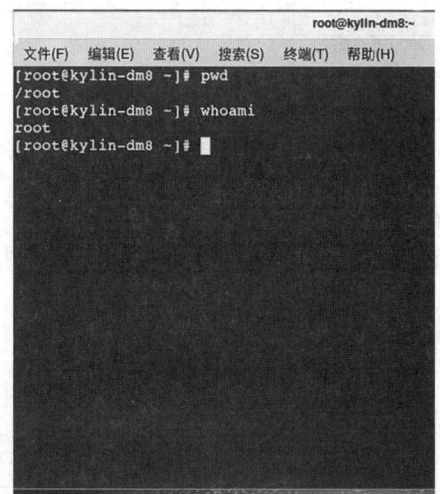

图 3.42　启动终端

(2) 完成目录切换,启动"manager"服务,如图 3.43 所示。

命令行 1:cd /dm8/tool/

命令行 2:./manager

图 3.43　启动"manager"服务

（3）进入"DM 管理工具"界面，如图 3.44 所示。

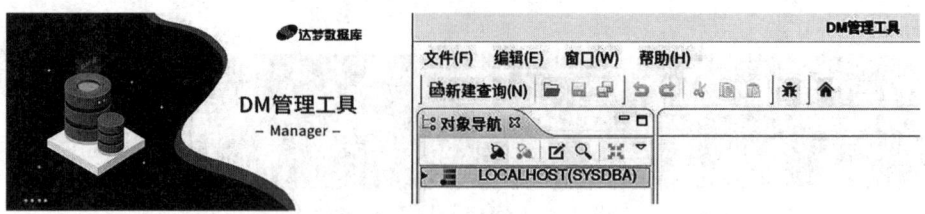

图 3.44　进入"DM 管理工具"界面

（4）鼠标左键双击"LOCALHOST（SYSDBA）"图标，在弹出的登录界面中完成用户名、口令输入。鼠标左键单击"确定"按钮，如图 3.45 所示。

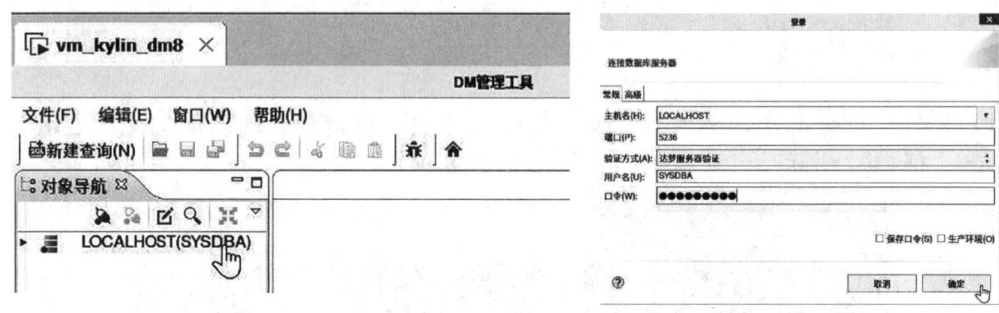

图 3.45　连接数据库服务器

（5）鼠标左键依次单击"模式""新建模式"，如图 3.46 所示。
（6）完成模式名输入，鼠标左键单击"选择用户"按钮，如图 3.47 所示。
提示：此处模式名为"DB_TEST"。

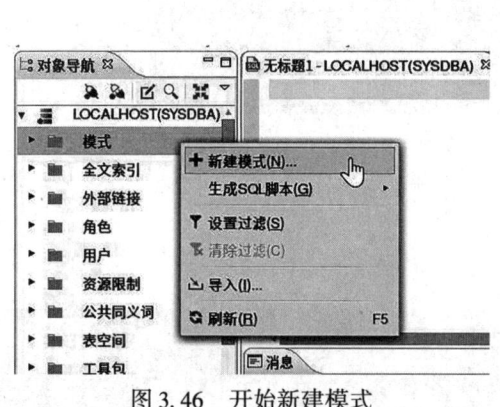
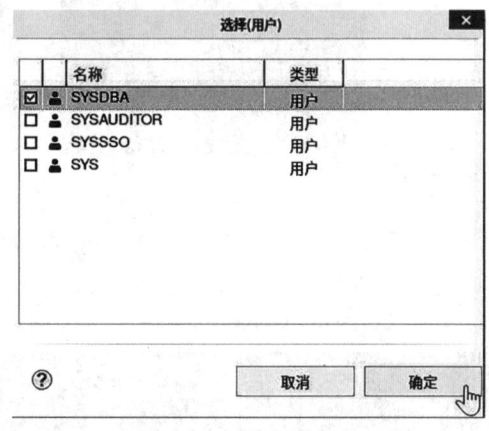

图 3.46　开始新建模式　　　　　　　　图 3.47　输入模式名

（7）完成用户选择，鼠标左键单击"确定"按钮，如图 3.48 所示。
（8）鼠标左键单击"确定"按钮，如图 3.49 所示。
（9）完成"DB_TEST"模式创建，如图 3.50 所示。
（10）鼠标左键单击"DB_TEST"选项，鼠标右键单击，在弹出快捷菜单中选中"删除"选项，如图 3.51 所示。

3 模式、数据表、数据列的创建、更名与删除

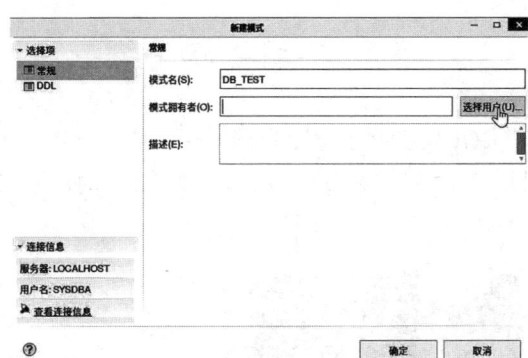

图 3.48 选择用户

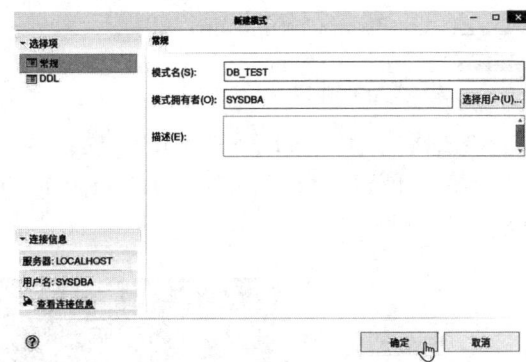

图 3.49 新建模式确定

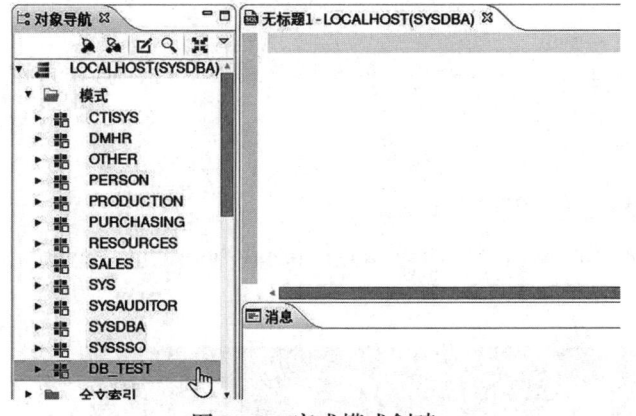

图 3.50 完成模式创建

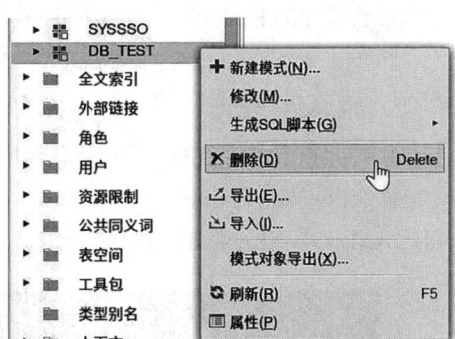

图 3.51 删除模式

(11) 完成"DB_TEST"模式删除,如图 3.52 所示。

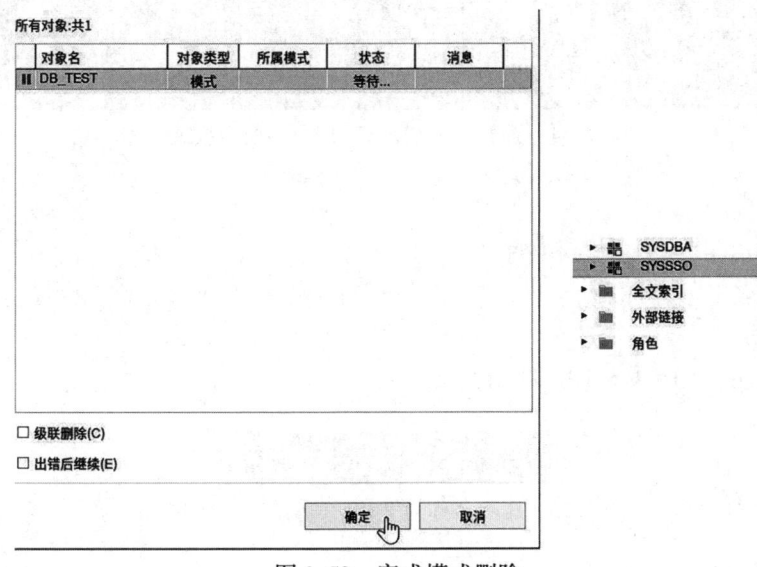

图 3.52 完成模式删除

3.3.2.2 命令行的实现

1. 模式的创建

语法格式：CREATE SCHEMA <模式名> [AUTHORIZATION <用户名>]；

示例：创建一个名称为“DB_TEST1”的归属于用户“SYSDBA”的模式，如图 3.53 所示。

```
SQL> CREATE SCHEMA  DB_TEST1  AUTHORIZATION SYSDBA;
2   /
操作已执行
已用时间: 185.269(毫秒). 执行号:701.
```

图 3.53 属于用户“SYSDBA”名称为“DB_TEST1”的模式

命令行：CREATE SCHEMA　DB_TEST1　AUTHORIZATION SYSDBA；

/

注意命令行的实现：先输入带“；”号结尾的常规语句，回车后跳到第二行，输入斜杠“/”回车，完成 schema 创建语句。

2. 模式的查看

示例：查看“SYSDBA”用户的所有模式，如图 3.54 所示。

命令行：select distinct object_name TABLE_SCHEMA from all_objects where object_type='SCH' AND OWNER='SYSDBA'；

```
SQL> select distinct object_name TABLE_SCHEMA from all_objects where object_type='SCH' AND OWNER='SYSDBA';

行号        TABLE_SCHEMA
---------- ------------
1          DB_TEST1
2          DMHR
3          OTHER
4          PERSON
5          PRODUCTION
6          PURCHASING
7          RESOURCES
8          SALES
9          SYSDBA

9 rows got

已用时间: 18.894(毫秒). 执行号:702.
```

图 3.54 查看“SYSDBA”用户的所有模式

3. 模式的删除

语法格式：DROP SCHEMA [IF EXISTS] <模式名> [RESTRICT | CASCADE]；

示例：删除名称为“DB_TEST1”的归属于用户“SYSDBA”的模式，如图 3.55 所示。

命令行：DROP SCHEMA DB_TEST1；

```
SQL> DROP SCHEMA DB_TEST1;
操作已执行
已用时间: 179.910(毫秒). 执行号:703.
```

图 3.55 删除名称为“DB_TEST1”的模式

提示：当前用户是“SYSDBA”。

3.3.3 模式的查看、切换

3.3.3.1 当前模式名称的查看

语法格式：SYS_CONTEXT （'USERENV','CURRENT_SCHEMA'）；

示例：查看当前的模式名称，如图 3.56 所示。

命令行：select sys_context('USERENV','CURRENT_SCHEMA')；

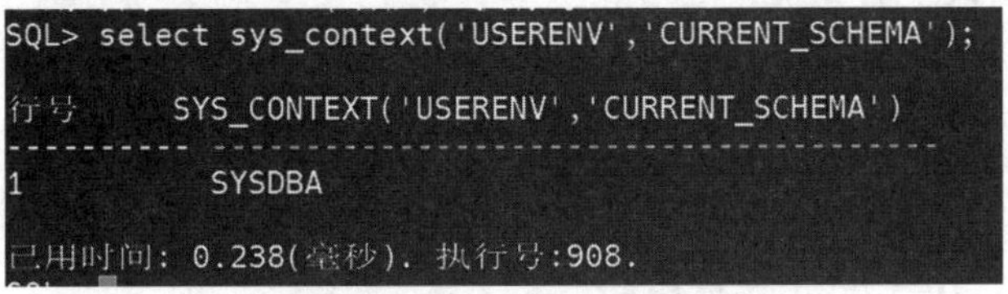

```
SQL> select sys_context('USERENV','CURRENT_SCHEMA');

行号       SYS_CONTEXT('USERENV','CURRENT_SCHEMA')
---------- ----------------------------------------
1          SYSDBA

已用时间: 0.238(毫秒). 执行号:908.
```

图 3.56　查看当前模式的名称

提示：SYS_CONTEXT 是 DM 提供的获取环境上下文信息的预定义函数。USERENV 为系统默认的上下文名字空间，保存了用户的上下文信息，可以从此函数中获取当前用户、模式、当前会话等信息。

3.3.3.2 当前模式名称的切换

语法格式：set schema　<模式名>；

示例：查看当前的模式名称，将当前模式名称更改为“OTHER”，并进行查看，如图 3.57 所示。

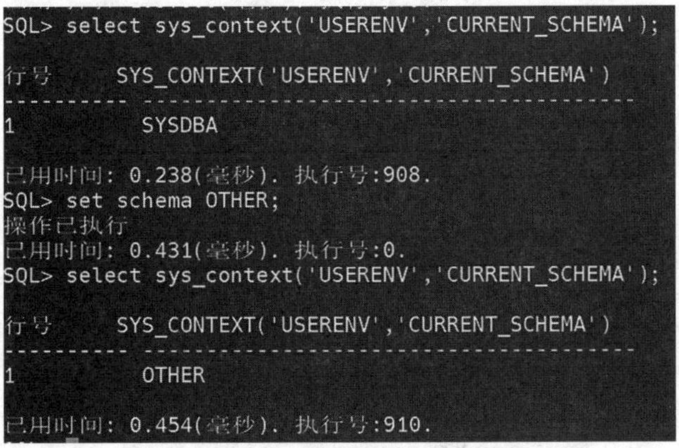

```
SQL> select sys_context('USERENV','CURRENT_SCHEMA');

行号       SYS_CONTEXT('USERENV','CURRENT_SCHEMA')
---------- ----------------------------------------
1          SYSDBA

已用时间: 0.238(毫秒). 执行号:908.
SQL> set schema OTHER;
操作已执行
已用时间: 0.431(毫秒). 执行号:0.
SQL> select sys_context('USERENV','CURRENT_SCHEMA');

行号       SYS_CONTEXT('USERENV','CURRENT_SCHEMA')
---------- ----------------------------------------
1          OTHER

已用时间: 0.454(毫秒). 执行号:910.
```

图 3.57　模式名称的切换

命令行 1：select sys_context （'USERENV','CURRENT_ SCHEMA'）；

命令行 2：set schema　OTHER；

命令行 3：select sys_context （'USERENV','CURRENT_ SCHEMA'）；

3.3.4 数据表的创建、更名、删除

提示：以下操作均在“OTHER”模式下进行。

3.3.4.1 视窗下的实现

1. 数据表的创建

(1) 在"DM 管理工具"界面中，依次选择"LOCALHOST（SYSDBA）""模式""OTHER""表"，鼠标右键单击，在弹出快捷菜单中选中"新建表（N）"选项，如图 3.58 所示。

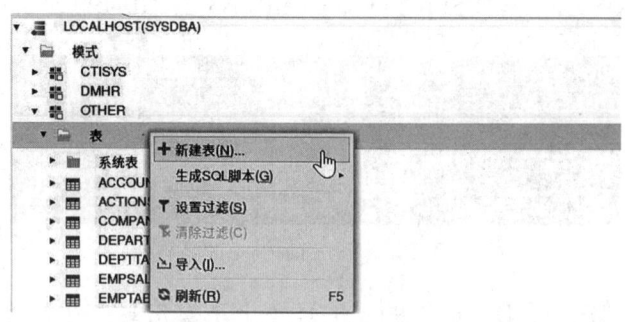

图 3.58 准备"新建表（N）"

(2) 完成表名、注释输入。鼠标左键单击"添加列"图标，如图 3.59 所示。

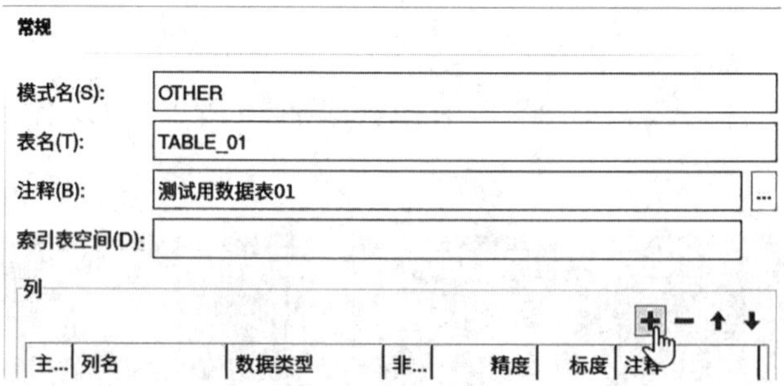

图 3.59 输入表名、注释

(3) 完成列名、数据类型、精度的选定，鼠标左键单击"确定"按钮，如图 3.60 所示。

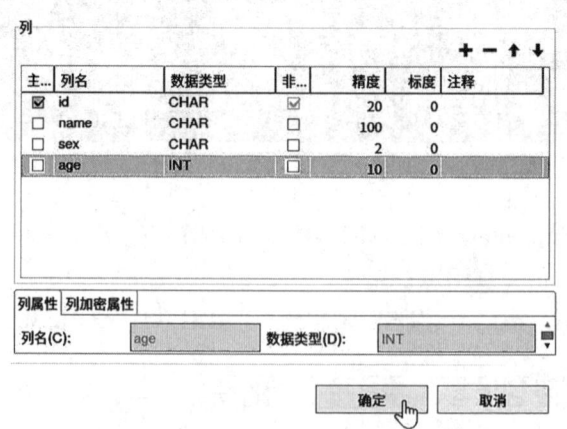

图 3.60 选定列名、数据类型、精度

3 模式、数据表、数据列的创建、更名与删除

（4）完成"TABLE_01"表的创建，如图 3.61 所示。

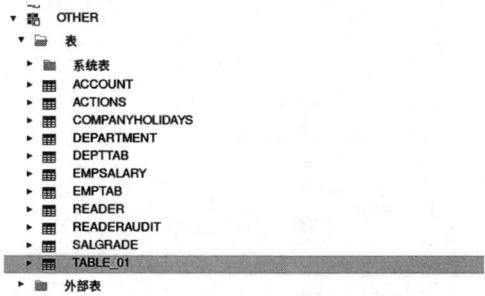

图 3.61　完成"TABLE_01"表的创建

2. 数据表的更名

（1）鼠标左键单击选中"TABLE_01"表。鼠标右键单击，在弹出的快捷菜单中选中"重命名（O）"选项，如图 3.62 所示。

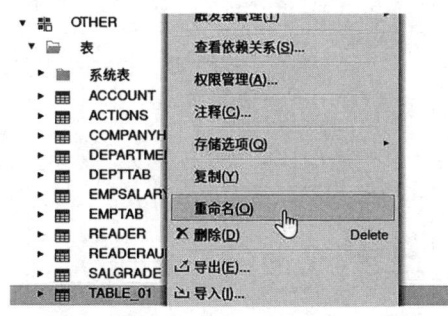

图 3.62　选中"重命名（O）"选项

（2）完成数据表新名称的输入，鼠标左键单击"确定"按钮，如图 3.63 所示。

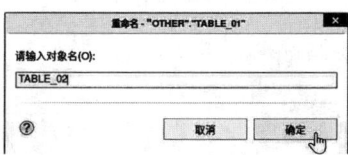

图 3.63　输入新数据表名称

（3）完成新建数据表"TABLE_02"的查看，如图 3.64 所示。

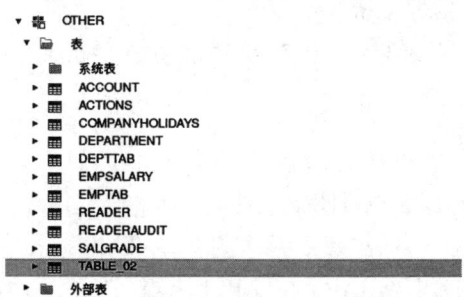

图 3.64　完成新建数据表"TABLE_02"的查看

3. 数据表的删除

(1) 鼠标左键单击选中"TABLE_02"表。鼠标右键单击，在弹出的快捷菜单中选中"删除（D）"选项，如图 3.65 所示。

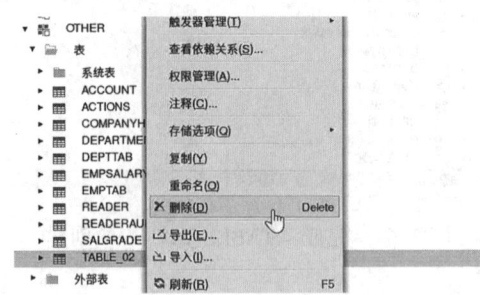

图 3.65　准备删除"TABLE_02"

(2) 按默认选项，鼠标左键单击"确定"按钮，如图 3.66 所示。

图 3.66　确定删除对象

(3) 查看数据表列表，"TABLE_02"表已被删除，如图 3.67 所示。

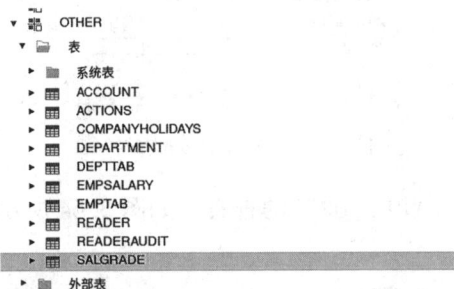

图 3.67　完成"TABLE_02"的删除

3.3.4.2　命令行的实现

提示：以下操作均处于模式"OTHER"下。

数据表创建的语法格式：

CREATE [[GLOBAL] TEMPORARY] TABLE <表名定义> <表结构定义>;
<表名定义> ::=[<模式名>.] <表名>

3 模式、数据表、数据列的创建、更名与删除

<表结构定义>::=<表结构定义 1> | <表结构定义 2>

<表结构定义 1>:: =（<列定义>{，<列定义>}[，<表级约束定义>{，<表级约束定义>}]）[ON COMMIT <DELETE | PRESERVE> ROWS][<空间限制子句>][<STORAGE 子句>][<压缩子句>][<高级日志子句>][<add_log 子句>][<DISTRIBUTE 子句>]

<表结构定义 2>::=[ON COMMIT <DELETE | PRESERVE> ROWS][<空间限制子句>]

1. 数据表的创建

（1）指定新建的数据表要求。

表名：TABLE_01，列名（字段）要求如下：

ID，字符型，长度 20，主键；

NAME，可变字符型，长度 100；

SEX，可变字符型，长度 2；

AGE，整型（int）。

（2）完成数据表"TABLE_01"的创建，如图 3.68 所示。

命令行：CREATE TABLE TABLE_01（ID CHAR（20）PRIMARY KEY，NAME VARCHAR（100），SEX VARCHAR（2），AGE INT）；

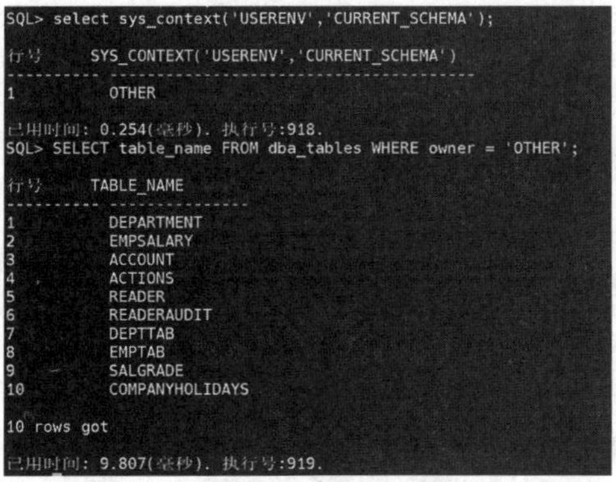

(a) 创建新数据表前 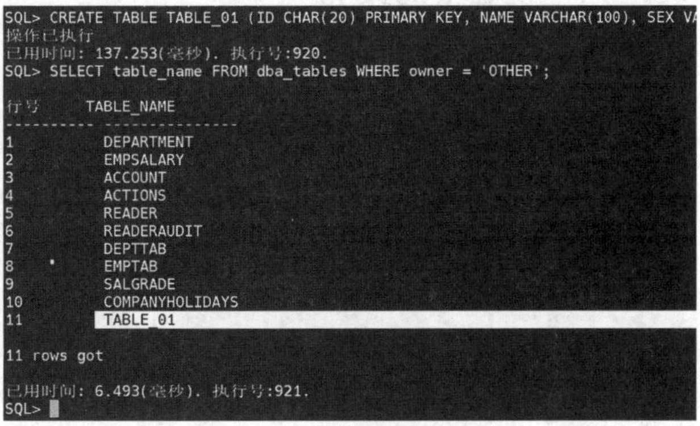　　　　　　　　(b) 创建新数据表后

图 3.68　完成数据表创建

2. 数据表的更名

语法格式：ALTER TABLE［模式名称．］<原表名称> RENAME TO［模式名称．］<新表名称>；

示例：将"TABLE_01"更名为"TABLE_02"，如图 3.69 所示。

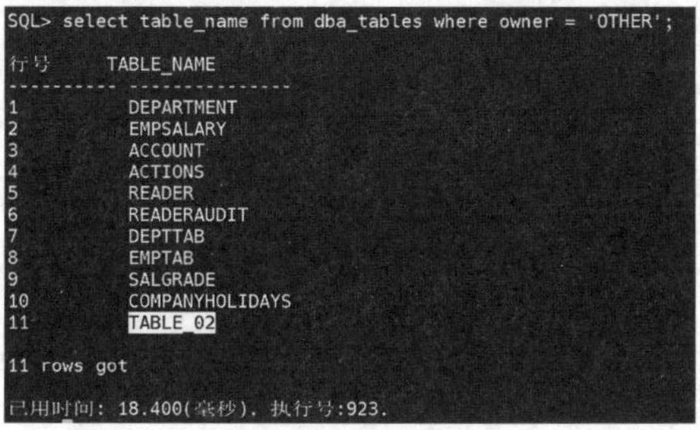

图 3.69　完成数据表更名

命令行 1：alter table TABLE_01 rename to TABLE_02；
命令行 2：select table_name from dba_tables where owner='OTHER'；

3. 数据表的删除

语法格式：DROP TABLE　　［模式名称.］<表名称>；

示例：将"TABLE_02"数据表删除，如图 3.70 所示。

命令行：drop table　　TABLE_02；

图 3.70　完成数据表删除

3.3.5　数据列的创建、更名、删除

提示：以下操作均在"OTHER"模式下进行，且操作时已完成如下建表语句：
CREATE TABLE TABLE_01（ID CHAR（20）PRIMARY KEY，NAME VARCHAR（100），SEX VARCHAR（2），AGE INT）；

3.3.5.1　视窗下的实现

1. 数据列的创建

（1）鼠标左键单击选中"TABLE_01"表。鼠标右键单击，在弹出的快捷菜单中选中"修改（M）"选项，如图 3.71 所示。

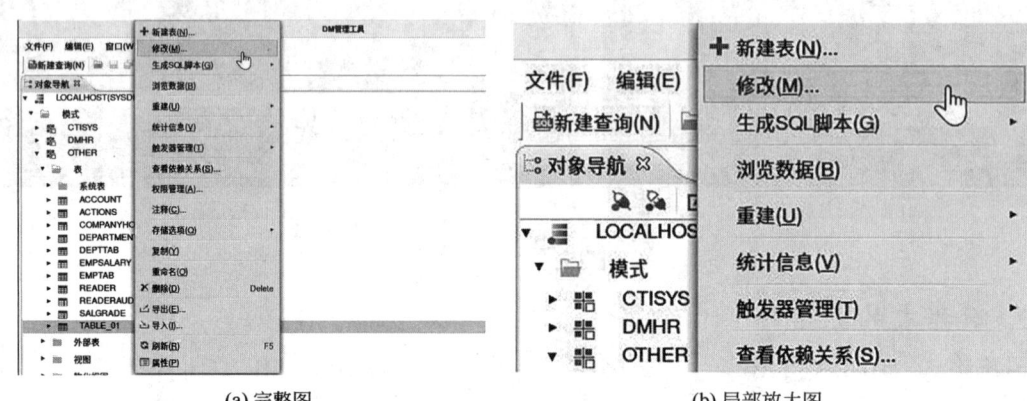

(a) 完整图　　　　　　　　　　(b) 局部放大图

图 3.71　准备创建数据表

（2）鼠标左键右上方"+"，进行列名的增加，如图 3.72 所示。

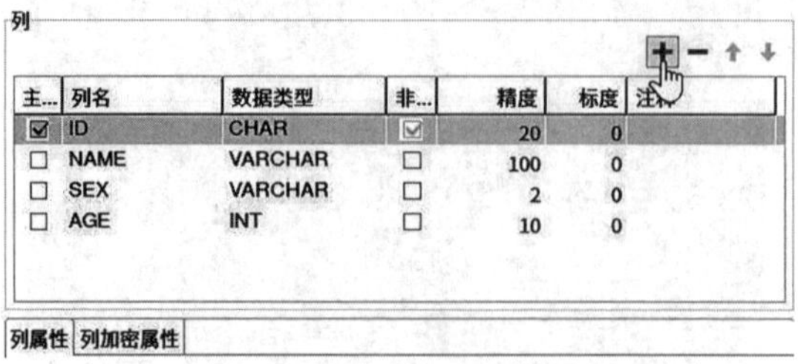

图 3.72　增加列名

3 模式、数据表、数据列的创建、更名与删除

(3) 完成列名的输入、数据类型的选定及精度设定,如图 3.73 所示。

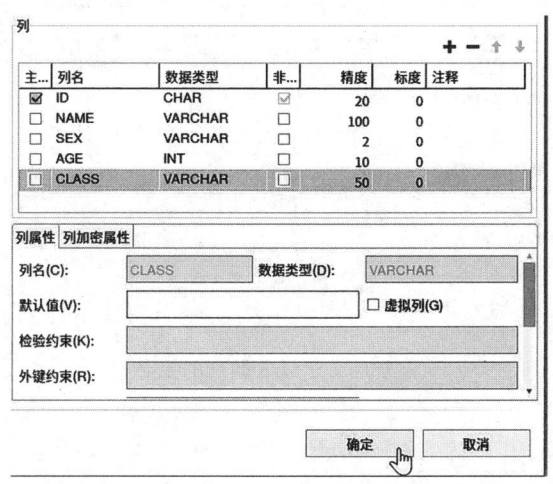

图 3.73 完成数据列的创建

本例中增加"CLASS"列名,数据类型"VARCHAR",精度 50。

2. 数据列的更名

(1) 鼠标左键单击选中"TABLE_01"表。鼠标右键单击,在弹出的快捷菜单中选中"修改(M)"选项,如图 3.74 所示。

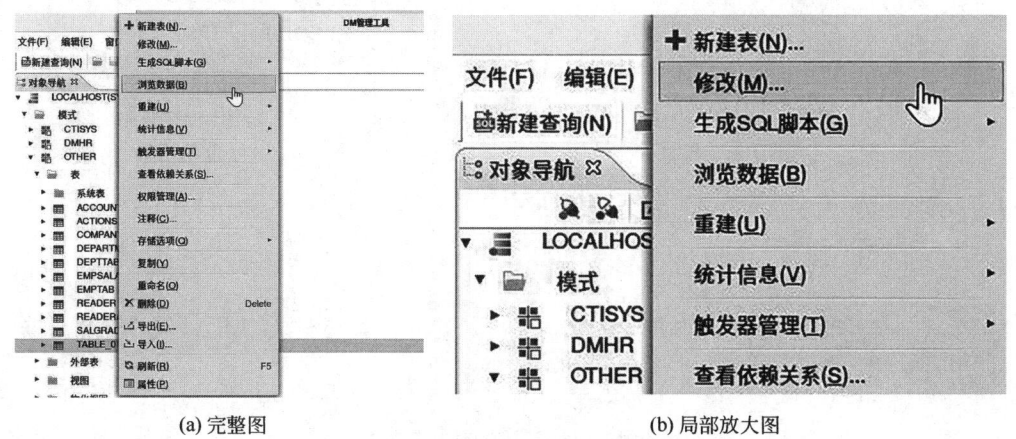

(a) 完整图　　　　　　　　　　(b) 局部放大图

图 3.74 准备更改数据表

(2) 鼠标左键双击需要修改的列注释,完成列注释添加。鼠标左键单击"确定"按钮,如图 3.75 所示。

本例中"NAME"列更改注释为"姓名",列名"SEX"更改注释为"性别"。

3. 数据列的删除

(1) 鼠标左键单击选中"TABLE_01"表。鼠标右键单击,在弹出的快捷菜单中选中"修改(M)"选项,如图 3.76 所示。

(2) 鼠标左键单击,选中需要删除的列。鼠标左键单击右上角的"-"图标,如图 3.77 所示。

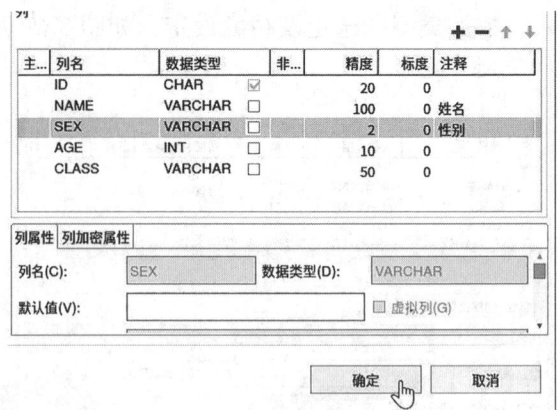

图 3.75 完成数据列的更名

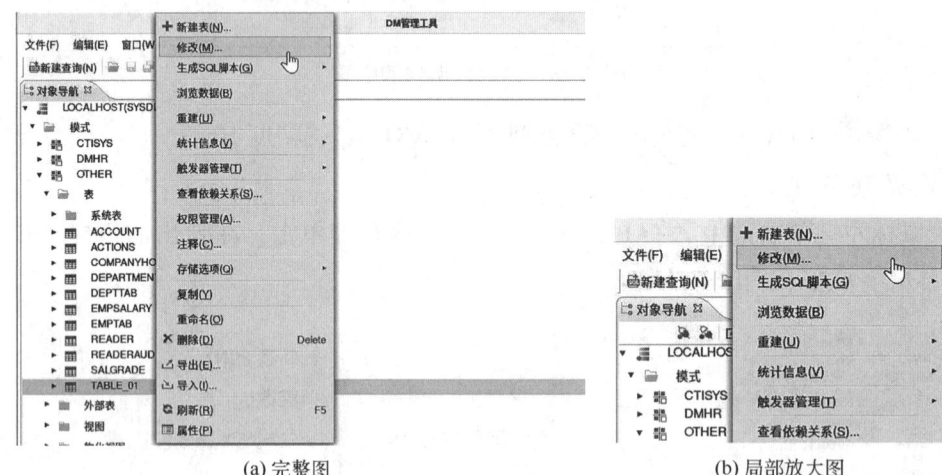

(a) 完整图　　　　　　　　　　(b) 局部放大图

图 3.76 准备删除数据表

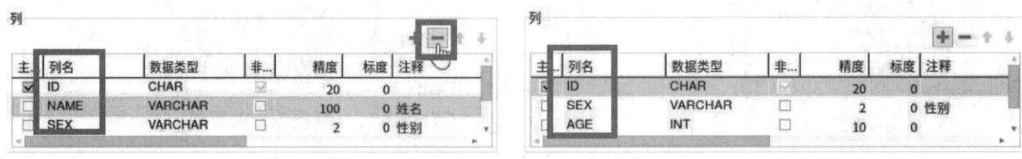

图 3.77 完成数据列的删除

3.3.5.2 命令行的实现

1. 数据列的创建

（1）查看"TABLE_01"数据表是否存，如图 3.78 所示。

图 3.78 查看"TABLE_01"数据表是否存

3 模式、数据表、数据列的创建、更名与删除

命令行：select table_name from dba_tables where owner='OTHER' and table_name='TABLE_01';

(2) 查看"TABLE_01"数据表中的字段，如图3.79所示。

命令行：select COLUMN_NAME from all_tab_columns where Table_Name='TABLE_01' AND OWNER='OTHER';

图3.79　查看"TABLE_01"数据表字段内容

(3) 增加"TABLE_01"数据表中的字段，如图3.80所示。

语法格式：ALTER TABLE ［模式名.］<表名> add column <"列名"数据类型>;

指定新增列要求如下：

列名：CLASS，数据类型：VARCHAR，精度：50。

命令行：alter table TABLE_01 add column("CLASS"VARCHAR(50));

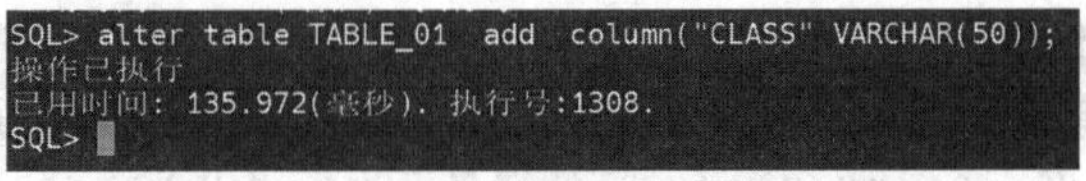

图3.80　增加"TABLE_01"数据表字段

(4) 查看"TABLE_01"数据表中的所有字段信息，包括列名、类型、长度信息，如图3.81所示。

命令行：select COLUMN_NAME,DATA_TYPE,DATA_LENGTH from all_tab_columns where Table_Name='TABLE_01' AND OWNER='OTHER';

图3.81　查看"TABLE_01"数据表字段信息

2. 数据列的更名

更改列的类型语法格式：ALTER TABLE ［模式名.］<表名> MODIFY（列名 数据类型 约束类型）;

更改列的名称语法格式：ALTER TABLE ［模式名.］<表名> RENAME COLUMN <列名> TO <新列名>

(1) 将"ID"类型由"CHAR"类型更改为"INT"类型，如图3.82所示。

命令行：alter table TABLE_01 MODIFY(ID INT);

(2) 完成OTHER模式下TABLE_01表结构的查看，如图3.83所示。

命令行：selecttabledef('OTHER','TABLE_01') from DUAL;

图 3.82　更名完成"ID"列类型

图 3.83　查看 OTHER 模式下 TABLE_01 表结构

提示：DUAL 是一个虚拟表，用来构成 select 的语法规则。DUAL 是属于 SYS schema 的一个表，然后以 PUBLIC SYNONYM 的方式供其他数据库 USER 使用。

(3) 将"CLASS"的列名更改为"CLASS_01"，如图 3.84 所示。

命令行：ALTER TABLE TABLE_01 RENAME COLUMN ″CLASS″ TO ″CLASS_01″;

图 3.84　将"CLASS"的列名更改为"CLASS_01"

提示：注意列名需要用双引号（半角字符）进行标识。

(4) 完成 OTHER 模式下 TABLE_01 表结构的查看，如图 3.85 所示。

命令行：selecttabledef('OTHER','TABLE_01') from DUAL;

图 3.85　查看 OTHER 模式下 TABLE_01 表结构

3. 数据列的删除

语法格式：ALTER TABLE ［模式名.］<表名> DROP COLUMN <列名>;

(1) 将"NAME"数据列删除，如图 3.86 所示。

命令行：alter table TABLE_01 MODIFY(ID INT);

图 3.86　删除"NAME"数据列

3 模式、数据表、数据列的创建、更名与删除

(2) 完成 OTHER 模式下 TABLE_01 表结构的查看,如图 3.87 所示。
命令行:selecttabledef('OTHER','TABLE_01') from DUAL;

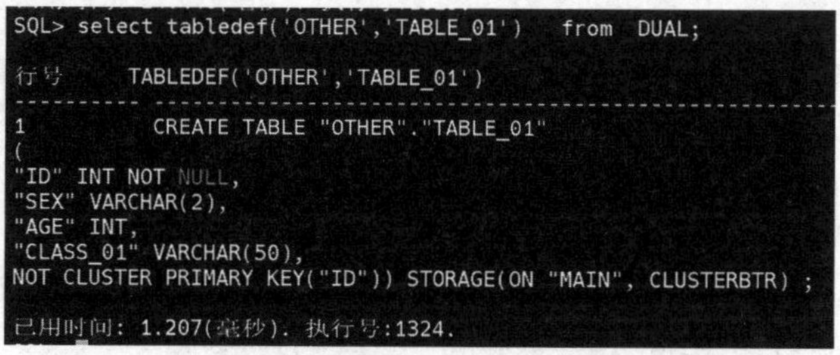

```
SQL> select tabledef('OTHER','TABLE_01')   from  DUAL;
行号      TABLEDEF('OTHER','TABLE_01')
---------
1         CREATE TABLE "OTHER"."TABLE_01"
(
"ID" INT NOT NULL,
"SEX" VARCHAR(2),
"AGE" INT,
"CLASS_01" VARCHAR(50),
NOT CLUSTER PRIMARY KEY("ID")) STORAGE(ON "MAIN", CLUSTERBTR) ;
已用时间: 1.207(毫秒). 执行号:1324.
```

图 3.87 查看 OTHER 模式下 TABLE_01 表结构

3.4 课后提升

(1) 完成自己姓名简拼的模式创建。
(2) 完成自己姓名简拼的数据表的创建。
(3) 完成自己姓名简拼的数据表中的列的创建、更名、删除操作。
(4) 完成自己姓名简拼的数据表的更名、删除。
(5) 完成自己姓名简拼的模式更名及删除。
(6) 完成自己姓名简拼的数据库、模式、数据表含自定义数据列的创建、更名、删除操作。

4 数据表记录的插入、修改与删除

数据表记录的插入、修改与删除是数据表中最基本的操作,也是进行动态网站开发最常用的功能,对动态网站开发中数据表的操作有着重要作用。

4.1 教学目标

4.1.1 知识目标

(1) 了解数据表的重要性;
(2) 了解列名的命名规范;
(3) 掌握数据表命名规范;
(4) 掌握 DM8 的增、删、改的操作。

4.1.2 能力目标

(1) 能够完成 DM8 的数据表中记录的插入;
(2) 能够完成 DM8 的数据表中记录的更新;
(3) 能够完成 DM8 的数据表中记录的删除。

4.1.3 素质目标

(1) 具备自学能力,能够完成相关资料阅读;
(2) 具备获取信息,并利用信息的能力;
(3) 具备团队合作精神,相互帮助完成实操训练。

4.2 课前自学

4.2.1 数据表的重要性

4.2.1.1 数据的一致性和完整性

数据表之间的关系是通过外键来实现的。通过外键,可以建立表与表之间的联系,保证数据的一致性和完整性。

例如，当删除一个表中的数据时，如果该数据在其他表中被引用，系统会自动拒绝该操作，以保证数据的一致性和完整性。

4.2.1.2 数据表的可扩展性和可维护性

数据表具有良好的可扩展性和可维护性。可以根据需要添加、删除和修改表，以适应数据的变化。

数据表还具有良好的数据结构和数据类型，可以更好地组织和管理数据。

4.2.1.3 数据的安全性和可靠性

数据表通过授权和权限管理来控制数据的访问与操作，以保证数据的安全性。数据表还具有良好的事务处理和数据备份机制，可以保证数据的可靠性和恢复性。

4.2.2 DM8 数据表及列名（字段）的命名规范

4.2.2.1 数据表命名规范

（1）采用 26 个英文字母（区分大小写）和 0~9 的自然数，加下划线"_"组成，命名简洁明确，多个单词用下划线"_"分隔。

（2）全部大写命名，禁止出现小写。可以通过修改配置文件进行设定。

（3）禁止使用数据库关键字，如 date、time、datetime、password 等。

（4）表名称不应该取得太长（一般不超过三个英文单词）；不推荐使用中文拼音，总长度不要超过 30 个字符。

（5）表的名称一般使用名词或者动宾短语。

（6）用单数形式表示名称。

4.2.2.2 列名（字段）命名规范

除了遵守 DM8 数据表命名规范外，还需要注意以下几点：

（1）字段推荐填写注释信息。

（2）在命名表的字段时，不要重复表的名称。

（3）在列的名称中不要包含数据类型。

（4）字段命名使用完整名称，尽量避免缩写。

4.3 课中实训

提示：以下操作均在"OTHER"模式下进行。

前置操作：已完成 TABLE_01 数据表的创建。

命令行：CREATE TABLE TABLE_01 (ID INT IDENTITY PRIMARY KEY, NAME VARCHAR(100), SEX VARCHAR(2), AGE INT)；

注意：IDENTITY 是自增列。一个表只能有一个自增列。不能对自增列使用 DEFAULT 约束。必须同时指定种子和增量值，或者二者都不指定。如果二者都未指定，则取默认值（1,1）；

若种子或增量为小数类型,报错。最大值和最小值为该列的数据类型的边界。建表种子和增量大于最大值或者种子和增量小于最小值时报错。自增列一旦生成,无法更新,不允许用 Update 语句进行修改。临时表、列存储表、水平分区表、垂直分区表不支持使用自增列。

4.3.1 插入记录

4.3.1.1 视窗下的实现

(1)在"DM 管理工具"界面中,依次选择"LOCALHOST(SYSDBA)""模式""OTHER""表""TABLE_01",鼠标右键单击,在弹出快捷菜单中选中"浏览数据(B)"选项,如图 4.1 所示。

图 4.1 浏览数据

(2)鼠标左键双击需要编辑的字段即可进行相关内容输入。完成相关字段内容输入后,鼠标左键单击"TABELE_01"上的"关闭"图标,如图 4.2 所示。

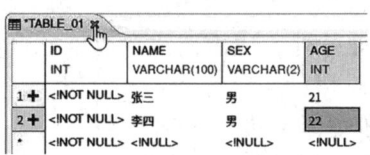

图 4.2 编辑数据

提示:
① 由于 ID 字段为自增列,因此 ID 列不需要进行编辑,也不能进行编辑。
② 输入法切换的快捷键"Ctrl+空格"。
(3)鼠标左键单击"是(Y)"按钮,如图 4.3 所示。

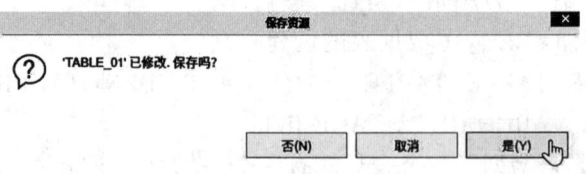

图 4.3 确认数据表关闭

4 数据表记录的插入、修改与删除

（4）鼠标左键单击选中"TABLE_01"。鼠标右键单击，在弹出快捷菜单中选中"浏览数据（B）"选项，如图 4.4 所示。

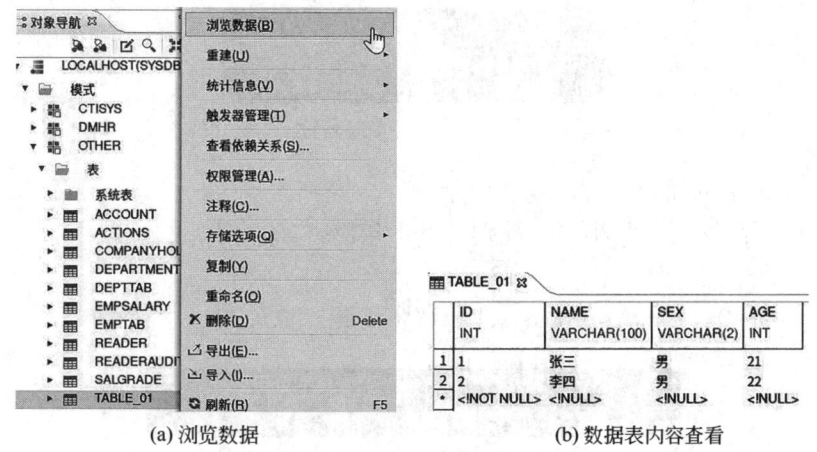

(a) 浏览数据　　　　　　　　(b) 数据表内容查看

图 4.4　查看数据表插入记录

提示：查看自增列的数值显示。

4.3.1.2　命令行下的实现

INSERT 语句有两种形式。一种形式是值插入，即构造一行或者多行，并将它们插入到表中；另一种形式为查询插入，它通过<查询表达式>返回一个查询结果集以构造要插入表的一行或多行。

值插入语句的语法格式：INSERT INTO[模式名 .]<表名>[字段列表] VALUES <字段值列表>；

其中，模式名指明该表或视图所属的模式，缺省为当前模式。表名指明被插入数据的表的名称。字段列表指在插入的记录中，这个列表中的每一列都被 VALUES 子句或查询说明赋一个值。如果在此列表中省略了表的一个字段名，则 DM8 用先前定义好的缺省值插入这一列中。如果字段名被省略，则在 VALUES 子句和查询中必须为表中的所有列指定值。但自增列不需要也不允许指定列值。字段值列表指与字段列表相对应的数据值。

（1）在远程端完成 DM8 数据库的登录，如图 4.5 所示。

命令行 1：cd /dm8/bin

命令行 2：./disql

图 4.5　登录 DM8 数据库

(2) 完成模式名称的设定,如图 4.6 所示。

命令行:set schema other;

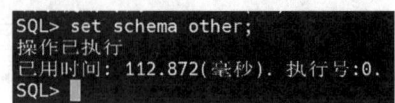

图 4.6 选定模式名称

(3) 完成新记录的插入,如图 4.7 所示。

插入记录如下:姓名:张小斐,性别:女,年龄:20。

命令行:

insert into table_01(name,sex,age) values('张小斐','女',20);

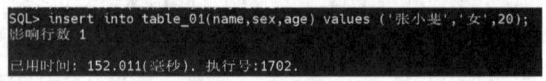

图 4.7 插入新记录

提示:在 DM8 中,字符串标识符为单引号' '而不是双引号" "。

(4) 在"DM 管理工具"界面中,鼠标左键单击选中"TABLE_01"。鼠标右键单击,在弹出快捷菜单中选中"浏览数据(B)"选项,如图 4.8 所示。

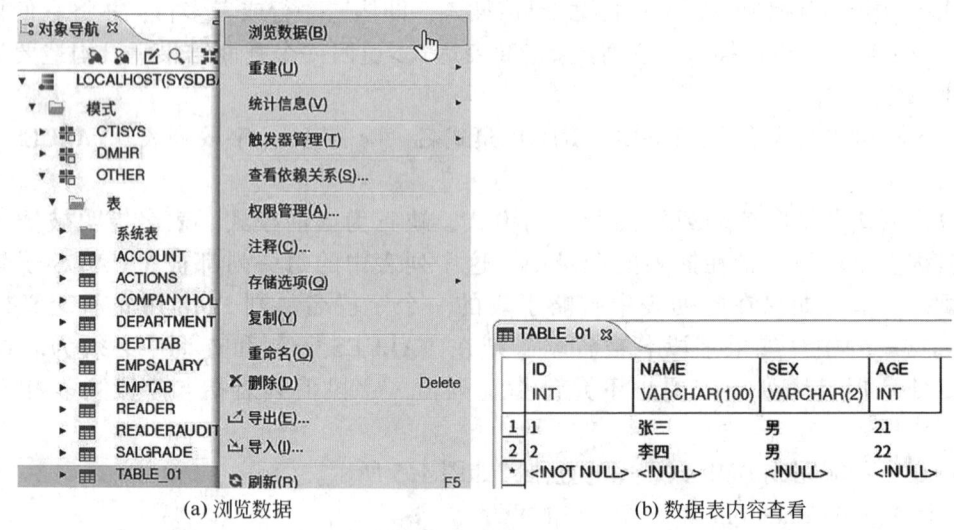

(a) 浏览数据　　　　　　　　　　　　(b) 数据表内容查看

图 4.8 查看记录

(5) 在远程端中进行事务提交,如图 4.9 所示。

命令行:commit;

图 4.9 事务提交

(6) 在"DM 管理工具"界面中,鼠标左键单击选中"TABLE_01"。鼠标右键单击,在弹出快捷菜单中选中"浏览数据(B)"选项,如图 4.10 所示。

4 数据表记录的插入、修改与删除

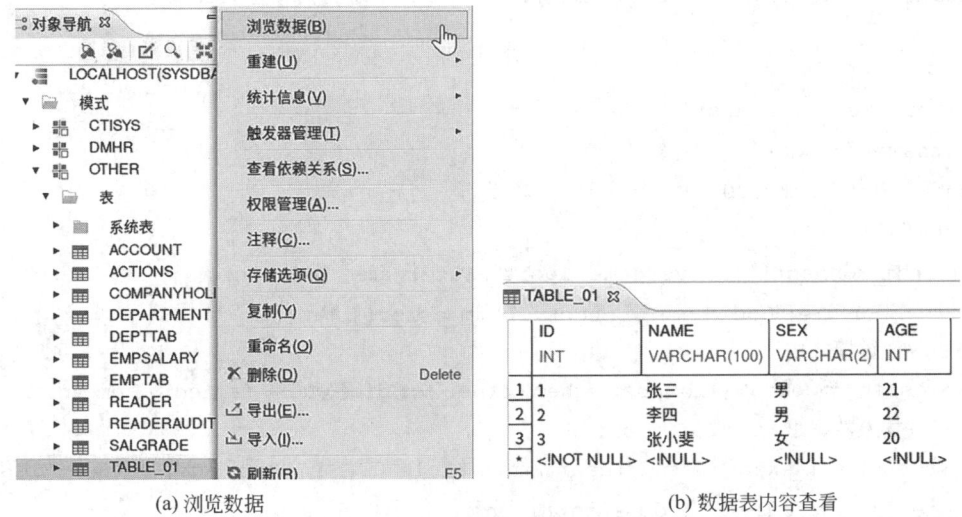

(a) 浏览数据   (b) 数据表内容查看

图 4.10 查看新记录的插入结果

提示：在 DM8 中，数据插入完成后，需要进行时事务提交"commit"，否则新记录不能进入数据表中。

4.3.1.3 动态页面下的实现

（1）完成"dm_insert.php"源码编写，并存盘退出，如图 4.11 所示。

```
<?php
    header("Content-type:text/html;charset=utf-8"); //防止页面乱码
try
{
$servername = "localhost";
$username = "sysdba";
$password = "Abcd@0000";
$port = "5236";
$link = dm_connect("$servername:$port", $username, $password)
        or die("Could not connect : " . dm_error()."\n");
    //设置模式名称
    $result = dm_exec($link, "set schema other") or die("Query failed : " . dm_error()."\n");
    //插入数据1
    $result = dm_exec($link, "insert into table_01(name,sex,age) values ('张小斐','女',20)") or die("Query failed : " . dm_error()."\n");
    //插入数据2
    $result = dm_exec($link, "insert into table_01(name,sex,age) values ('张小','男',20)") or die("Query failed : " . dm_error()."\n");
    //完成插入数据查看
    $result = dm_exec($link, "select * from table_01") or die("Query failed : " . dm_error()."\n");
    print "<table border=\"1\" cellspacing=\"1\" cellpadding=\"1\">\n";
    while ($line = dm_fetch_array($result))
    {
    print "\t<tr>\n";
    foreach ($line as $col_value) {
            print "\t\t<td>$col_value</td>\n";
    }
        print "\t</tr>\n";
    }
    print "</table>\n";
    /*释放资源*/
    dm_free_result($result);
    print "dm8:插入数据显示成功"."\n";
    /*断开连接*/
    dm_close($link);
}
catch(Exception $e)
{
    $e->getMessage() . "<br/>";
}
?>
```

图 4.11 编写"dm_insert.php"源码

源码：

```
<?php
```

```php
header("Content-type:text/html;charset=utf-8");//防止页面乱码
try
{
$servername="localhost";
$username="sysdba";
$password="Abcd@0000";
$port="5236";
$link=dm_connect("$servername:$port",$username,$password)
        or die("Could not connect:". dm_error()."\n");
    //设置模式名称
    $result=dm_exec($link,"set schema other")or die("Query failed:". dm_error()."\n");
    //插入数据1
    $result=dm_exec($link,"insert into table_01(name,sex,age) values('田田','女',19)")or die("Query failed:". dm_error()."\n");
    //插入数据2
    $result=dm_exec($link,"insert into table_01(name,sex,age) values('吴平','男',20)")or die("Query failed:". dm_error()."\n");
    //完成插入数据查看
    $result=dm_exec($link,"select * from table_01")or die("Query failed:". dm_error()."\n");
    print "<table border=\"1\"cellspacing=\"1\"cellpadding=\"1\">\n";
    while($line=dm_fetch_array($result))
    {
    print "\t<tr>\n";
    foreach($line as $col_value){
        print "\t\t<td>$col_value</td>\n";
        }
        print "\t</tr>\n";
    }
    print "</table>\n";
    /* 释放资源*/
    dm_free_result($result);
    print "dm8:插入数据显示成功"."\n";
    /* 断开连接*/
    dm_close($link);
}
catch(Exception $e)
{
    $e->getMessage(). "<br/>";
}
?>
```

(2) 完成"dm_insert.php"页面浏览,如图 4.12 所示。

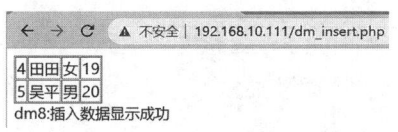

图 4.12 浏览 "dm_insert.php" 页面

4.3.2 修改记录

4.3.2.1 视窗下的实现

(1) 在 "DM 管理工具" 界面中，依次选择 "LOCALHOST（SYSDBA）""模式""OTHER""表""TABLE_01"，鼠标右键单击，在弹出快捷菜单中选中 "浏览数据（B）"选项，如图 4.13 所示。

(2) 鼠标左键双击需要编辑的字段即可进行相关内容更新。完成相关字段内容输入后，如图 4.14 所示。

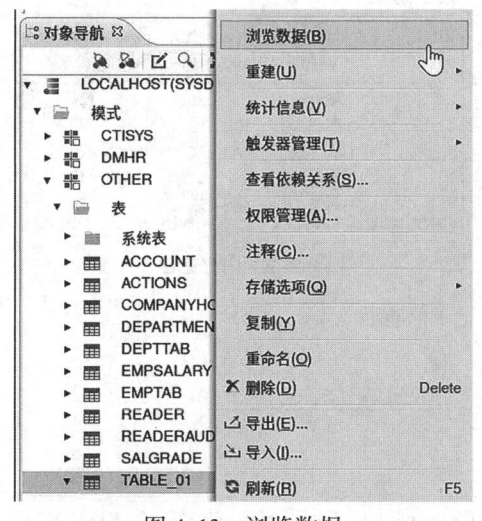

图 4.13 浏览数据　　　　　　图 4.14 更新数据

(3) 鼠标左键移至 "TABLE_01" 标签上，鼠标右键单击，在弹出的快捷菜单中选中 "关闭"选项，如图 4.15 所示。

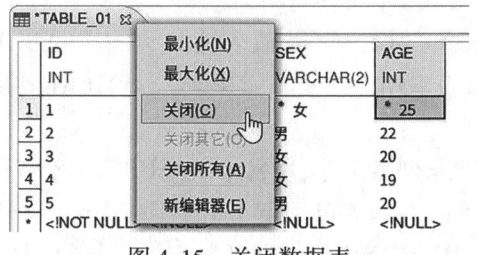

图 4.15 关闭数据表

(4) 鼠标左键单击 "是（Y）"按钮，如图 4.16 所示。

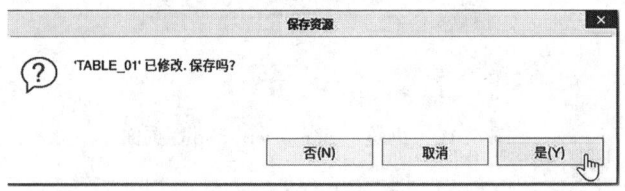

图 4.16 保存数据表更改

(5) 在"DM 管理工具"界面中,鼠标左键单击选中"TABLE_01"。鼠标右键单击,在弹出快捷菜单中选中"浏览数据(B)"选项,如图 4.17 所示。

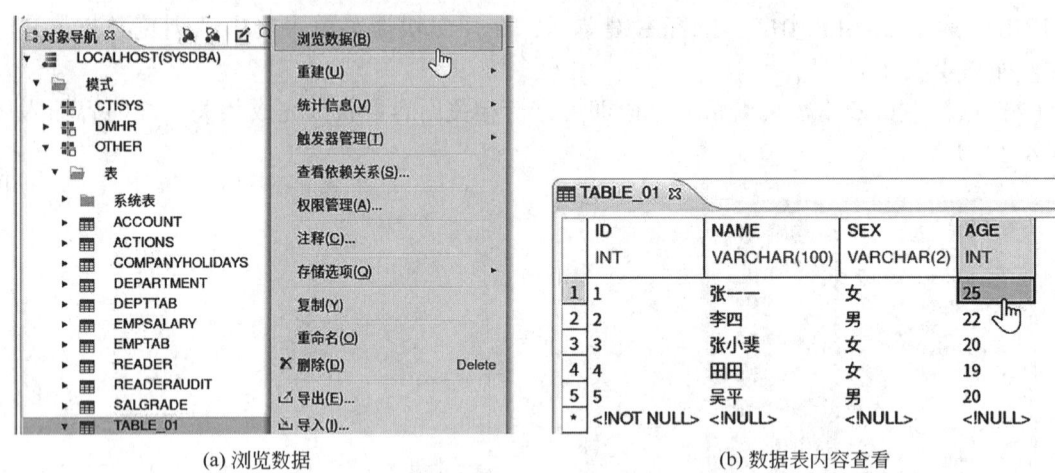

(a) 浏览数据　　　　　　　　　　　　(b) 数据表内容查看

图 4.17 完成更新记录的查看

4.3.2.2 命令行下的实现

更新语句的简易语法格式如下:
UPDATE [模式名.] <表名> SET <列名1=值1> {,<列名2>=值2} [WHERE <条件表达式>];

完整语法格式如下:
UPDATE <更新列表>{<单列修改子句>|<多列修改子句>}

<更新列表>::=<表引用>{,<表引用>}

<单列修改子句>::=SET<列名>=<<值表达式>|DEFAULT>{,<列名>=<<值表达式>|DEFAULT>}[FROM <表引用>{,<表引用>}][WHERE<条件表达式>][<RETURN_INTO_OBJ>];

<多列修改子句>::=SET <列名>{,<列名>}=<SUBQUERY>;

<RETURN_INTO_OBJ>::=<RETURN|RETURNING><列名>{,<列名>} INTO <结果对象>|<RETURN|RETURNING><列名>{,<列名>}BULK COLLECT INTO <结果对象>

<结果对象>::=<数组>|<变量>

其中,列名是表或视图中被更新列的名称,如果 SET 子句中省略列的名称,列的值保持不变;值表达式指明赋予相应列的新值;条件表达式指明限制被更新的行必须符合指定的条件,如果省略此子句,则修改表或视图中所有的行;前置操作给出已完成远程端登录及 DM8 数据库中模式的设置。

(1) 完成记录的更新,如图 4.18 所示。

更新记录如下:将姓名为张小斐的记录中年龄更改为 21。

命令行:update table_01 set age=21　where name='张小斐';

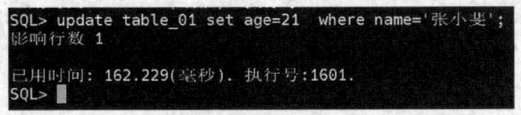

图 4.18　更新记录

(2) 进行事务提交,如图 4.19 所示。

命令行:commit;

图 4.19　事务提交

(3) 在"DM 管理工具"界面中,鼠标左键单击选中"TABLE_01"。鼠标右键单击,在弹出快捷菜单中选中"浏览数据(B)"选项,如图 4.20 所示。

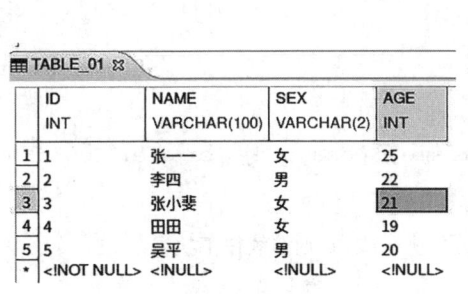

(a) 浏览数据表　　　　　　　　　　　　(b) 查看数据表记录

图 4.20　查看更新记录的结果

4.3.2.3　动态页面下的实现

完成记录的更新,将姓名为"张一一"的记录中姓名更改为"马超鹏"。

(1) 完成"dm_update.php"源码编写,并存盘退出,如图 4.21 所示。

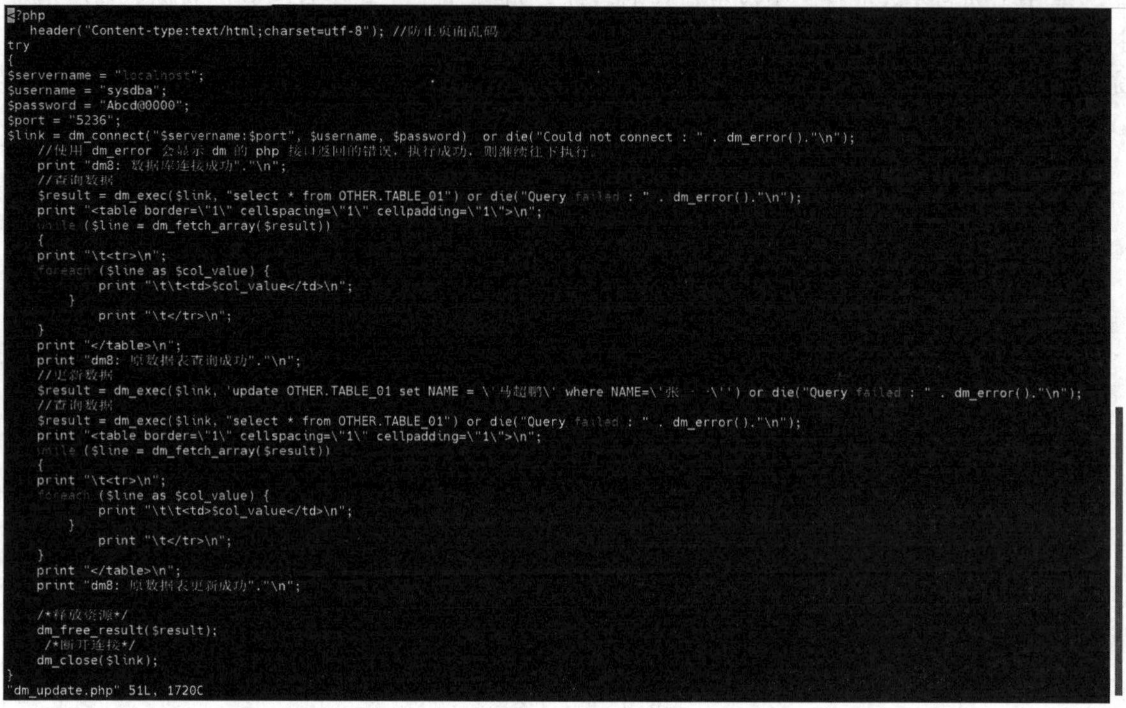

图 4.21　编写"dm_update.php"源码

源码：

```php
<?php
    header("Content-type:text/html;charset=utf-8");//防止页面乱码
try
{
$servername="localhost";
$username="sysdba";
$password="Abcd@0000";
$port="5236";
$link=dm_connect("$servername:$port",$username,$password) or die("Could not connect:".dm_error()."\n");
    //使用dm_error会显示dm的php接口返回的错误,执行成功,则继续往下执行。
    print "dm8:数据库连接成功."."\n";
    //查询数据
    $result=dm_exec($link,"select * from OTHER.TABLE_01")or die("Query failed:".dm_error()."\n");
    print "<table border=\"1\"cellspacing=\"1\"cellpadding=\"1\">\n";
    while($line=dm_fetch_array($result))
    {
```

```php
        print "\t<tr>\n";
        foreach( $line as $col_value){
            print "\t\t<td>$col_value</td>\n";
        }
            print "\t</tr>\n";
    }
    print "</table>\n";
    print "dm8：原数据表查询成功."."\n";
    //更新数据
    $result=dm_exec( $link,'update OTHER.TABLE_01 set NAME=\'马超鹏\' where NAME=\'张——\'')or die("Query failed : ". dm_error()."\n");
    //查询数据
    $result=dm_exec( $link,"select * from OTHER.TABLE_01")or die("Query failed : ". dm_error()."\n");
    print "<table border=\"1\"cellspacing=\"1\"cellpadding=\"1\">\n";
    while( $line=dm_fetch_array( $result))
    {
    print "\t<tr>\n";
        foreach( $line as $col_value){
            print "\t\t<td>$col_value</td>\n";
        }
            print "\t</tr>\n";
    }
    print "</table>\n";
    print "dm8：原数据表更新成功."."\n";
    /* 释放资源*/
    dm_free_result( $result);
    /* 断开连接*/
    dm_close( $link);
}
catch(Exception $e)
{
    $e->getMessage(). "<br/>";
}
?>
```

（2）完成"dm_update.php"页面浏览，如图4.22所示。

如果页面出现未报错空白，请务必注意表名、列名的大小写状态。

图 4.22 浏览"dm_update.php"页面

4.3.3 删除记录

4.3.3.1 视窗下的实现

(1) 在"DM 管理工具"界面中,依次选择"LOCALHOST(SYSDBA)""模式""OTHER""表""TABLE_01",鼠标右键单击,在弹出快捷菜单中选中"浏览数据(B)"选项,如图 4.23 所示。

(2) 鼠标左键单击选中需要删除的记录任意一个字段,鼠标右键单击,在弹出的快捷菜单中选中"删除(D)"选项,如图 4.24 所示。

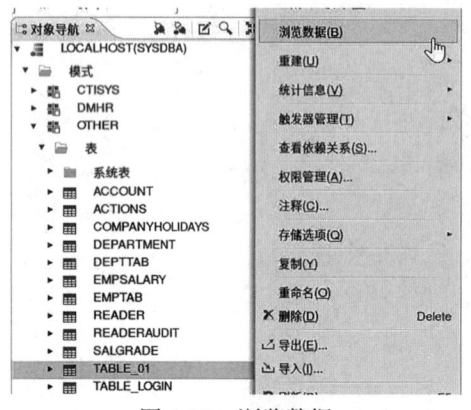

图 4.23 浏览数据

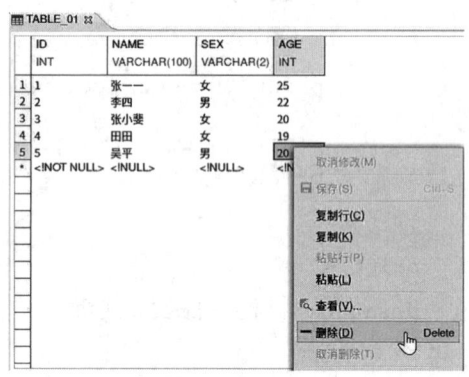

图 4.24 删除数据

(3) 鼠标左键单击选中要删除的记录任意一个字段,鼠标右键单击,在弹出的快捷菜单中选中"保存(S)"选项,如图 4.25 所示。

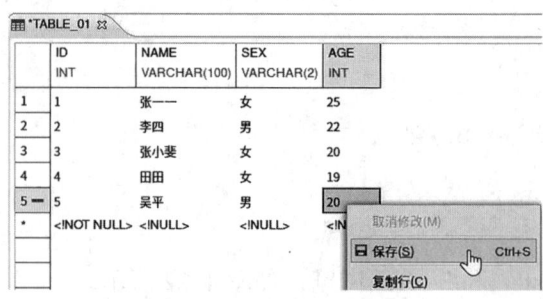

图 4.25 保存记录

4　数据表记录的插入、修改与删除

（4）完成记录删除，如图 4.26 所示。

ID INT	NAME VARCHAR(100)	SEX VARCHAR(2)	AGE INT
1	马超鹏	女	25
2	李四	男	22
3	张小斐	女	20
4	田田	女	19
<!NOT NULL>	<!NULL>	<!NULL>	<!NULL>

图 4.26　删除数据结果查看

4.3.3.2　命令行下的实现

删除语句的语法格式如下：
DELETE［FROM］<表引用>
［WHERE <条件表达式>］[RETURN <列名>{,<列名>} INTO <结果对象>,{<结果对象>}]；
<表引用>∷=［<模式名>.］{<基表或视图名> | <子查询表达式>}
<基表或视图名>∷=<基表名> | <视图名>
<子查询表达式>∷=(<查询表达式>)[[AS]<表别名>[<新生列>]]
<结果对象>∷=<数组> | <变量>
前置操作：已完成远程端登录及 DM8 数据库中模式的设置。
（1）完成记录的删除，如图 4.27 所示。
删除要求如下：将姓名为"李四"的记录删除。
命令行：DELETE FROM table_01 where NAME='李四';

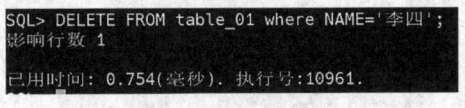

图 4.27　删除数据

（2）进行事务提交，如图 4.28 所示。
命令行：commit;

图 4.28　事务提交

（3）在"DM 管理工具"界面中，鼠标左键单击选中"TABLE_01"。鼠标右键单击，在弹出快捷菜单中选中"浏览数据（B）"选项，如图 4.29 所示。

4.3.3.3　动态页面下的实现

（1）完成"dm_dele.php"源码编写，并存盘退出，如图 4.30 所示。

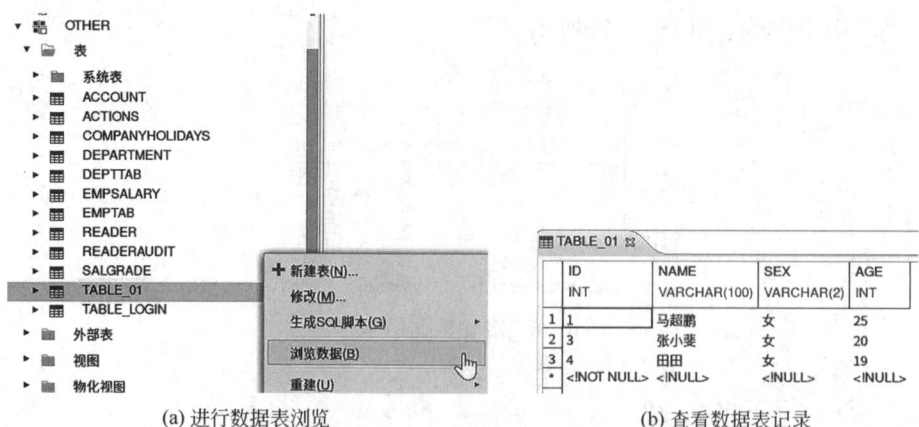

(a) 进行数据表浏览　　　　　　　　　(b) 查看数据表记录

图 4.29　查看更新记录的结果

图 4.30　编写"dm_dele.php"源码

源码：

```php
<?php
   header("Content-type:text/html;charset=utf-8");//防止页面乱码
try
{
$servername="localhost";
$username="sysdba";
```

4 数据表记录的插入、修改与删除

```
$password="Abcd@0000";
$port="5236";
$conn=dm_connect("$servername:$port", $username, $password) or die("Could not connect:". dm_error()."\n");
//使用 dm_error 会显示 dm 的 php 接口返回的错误,执行成功,则继续往下执行。
print "dm8:数据库连接成功."."\n";
//查询数据
$result=dm_exec($conn,"select * from OTHER.TABLE_01")or die("Query failed:". dm_error()."\n");
print "<table border=\"1\"cellspacing=\"1\"cellpadding=\"1\">\n";
while($line=dm_fetch_array($result))
{
print "\t<tr>\n";
foreach($line as $col_value){
    print "\t\t<td>$col_value</td>\n";
    }
    print "\t</tr>\n";
}
print "</table>\n";
print "dm8:数据表显示成功."."\n";
//删除数据
$result=dm_exec($conn,"delete from OTHER.TABLE_01 where NAME='田田'")or die("Query failed:". dm_error()."\n");
$result=dm_exec($conn,"select * from OTHER.TABLE_01")or die("Query failed:". dm_error()."\n");
print "<table border=\"1\"cellspacing=\"1\"cellpadding=\"1\">\n";
while($line=dm_fetch_array($result))
{
print "\t<tr>\n";
foreach($line as $col_value){
    print "\t\t<td>$col_value</td>\n";
    }
    print "\t</tr>\n";
}
print "</table>\n";
print "dm8:完成指定记录删除."."\n";
/* 释放资源*/
dm_free_result($result);
/* 断开连接*/
dm_close($conn);
}
```

```
catch(Exception $e)
{
    $e->getMessage(). "<br/>";
}
?>
```

(2) 完成"dm_dele.php"页面浏览,如图 4.31 所示。

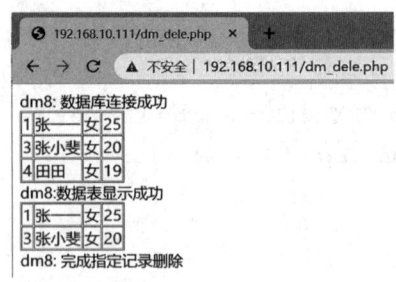

图 4.31　浏览"dm_dele.php"页面

4.4　课后提升

(1) 完成自己姓名简拼数据表中记录的插入操作。
(2) 完成自己姓名简拼数据表中记录的删除操作。
(3) 完成自己姓名简拼数据表中记录的修改操作。

5 数据表记录的查询

数据表记录的查询是数据表中常见的操作，也是动态网站开发中常用的操作，对动态网站开发中数据表的查询有着重要作用。

5.1 教学目标

5.1.1 知识目标

（1）查询语句的语法格式；
（2）了解 SQL 特点；
（3）掌握 SQL 中常见的查询。

5.1.2 能力目标

（1）能够完成示例性数据表创建及记录的插入；
（2）能够完成条件表达式实现的查询；
（3）能够完成正则表达式实现的查询；
（4）能够完成聚合函数实现的查询。

5.1.3 素质目标

（1）具备自学能力，能够完成相关资料阅读；
（2）具备获取信息，并利用信息的能力；
（3）具备团队合作精神，相互帮助完成实操训练。

5.2 课前自学

SELECT（查询）是 SQL 语言的核心。用于表达 SQL 查询的"SELECT"查询命令是功能最强也是最为复杂的 SQL 语句，它的作用就是从数据库中检索数据，并将查询结果返回给用户。

结构化查询语言（Structured Query Language）简称 SQL，是一种特殊目的的编程语言，是一种数据库查询和程序设计语言，用于存取数据及查询、更新和管理关系数据库系统；同时也是数据库脚本文件的扩展名。

结构化查询语言是高级的非过程化编程语言，允许用户在高层数据结构上工作。它不要求用户指定数据的存放方法，也不需要用户了解具体的数据存放方式，所以具有完全不同底层结构的不同数据库系统，可以使用相同的结构化查询语言作为数据输入与管理的接口。结构化查询语言语句可以嵌套，这使它具有极大的灵活性和强大的功能。

1986 年 10 月，美国国家标准协会对 SQL 进行规范后，以此作为关系式数据库管理系统的标准语言（ANSI X3.135-1986），1987 年在国际标准组织的支持下成为国际标准。

各种通行的数据库系统在其实践过程中都对 SQL 规范作了某些编改和扩充。所以，实际上不同数据库系统之间的 SQL 不能完全相互通用。

查询语句的语法格式如下：

SELECT　<列名选项>　from　[模式名.]<表名>[查询表达式]

查询表达式包括但不限于以下内容：ORDER BY 子句、FOR UPDATE 子句、FROM 子句、WHERE 子句、GROUP BY 子句、HAVING 子句

常用参数说明如下：

（1）ALL：返回所有被选择的行，包括所有重复的拷贝，缺省值为 ALL。

（2）DISTINCT：从被选择出的具有重复行的每一组中仅返回一个这些行的拷贝，与 UNIQUE 等价。对于集合算符 UNION，缺省值为 DISTINCT，DISTINCT 与 UNIQUE 等价。

（3）值表达式：可以为一个<列引用>、<集函数>、<函数>、<标量子查询>或<计算表达式>等。

（4）列别名：为列表达式提供不同的名称，使其成为列的标题，列别名不会影响实际的名称，别名在该查询中被引用。

（5）相关名：给表、视图提供不同的名字，经常用于求子查询和相关查询的目的。

（6）ASC：指明为升序排列，缺省为升序。

（7）DESC：指明为降序排列。

5.3　课中实训

5.3.1　完成示例性数据表创建及记录的插入

提示：以下数据均为虚拟数据，如有雷同，纯属巧合。

（1）完成"STUDENT"数据表的创建，如图 5.1 所示。

命令行：CREATE TABLE OTHER.STUDENT(SERIAL_NO INT IDENTITY PRIMARY KEY,STUDENT_ID VARCHAR(12),NAME VARCHAR(100)NOT NULL,SEX VARCHAR(2) DEFAULT '男',ID VARCHAR(18),CLASS VARCHAR(50));

```
SQL> CREATE TABLE OTHER.STUDENT(SERIAL_NO INT IDENTITY PRIMARY KEY,STUDENT_ID VARCHAR(12), NAM
E VARCHAR(100) NOT NULL, SEX VARCHAR(2) DEFAULT '男', ID VARCHAR(18),CLASS VARCHAR(50));
操作已执行
已用时间: 9.372(毫秒). 执行号:1004.
```

图 5.1　创建"STUDENT"数据表

提示："STUDENT"数据表为学生信息表,包括学生的学号(STUDENT_ID)、姓名(NAME)、性别(SEX)、身份证号(ID)、班级(CLASS)的信息。

在"STUDENT"数据表中"SERIAL_NO"为序列号,是自增列,主键。学号、姓名、性别、身份证号、班级为可变字符型数据,其中性别默认值为"男"。

(2)完成"STUDENT"数据表的记录插入,如图5.2所示。

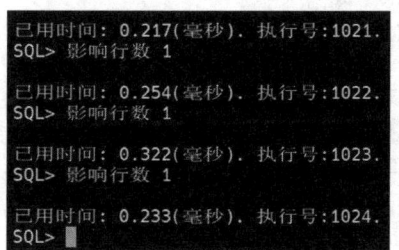

图5.2 插入"STUDENT"数据表的记录

源码:

insert into OTHER.STUDENT(STUDENT_ID,NAME,SEX,ID,CLASS)values('202212100101','陈燕傲','男','110102202201179911','云计算1');

insert into OTHER.STUDENT(STUDENT_ID,NAME,SEX,ID,CLASS)values('202212100102','崔斌佳','男','120221202202159932','云计算1');

insert into OTHER.STUDENT(STUDENT_ID,NAME,SEX,ID,CLASS)values('202212100103','刘彦妍','女','130108202201179903','云计算1');

insert into OTHER.STUDENT(STUDENT_ID,NAME,SEX,ID,CLASS)values('202212100201','刘奕宝','女','130108202202179924','云计算2');

insert into OTHER.STUDENT(STUDENT_ID,NAME,SEX,ID,CLASS)values('202212100202','马明明','男','130109202203179955','云计算2');

insert into OTHER.STUDENT(STUDENT_ID,NAME,SEX,ID,CLASS)values('202212100203','马星星','女','130110202204179906','云计算2');

insert into OTHER.STUDENT(STUDENT_ID,NAME,SEX,ID,CLASS)values('202212100301','孙双双','女','130133202205179967','云计算3');

insert into OTHER.STUDENT(STUDENT_ID,NAME,SEX,ID,CLASS)values('202212100302','田晶','女','130134202206179988','云计算3');

insert into OTHER.STUDENT(STUDENT_ID,NAME,SEX,ID,CLASS)values('202212100303','王峻彬','男','130603202207179979','云计算3');

insert into OTHER.STUDENT(STUDENT_ID,NAME,SEX,ID,CLASS)values('202212100401','王涛','男','13060420220817995X','云计算4');

insert into OTHER.STUDENT(STUDENT_ID,NAME,SEX,ID,CLASS)values('202212100402','王莹怡','女','450108202209179901','云计算4');

insert into OTHER.STUDENT(STUDENT_ID,NAME,SEX,ID,CLASS)values('202212100403','吴帅','男','450109202210179932','云计算4');

insert into OTHER.STUDENT(STUDENT_ID,NAME,SEX,ID,CLASS)values('202212100501','吴振国','男','450118202211179903','云计算5');

insert into OTHER.STUDENT(STUDENT_ID,NAME,SEX,ID,CLASS)values('202212100502','杨佳佳','女','522624202212179904','云计算5');

insert into OTHER.STUDENT(STUDENT_ID,NAME,SEX,ID,CLASS)values('202212100503','姚娴婉','女','522624201901179905','云计算5');

insert into OTHER.STUDENT(STUDENT_ID,NAME,SEX,ID,CLASS)values('202212101101','张丹','男','522624202101179936','网络1');

insert into OTHER.STUDENT(STUDENT_ID,NAME,SEX,ID,CLASS)values('202212101102','张盛源','男','530824202201179937','网络1');

insert into OTHER.STUDENT(STUDENT_ID,NAME,SEX,ID,CLASS)values('202212101103','张释心','女','130982202201179908','网络1');

insert into OTHER.STUDENT(STUDENT_ID,NAME,SEX,ID,CLASS)values('202212102101','张云鹏','男','532223202202179979','自动化1');

insert into OTHER.STUDENT(STUDENT_ID,NAME,SEX,ID,CLASS)values('202212102102','赵路慧','男','53222320220317997X','自动化1');

insert into OTHER.STUDENT(STUDENT_ID,NAME,SEX,ID,CLASS)values('202212102103','郑明','男','532223202204179911','自动化1');

（3）完成插入记录事务的提交，如图5.3所示。

命令行：commit;

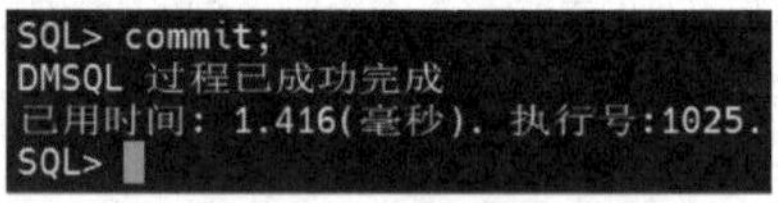

图5.3 事务提交

（4）完成"SUBJECT"数据表的创建，如图5.4所示。

命令行：CREATE TABLE OTHER.SUBJECT(SERIAL_NO INT IDENTITY PRIMARY KEY, STUDENT_ID VARCHAR(12), SUBJECT VARCHAR(100)NOT NULL, SCORE INT);

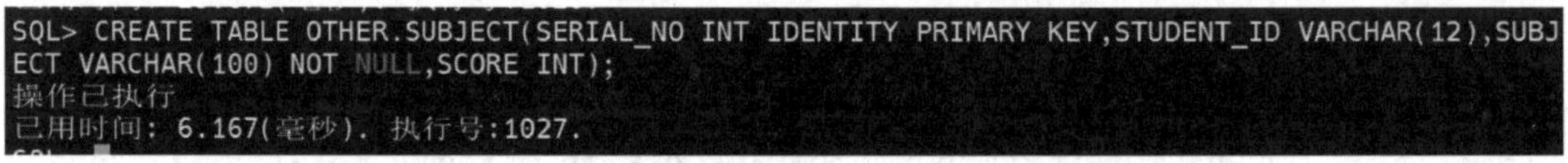

图5.4 创建"SUBJECT"数据表

提示："SUBJECT"数据表为成绩信息表，包括学生的学号、科目名称、成绩的信息。

在"SUBJECT"数据表中"SERIAL_NO"为序列号，是自增列，主键。学号（STUDENT_ID）、科目名称（SUBJECT）为可变字符型数据，成绩（SCORE）为整型数据。

（5）完成"SUBJECT"数据表的记录插入，如图5.5所示。

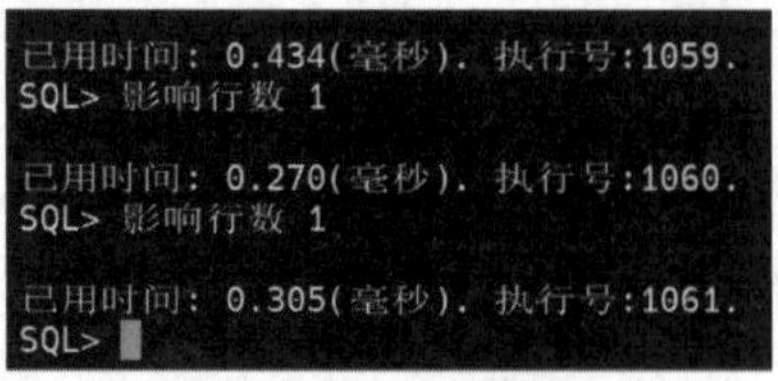

图5.5 插入"SUBJECT"数据表的记录

源码：

```
insert into OTHER.SUBJECT ( STUDENT_ID, SUBJECT, SCORE ) values ('202212100101','CHINESE',72);
insert into OTHER.SUBJECT ( STUDENT_ID, SUBJECT, SCORE ) values ('202212100101','MATHS',71);
insert into OTHER.SUBJECT ( STUDENT_ID, SUBJECT, SCORE ) values ('202212100101','ART',63);
insert into OTHER.SUBJECT ( STUDENT_ID, SUBJECT, SCORE ) values ('202212100101','COMPUTER',77);
insert into OTHER.SUBJECT ( STUDENT_ID, SUBJECT, SCORE ) values ('202212100102','CHINESE',79);
insert into OTHER.SUBJECT ( STUDENT_ID, SUBJECT, SCORE ) values ('202212100102','COMPUTER',75);
insert into OTHER.SUBJECT ( STUDENT_ID, SUBJECT, SCORE ) values ('202212100103','MATHS',66);
insert into OTHER.SUBJECT ( STUDENT_ID, SUBJECT, SCORE ) values ('202212100103','CHINESE',43);
insert into OTHER.SUBJECT ( STUDENT_ID, SUBJECT, SCORE ) values ('202212100201','ART',64);
insert into OTHER.SUBJECT ( STUDENT_ID, SUBJECT, SCORE ) values ('202212100202','COMPUTER',99);
insert into OTHER.SUBJECT ( STUDENT_ID, SUBJECT, SCORE ) values ('202212100203','MATHS',97);
insert into OTHER.SUBJECT ( STUDENT_ID, SUBJECT, SCORE ) values ('202212100301','ART',81);
insert into OTHER.SUBJECT ( STUDENT_ID, SUBJECT, SCORE ) values ('202212100301','MATHS',74);
insert into OTHER.SUBJECT ( STUDENT_ID, SUBJECT, SCORE ) values ('202212100303','CHINESE',53);
insert into OTHER.SUBJECT ( STUDENT_ID, SUBJECT, SCORE ) values ('202212100303','MATHS',50);
insert into OTHER.SUBJECT ( STUDENT_ID, SUBJECT, SCORE ) values ('202212100401','MATHS',60);
insert into OTHER.SUBJECT ( STUDENT_ID, SUBJECT, SCORE ) values ('202212100401','ART',89);
insert into OTHER.SUBJECT ( STUDENT_ID, SUBJECT, SCORE ) values ('202212100402','COMPUTER',61);
insert into OTHER.SUBJECT ( STUDENT_ID, SUBJECT, SCORE ) values ('202212100403','COMPUTER',37);
insert into OTHER.SUBJECT ( STUDENT_ID, SUBJECT, SCORE ) values ('202212100403','CHINESE',88);
insert into OTHER.SUBJECT ( STUDENT_ID, SUBJECT, SCORE ) values ('202212100501','CHINESE',68);
```

insert into OTHER.SUBJECT(STUDENT_ID,SUBJECT,SCORE)values('202212100502','MATHS',82);
insert into OTHER.SUBJECT(STUDENT_ID,SUBJECT,SCORE)values('202212100502','ART',93);
insert into OTHER.SUBJECT(STUDENT_ID,SUBJECT,SCORE)values('202212100503','ART',95);
insert into OTHER.SUBJECT(STUDENT_ID,SUBJECT,SCORE)values('202212100503','COMPUTER',70);
insert into OTHER.SUBJECT(STUDENT_ID,SUBJECT,SCORE)values('202212101101','COMPUTER',98);
insert into OTHER.SUBJECT(STUDENT_ID,SUBJECT,SCORE)values('202212101101','CHINESE',74);
insert into OTHER.SUBJECT(STUDENT_ID,SUBJECT,SCORE)values('202212101102','MATHS',80);
insert into OTHER.SUBJECT(STUDENT_ID,SUBJECT,SCORE)values('202212101103','ART',84);
insert into OTHER.SUBJECT(STUDENT_ID,SUBJECT,SCORE)values('202212102101','COMPUTER',90);
insert into OTHER.SUBJECT(STUDENT_ID,SUBJECT,SCORE)values('202212102102','ART',57);
insert into OTHER.SUBJECT(STUDENT_ID,SUBJECT,SCORE)values('202212102102','MATHS',49);
insert into OTHER.SUBJECT(STUDENT_ID,SUBJECT,SCORE)values('202212102103','COMPUTER',77);
insert into OTHER.SUBJECT(STUDENT_ID,SUBJECT,SCORE)values('202212102103','ART',95);

（6）完成插入记录事务的提交，如图 5.6 所示。

命令行：commit;

图 5.6　事务提交

（7）完成"TEACHER"数据表的创建，如图 5.7 所示。

图 5.7　创建"TEACHER"数据表

命令行：CREATE TABLE OTHER.TEACHER(SERIAL_NO INT IDENTITY PRIMARY KEY, EMPLOYEE_NO VARCHAR(6), NAME VARCHAR(100) NOT NULL, SUBJECT VARCHAR(100));

提示："TEACHER"数据表为教师信息表，包括教师的职工号（EMPLOYEE_NO）、姓名（NAME）、科目名称（SUBJECT）的信息。

在"TEACHER"数据表中"SERIAL_NO"为序列号，是自增列，主键。职工号、姓名、科目名称为可变字符型数据，其中姓名默认不允许为空。

（8）完成"TEACHER"数据表的记录插入，如图5.8所示。

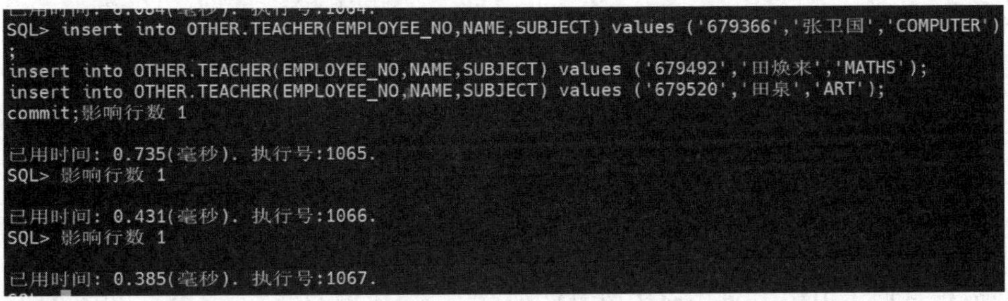

图 5.8　插入"TEACHER"数据表的记录

源码：

insert into OTHER.TEACHER(EMPLOYEE_NO,NAME,SUBJECT) values('679366','张卫国','COMPUTER');

insert into OTHER.TEACHER(EMPLOYEE_NO,NAME,SUBJECT) values('679492','田焕来','MATHS');

insert into OTHER.TEACHER(EMPLOYEE_NO,NAME,SUBJECT) values('679520','田泉','ART');

（9）完成插入记录事务的提交，如图5.9所示。

命令行：commit;

图 5.9　事务提交

5.3.2　条件表达式实现的查询

条件查询需要用到条件表达式。条件表达式常用运算符见表5.1。

表 5.1　条件表达式常用运算符

运算符	说明
=	等于
<>或!=	不等于
<	小于
<=	小于等于
>	大于
>=	大于等于
between…and…	两个值之间
is null	为 null

续表

运算符	说明
and	并且
or	或者
in	包含,相当于多个 or
not	取非,主要用在 is 或 in 中
like	like 称为模糊查询,支持%或下划线匹配
%	匹配任意多个字符
_	下划线,一个下划线只匹配一个字符

条件表达式一般用在 where 语句中，where 必须放到 from 语句表的后面。

示例 1：查询“STUDENT”表中所有性别为“女”且不是“云计算”班级的记录，如图 5.10 所示。

命令行：select * from student where sex='女' and class not like '云计算%';

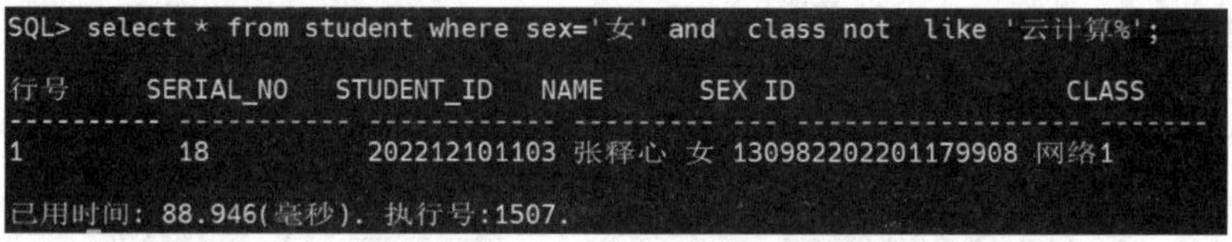

```
SQL> select * from student where sex='女' and  class not  like '云计算%';

行号       SERIAL_NO   STUDENT_ID   NAME      SEX ID                  CLASS
---------- ----------- ------------ --------- --- ------------------ -------
1          18          202212101103 张释心    女  130982202201179908 网络1

已用时间: 88.946(毫秒). 执行号:1507.
```

图 5.10　查询性别为“女”且不是“云计算”班级的记录

示例 2：查询“SUBJECT”表中所有科目（SUBJECT）中成绩（SCORE）都在“80~89”间的记录，如图 5.11 所示。

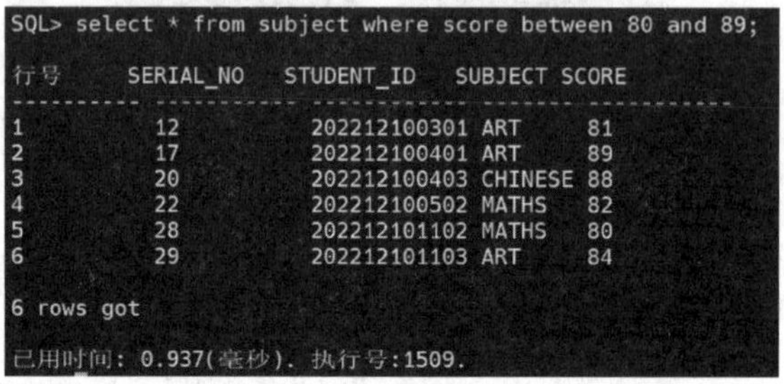

```
SQL> select * from subject where score between 80 and 89;

行号       SERIAL_NO   STUDENT_ID   SUBJECT SCORE
---------- ----------- ------------ ------- -----------
1          12          202212100301 ART     81
2          17          202212100401 ART     89
3          20          202212100403 CHINESE 88
4          22          202212100502 MATHS   82
5          28          202212101102 MATHS   80
6          29          202212101103 ART     84

6 rows got

已用时间: 0.937(毫秒). 执行号:1509.
```

图 5.11　查询所有科目成绩在 80~89 的记录

命令行：select * from subject where score between 80 and 89;

5.3.3　正则表达式实现的查询

DM8 数据库支持正则表达式。正则表达式是一种用于匹配字符串的强大工具，可以用于查询、替换、验证以及其他各种操作。常用符号及功能说明见表 5.2。

表 5.2　正则表达式常用符号

序号	符号	功能说明
1	^	匹配首字符

续表

序号	符号	功能说明
2	$	匹配末字符
3	.	匹配一个任意字符
4	*	匹配前一个字符的零个或多个实例
5	+	匹配前一个字符的一个或多个实例
6	?	匹配前一个字符的零个或一个实例
7	[ ]	匹配中括号内的任意一个字符
8	[^]	匹配中括号内的任意一个字符以外的字符
9	()	分组匹配
10	|	或匹配
11	s	匹配任意空白字符
12	S	匹配任意非空白字符
13	d	匹配任意数字字符
14	D	匹配任意非数字字符
15	w	匹配任意字母、数字或下划线字符
16	W	匹配任意非字母、数字或下划线字符

示例1：查询"STUDENT"表中所有姓名中含有"张"或"晶"或"星"的记录，如图 5.12 所示。

命令行：select * from student where regexp_like(name,'[张,晶,星]')；

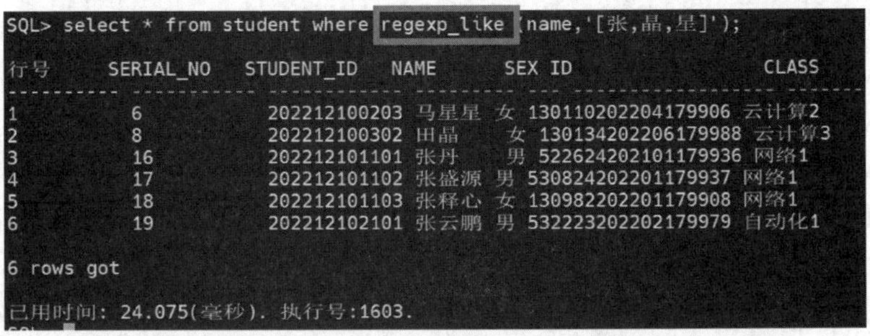

图 5.12 查询姓名中含有"张"或"晶"或"星"的记录

示例2：查询"STUDENT"表中所有姓名中含有"妍"或"彦"的记录，如图 5.13 所示。

命令行：select * from student where regexp_like(name,'[彦|妍]')；

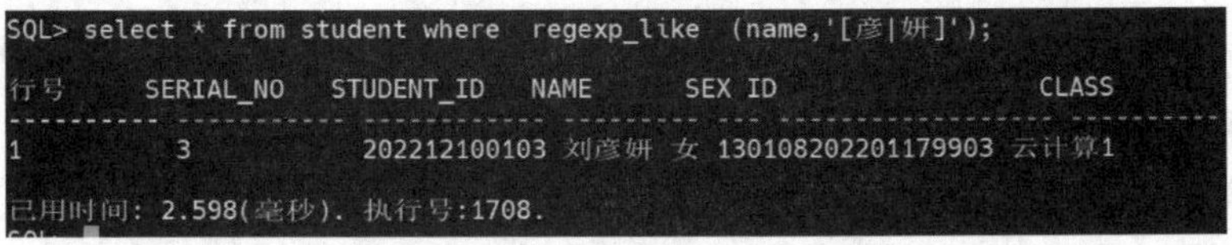

图 5.13 查询姓名中含有"妍"或"彦"的记录

示例3：查询"STUDENT"表中所有姓"姚"或者最后一个字为"星"的记录，如

图 5.14 所示。

命令行：select * from student where regexp_like (name,'^姚|[$星]');

```
SQL> select * from student where  regexp_like  (name,'^姚|[$星]');

行号       SERIAL_NO   STUDENT_ID    NAME       SEX ID                    CLASS
---------- ----------- ------------- ---------- --- ------------------ -------
1          6           202212100203  马星星     女  130110202204179906 云计算2
2          15          202212100503  姚娴婉     女  522624201901179905 云计算5

已用时间: 16.451(毫秒). 执行号:1711.
```

图 5.14　查询姓“姚”或最后一个字为“星”的记录

在 DM8 数据库中，正则表达式除了使用在 SELECT 中，还可以使用在 UPDATE、INSERT、DELETE 等语句的 WHERE 条件中，以及存储过程和触发器中。

5.3.4　聚合函数实现的查询

聚合函数对一组值执行计算，并返回单个值。常用聚合函数介绍见表 5.3。

表 5.3　聚合函数介绍

聚合函数	功能	使用格式
COUNT()	统计个数	COUNT({[[all | distinct]expression]|*})
SUM()	求总和	SUM([all | distinct]expression)
MAX()	求最大值	MAX([all | distinct]expression)
MIN()	求最小值	MIN([all | distinct]expression)
AVG()	求平均值	AVG([all | distinct]expression)

关于 COUNT () 函数有如下注意事项：

(1) COUNT (1)：统计不为 NULL 的记录。

(2) COUNT (*)：统计所有的记录（包括 NULL）。

(3) COUNT (DISTINCT 列名)：统计该“列名”去重且不为 NULL 的记录。

提示：NULL 是一个特殊的值。NULL 表示不可知不确定，NULL 不与任何值相等（包括其本身）。

NULL 在数据库中占用的长度，如图 5.15 所示。

```
SQL> select length(NULL), length(''), length(' ');

行号       LENGTH(NULL)         LENGTH('')  LENGTH(' ')
---------- -------------------- ----------- -----------
1          NULL                 NULL        1
```

图 5.15　NULL、空值与“ ”长度比较

“IS NULL”用于判断某个字符是否为空，并不代表空字符或者是 0。

在 SQL92 标准中，“! =NULL”条件判断永远返回 false，聚合运算永远返回 0。所以，要判断一个字符是否等于 NULL 只能用“IS NULL”或者“IS NOT NULL”来判断。

示例 1：查询“STUDENT”表中“云计算”专业的女生数，如图 5.16 所示。

命令行：select count(sex)from student where sex='女'and class like '云计算%';

若列名需要另一个显示名称，可以用“as”或空格来进行定义。这种列名称又称别名。

```
SQL> select count(sex) from student where sex='女' and class like '云计算%';
行号        COUNT(SEX)
---------- ----------
1               8

已用时间: 4.390(毫秒). 执行号:1720.
```

图 5.16　云计算专业女生人数统计

若别名中存在特殊符号，例如单引号"'"，则可以使用双引号将别名括起来。如果起了别名，则查询字段不能用原来的名字，因为别名相当于创建了个视图。

示例 2：查询"STUDENT"表中"云计算"专业的男生数，且显示为"云计算男生人数"，如图 5.17 所示。

命令行：select class,count（*）人数 from student group by class having class like '云计算%';

```
SQL> select count(sex) 云计算专业男生人数 from student where sex='男' and class like '云计算%';
行号       云计算专业男生人数
---------- ----------
1               7

已用时间: 0.318(毫秒). 执行号:1722.
SQL> select count(sex) as 云计算专业男生人数 from student where sex='男' and class like '云计算%';
行号       云计算专业男生人数
---------- ----------
1               7
```

图 5.17　云计算专业男生人数统计

5.3.5　GROUP BY 子句

GROUP BY 子句是 SELECT 语句的可选项部分，它定义了分组表。GROUP BY 子句语法如下：

GROUP BY <分组项> | <ROLLUP 项> | <CUBE 项> | <GROUPING SETS 项>

分组表是行组的集合，其中每一个组由其中所有分组列的值都相等的行构成。

用聚合函数作为数据的过滤条件时，必须使用 HAVING 来进行条件限定。如果过滤条件中没有聚合函数，则推荐优先使用 WHERE。

示例 1：查询"STUDENT"表中"云计算"专业的每个班的人数，如图 5.18 所示。

命令行：select class,count（*）人数 from student group by class having class like'云计算%';

```
SQL> select class,count(*) 人数 from student group by class having class like '云计算%';
行号     CLASS      人数
------   --------   ----
1        云计算1     3
2        云计算2     3
3        云计算3     3
4        云计算4     3
5        云计算5     3

已用时间: 124.058(毫秒). 执行号:1731.
```

图 5.18　云计算专业的每个班的人数

示例 2：查询"STUDENT"表中各班级的男、女生人数，如图 5.19 所示。
要求：CLASS 显示为班级，SEX 显示为性别。

命令行：select class 班级,sex 性别,count(*)人数 from student group by class,sex;

```
SQL> select class 班级,sex 性别,count(*) 人数 from student group by class,sex;

行号     班级       性别 人数
----------------------------------
1        云计算1    男   2
2        云计算1    女   1
3        云计算2    女   2
4        云计算2    男   1
5        云计算3    女   2
6        云计算3    男   1
7        云计算4    男   2
8        云计算4    女   1
9        云计算5    男   1
10       云计算5    女   2
11       网络1      男   2

行号     班级       性别 人数
----------------------------------
12       网络1      女   1
13       自动化1    男   3

13 rows got
```

图 5.19　各班级的男、女生的人数

使用 GROUP BY 要注意以下问题：

（1）在 GROUP BY 子句中的每一列必须明确地命名属于在 FROM 子句中命名的表的一列。分组列的数据类型不能是多媒体数据类型。

（2）分组列不能为集函数表达式或者在 SELECT 子句中定义的别名。

（3）当分组列值包含空值时，则空值作为一个独立组。

（4）当分组列包含多个列名时，则按照 GROUP BY 子句中列出现的顺序进行分组。

（5）GROUP BY 子句中至多可包含 255 个分组列。

（6）ROLLUP \ CUBE \ GROUPING SETS 组合不能超过 9 个。

（7）GROUP BY 的使用顺序：放在 FROM、WHERE 后面，放在 ORDER BY、LIMIT 前面。SQL 基本关键词书写顺序规则如下：select→from→where→group by→having→order by。

示例 3：查询"STUDENT"表中男、女生人数，并显示合计结果，如图 5.20 所示。

要求：CLASS 显示为班级，SEX 显示为性别。

命令行：select sex 性别,count(*)人数 from student group by rollup(sex);

```
SQL> select sex 性别,count(*) 人数 from student group by rollup (sex);

行号     性别 人数
-------------------
1        男   12
2        女   9
3        NULL 21
```

图 5.20　男、女生的人数及合计

5.3.6　COALESCE（空值判断函数）

空值判断函数 COALESCE(n1,n2,…,nx)返回其参数中第一个非空的值，如果所有参数均为 NULL，则返回 NULL。如果参数为多媒体数据类型，如 TEXT 类型，则系统会将 TEXT 类型先转换为 VARCHAR 类型或 VARBINARY 类型，转换的最大长度为 8188，超过部分将被截断。

示例：查询"STUDENT"表中男、女生人数，并显示有"合计"字样的合计结果，如图 5.21 所示。

```
SQL> select coalesce(sex,'合计') 性别,count(*) 人数 from student group by rollup (sex);

行号     性别   人数
-----------------------
1        男     12
2        女     9
3        合计   21
```

图 5.21　男、女生的人数及"合计"字样

要求：CLASS 显示为班级，SEX 显示为性别，有"NULL"值则返回"合计"字样。
命令行：select coalesce（sex，'合计'）性别, count（*）人数 from student group by rollup（sex）;

5.3.7　ORDER BY 子句

排序操作就是将一组数据按照指定列值的指定顺序方式进行输出显示。查询中的排序 ORDER BY 子句语法如下：

<ORDER BY 字句>::=ORDER［SIBLINGS］BY <order_by_list>
<order_by_list>::=< order_by_item >{,>order_by_item>}
<order_by_item>::=［ASC | DESC］［NULLS FIRST|LAST］
::=<无符号整数> | <列说明> | <值表达式>

不仅显示指定 ORDER BY 子句会产生排序操作，创建索引、收集统计信息等操作也会生成 ORDER BY 字句；分组、去重、集合运算等操作时也有可能会先对数据进行排序操作，再基于有序数据进行下一步实现。

提示：ASC 为升序排序，DESC 为降序排序。遇见"NULL"值时，可以通过 DM8 内置函数"order by NVL（<列名>,'0'）"进行处置，即当<列名>列为"NULL"时则指定值为 0。

示例：将"SUBJECT"表中"SCORE"按照由高到低的顺序显示输出，如图 5.22 所示。

```
SQL> select subject 科目名称,score 成绩 from subject order by score desc;

行号    科目名称   成绩
----------------------
1       COMPUTER   99
2       COMPUTER   98
3       MATHS      97
4       ART        95
5       ART        95
6       ART        93
7       COMPUTER   90
```

图 5.22　按成绩进行降序排序

要求："SUBJECT"显示为"科目名称"，"SCORE"显示为"成绩"。
命令行：select subject 科目名称,score 成绩 from subject order by score desc;

5.3.8　CASE 函数

CASE 函数通常也被称为流程控制函数。CASE 函数可以写条件判断，并且只会返回第

一个符合条件的值,其他 CASE 被忽略。

CASE 常用语法格式如下:
CASE WHEN <条件表达式 1> THEN <分支 1>
　　 WHEN <条件表达式 2> THEN <分支 2>
ELSE <条件表达式 N>
END

示例:完成"SUBJECT"表中成绩的分档统计,如图 5.23 所示。

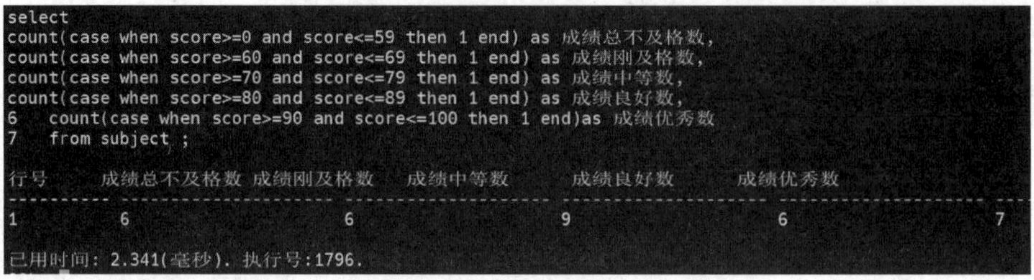

图 5.23　显示成绩的分档

要求:0~59 为成绩不及格,60~69 为成绩及格,70~79 为成绩中等,80~89 为成绩良好,90~100 为成绩优秀。

命令行:

select
count(case when score>=0 and score<=59 then 1 end) as 成绩总不及格数,
count(case when score>=60 and score<=69 then 1 end) as 成绩刚及格数,
count(case when score>=70 and score<=79 then 1 end) as 成绩中等数,
count(case when score>=80 and score<=89 then 1 end) as 成绩良好数,
count(case when score>=90 and score<=100 then 1 end) as 成绩优秀数
from subject ;

5.3.9　复制表结构(包括表记录)

复制表结构(包括表记录),可以使用如下方式:
CREATE TABLE<新表名> [列名列表] AS
SELECT< * |列名列表> FROM <旧表名> [列名列表] [WHERE <1=2>|<1=1>];

提示:WHERE 1=2 时,只复制表结构;WHERE 1=1 时,连同表记录一块复制。WHERE 1=2 时,只复制表结构。注意这种方式无法复制主键、索引、约束等信息。

示例:将"TEACHER"数据表内容复制到"TEMP1"表中,如图 5.24 所示。

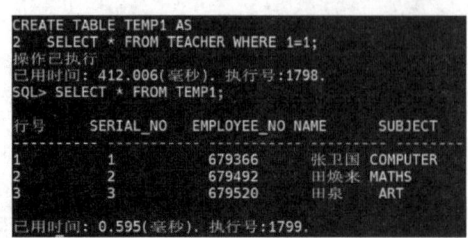

图 5.24　复制新表表结构及记录

要求:"TEMP1"表并未创建,且表结构要求与"TEACHER"表一致,无主键等要求。

命令行:CREATE TABLE TEMP1 AS
SELECT * FROM TEACHER WHERE 1=1;

提示:这种复制表结构、表记录的方式只能使用一次。若想再次使用,需要提前进行删除表名的操作。

5.3.10　批量追加数据

批量追加数据到数据表中，可以使用以下格式：

INSERT INTO <目标数据表> [列名列表] SELECT < * | 列名列表>FROM <源数据库表>;

示例：将“TEACHER”数据表记录追加到“TEMP1”表中，如图 5.25 所示。

要求：“TEMP1”表已存在。

命令行：insert into temp1 select * from teacher;

```
SQL> insert into temp1 select * from teacher;
影响行数 3

已用时间: 124.057(毫秒). 执行号:1904.
SQL> select * from temp1;

行号     SERIAL_NO   EMPLOYEE_NO NAME     SUBJECT
---------- ----------- ----------- -------- ----------
1          1           679366      张卫国 COMPUTER
2          2           679492      田焕来 MATHS
3          3           679520      田泉     ART
4          1           679366      张卫国 COMPUTER
5          2           679492      田焕来 MATHS
6          3           679520      田泉     ART

6 rows got

已用时间: 0.223(毫秒). 执行号:1905.
```

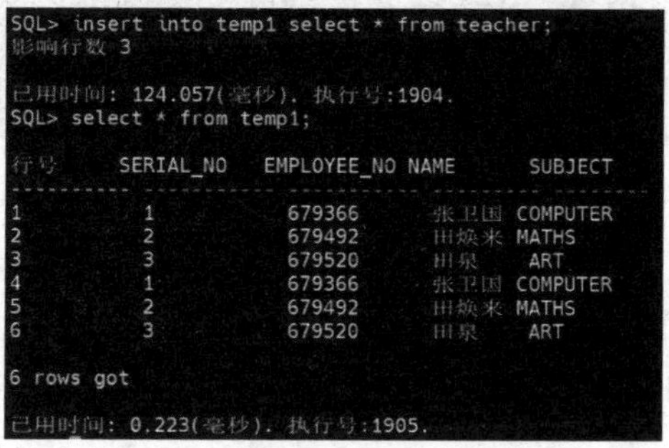

图 5.25　批量追加数据表记录

提示：目标数据表、源数据表要求所对应的列类型必须一致。

5.3.11　连接查询

如果一个查询包含多个表（不少于 2 个），则称这种方式的查询为连接查询，即<FROM 子句>中使用的是<连接表>。DM8 的方式包括交叉连接（CROSS JOIN）、自然连接（NATURAL JOIN）、外连接（OUTER JOIN）、内连接（INNER JOIN）。

（1）交叉连接：对连接的两张表记录做笛卡儿集。

（2）自然连接：把两张连接表中的同名列作为连接条件，进行等值连接。

自然连接具有以下特点：

① 连接表中存在同名列；

② 如果有多个同名列，则会产生多个等值连接条件；

③ 如果连接表中的同名列类型不匹配，则报错处理。

（3）外连接：对结果集进行了扩展，会返回一张表的所有记录，对于另一张表无法匹配的字段，用 NULL 填充返回。DM8 数据库支持三种方式的外连接：左外连接、右外连接、全外连接。

① 左外连接：把写在 LEFT JOIN 左边的全部显示，右边的只显示满足条件的，不满足条件的用 NULL 代替，如图 5.26 所示。

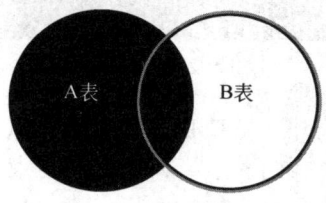

图 5.26　左连接

示例1：通过"SUBJECT"数据表，将"STUDENT"数据表中所有没有成绩的记录显示出来，如图 5.27 所示。

命令行：SELECT T1. STUDENT _ ID 学号, T1. NAME 姓名, T2. SUBJECT 科目名称, T2. SCORE 成绩

FROM STUDENT T1 LEFT JOIN SUBJECT T2

ON T1. STUDENT_ID＝T2. STUDENT_ID　WHERE T2. STUDENT_ID IS NULL；

```
SELECT T1.STUDENT_ID 学号,T1.NAME 姓名,T2.STUDENT_ID 学号,T2.SUBJECT 科目名称,T2.SCORE 成绩
2   FROM STUDENT T1 LEFT JOIN SUBJECT T2
3   ON T1.STUDENT_ID = T2.STUDENT_ID WHERE T2.STUDENT_ID IS NULL;

行号        学号          姓名  学号 科目名称  成绩
---------   -----------   ----  ----  --------  -----
1           202212100302  田晶  NULL  NULL      NULL

已用时间: 1.812(毫秒). 执行号:2123.
```

图 5.27　左连接

提示："STUDENT T1"是为"STUDENT"表指明了一个表别名，本例中的表别名就是"T1"。表别名可以简化需要书写完整表名的时间，还可以避免同名列的混淆。

② 右外连接：把写在 RIGHT JOIN 右边的全部显示出来，左边的只显示满足条件，不满条件的，用 NULL 代替。

③ 全外连接：返回所有的记录，包括不满足条件的。全外连接＝左外连接+右外连接。

（4）内连接（INNER JOIN）：根据连接条件，结果集仅包含满足全部连接条件的记录。内连接有两种：显式的和隐式的，返回连接表中符合连接条件和查询条件的数据行（连接表就是数据库在做查询形成的中间表）。

① 隐式的内连接，没有 INNER JOIN，使用"where"语句形成的中间表为两个表的笛卡儿积。

② 显示的内连接，一般简称为内连接，有 INNER JOIN，形成的中间表为两个表经过 ON 条件过滤后的笛卡儿积。

一般情况下，进行多表连接时多使用内连接。内连接多使用隐式的"where"语句。

示例2：显示"SUBJECT"数据表中每个学号对应的姓名、性别、班级信息，如图 5.28 所示。

```
SELECT T2.STUDENT_ID 学号,T1.NAME 姓名,T1.SEX 性别,T1.CLASS 班级,T2.SCORE 成绩
2   FROM STUDENT T1,SUBJECT T2 WHERE T1.STUDENT_ID = T2.STUDENT_ID ;

行号  学号            姓名    性别  班级      成绩
----  --------------  ------  ----  --------  ----
1     202212100101    陈燕傲  男    云计算1   72
2     202212102103    郑明    男    自动化1   95
3     202212102103    郑明    男    自动化1   77
4     202212102102    赵路慧  男    自动化1   49
5     202212102102    赵路慧  男    自动化1   57
6     202212102101    张云鹏  男    自动化1   90
7     202212101103    张释心  女    网络1     84
8     202212101102    张盛源  男    网络1     80
9     202212101101    张丹    男    网络1     74
10    202212101101    张丹    男    网络1     98
11    202212100503    姚婀婉  女    云计算5   70
```

图 5.28　内连接

要求：显示"SUBJECT"表中"STUDENT _ ID""SUBJECT""SCORE"列名，显示"STUDENT"表中"NAME""SEX""CLASS"列名。都要求显示为对应的中文名称。

命令行：SELECT T2. STUDENT_ID 学号, T1. NAME 姓名, T1. SEX 性别, T1. CLASS 班级,

T2. SCORE 成绩

FROM STUDENT T1,SUBJECT T2 WHERE T1. STUDENT_ID=T2. STUDENT_ID;

5.3.12 查询

在 DM_SQL 语言中，一个 SELECT-FROM-WHERE 语句称为一个查询块，如果在一个查询块中嵌套一个或多个查询块，称这种查询为子查询。子查询会返回一个值（标量子查询）或一个表（表子查询）。它通常采用 SELECT 的形式嵌套在表达式中。子查询语法如下：

<子查询> ::=(<查询表达式>)

子查询是嵌入括弧的<查询表达式>，而这个<查询表达式>通常是一个 SELECT 语句。

它有下列限制：

（1）在子查询中不得有 ORDER BY 子句。

（2）子查询允许 TEXT 类型与 CHAR 类型值比较。比较时，取出 TEXT 类型字段的最多 8188 字节与 CHAR 类型字段进行比较；如果比较的两字段都是 TEXT 类型，则最多取 300×1024 字节进行比较。

（3）子查询不能包含在集函数中。

（4）在子查询中允许嵌套子查询。

子查询的结果是主查询的条件，子查询先于主查询运行。

示例：显示“SUBJECT”数据表总分最高的学生的对应的姓名、性别、班级信息，如图 5.29 所示。

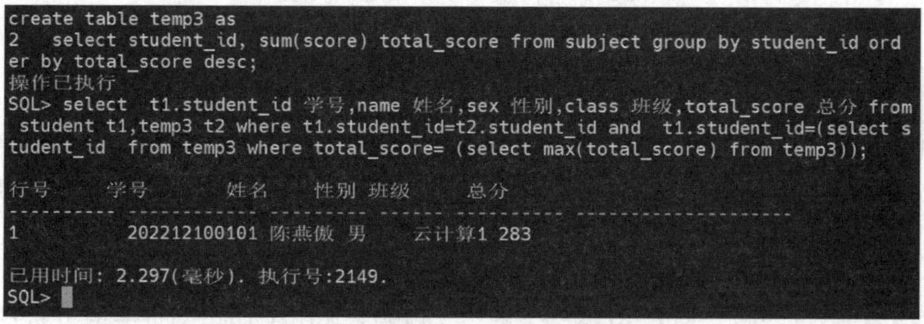

```
create table temp3 as
2   select student_id, sum(score) total_score from subject group by student_id ord
er by total_score desc;
操作已执行
SQL> select  t1.student_id 学号,name 姓名,sex 性别,class 班级,total_score 总分 from
 student t1,temp3 t2 where t1.student_id=t2.student_id and  t1.student_id=(select s
tudent_id  from temp3 where total_score= (select max(total_score) from temp3));

行号       学号          姓名      性别 班级        总分
---------- ------------ --------- ------ ---------- --------------------
1          202212100101 陈燕傲 男     云计算1 283

已用时间: 2.297(毫秒). 执行号:2149.
SQL>
```

图 5.29 使用子查询完成最高分记录信息显示

要求：显示“STUDENT”表中“STUDENT_ID”“NAME”“SEX”列名，还有对应记录的总分数。都要求显示为对应的中文名称。

命令行 1：create table temp3 as

select student_id, sum(score)total_score from subject group by student_id order by total_score desc;

命令行 2：select t1. student_id 学号，name 姓名，sex 性别，class 班级，total_score 总分 from student t1，temp3 t2 where t1. student_id = t2. student_id and t1. student_id = (select student_id from temp3 where total_score = (select max(total_score) from temp3));

提示：如果“temp3”已经存在，请提前进行删除。

5.3.13 TOP、LIMIT、ROWNUM

5.3.13.1 TOP：返回指定范围的记录数

返回确定数目的记录个数，其语法格式为：SELECT TOP<N1>[,N2]> <列名> FROM <表名>[查询条件]。其中，N1 为要返回结果集中的记录条数。如果有 N2，则为“N1-1”数值后的 N2 条记录。

返回结果集中指定百分比的记录数，其语法格式为：SELECT TOP N PERCENT FROM [查询条件] 其中，N 为所返回的记录数所占结果集中记录数目的百分比。

示例：显示“STUDENT”数据表中，第 3 条到第 5 条记录，如图 5.30 所示。

要求：使用 TOP。

命令行：select top 2,3 student_id,name from student;

```
SQL> select top 5 * from student;

行号       SERIAL_NO   STUDENT_ID   NAME       SEX ID                   CLASS
---------- ----------- ------------ ---------- --- -------------------- ----------
1          1           202212100101 陈燕傲     男  110102202201179911   云计算1
2          2           202212100102 崔斌佳     男  120221202202159932   云计算1
3          3           202212100103 刘彦妍     女  130108202201179903   云计算1
4          4           202212100201 刘奕宝     女  130108202202179924   云计算2
5          5           202212100202 马明明     男  130109202203179955   云计算2

已用时间: 0.464(毫秒). 执行号:2164.
SQL> select top 2,3 student_id,name from student ;

行号       STUDENT_ID   NAME
---------- ------------ ----------
1          202212100103 刘彦妍
2          202212100201 刘奕宝
3          202212100202 马明明
```

图 5.30 使用 TOP 限定返回行数

5.3.13.2 LIMIT：强制返回指定的记录行数

语法格式：SELECT * FROM <表名>[LIMIT [OFFSET,] ROWS]。

其中，OFFSET 指定第一个返回记录行的偏移量（即从哪一行开始返回），初始行的偏移量为 0；ROWS 返回具体行数。

总之，如果 LIMIT 后面是一个参数，就是检索前多少行。如果 LIMIT 后面是 2 个参数，就是从 OFFSET+1 行开始，检索 ROWS 行记录。LIMIT 常用于动态网页中的分页操作。

示例：显示“STUDENT”数据表中，第 2 条记录后的 2 条记录，如图 5.31 所示。

要求：使用 LIMIT。

```
行号       SERIAL_NO   STUDENT_ID   NAME       SEX ID                   CLASS
---------- ----------- ------------ ---------- --- -------------------- ----------
1          1           202212100101 陈燕傲     男  110102202201179911   云计算1
2          2           202212100102 崔斌佳     男  120221202202159932   云计算1
3          3           202212100103 刘彦妍     女  130108202201179903   云计算1
4          4           202212100201 刘奕宝     女  130108202202179924   云计算2

已用时间: 3.665(毫秒). 执行号:2174.
SQL> select * from student OFFSET 2 limit 2 ;

行号       SERIAL_NO   STUDENT_ID   NAME       SEX ID                   CLASS
---------- ----------- ------------ ---------- --- -------------------- ----------
1          3           202212100103 刘彦妍     女  130108202201179903   云计算1
2          4           202212100201 刘奕宝     女  130108202202179924   云计算2
```

图 5.31 使用 LIMIT 限定返回行数

命令行：select * from student OFFSET 2 limit 2；

5.3.13.3 ROWNUM：限制查询返回的行数

ROWNUM 是一个虚假的列，表示从表中查询的行号，或者连接查询的结果集行数。它将被分配为 1,2,3,4,…,N，N 是行的数量。

ROWNUM 的一个重要作用是控制返回结果集的规模，可以避免查询在磁盘中排序。因为 ROWNUM 值的分配是在查询的谓词解析之后，任何排序和聚合之前进行的。因此，在排序和聚合使用 ROWNUM 时需要注意，可能得到并非预期的结果。

例如假如想得到年龄最大的五个人，以上语句只会对 EMPLOYEE 表前 5 行数据按 BIRTHDATE 排序输出，并不是表的所有数据按 BIRTHDATE 排序后输出前 5 行，要实现后者，需要使用如下语句：

示例：1 显示"STUDENT"数据表中，按班级进行排序的前 5 条记录，如图 5.32 所示。

要求：使用 ROWNUM。

命令行：SELECT * FROM (SELECT * FROM student ORDER BY class) WHERE ROWNUM < 6；

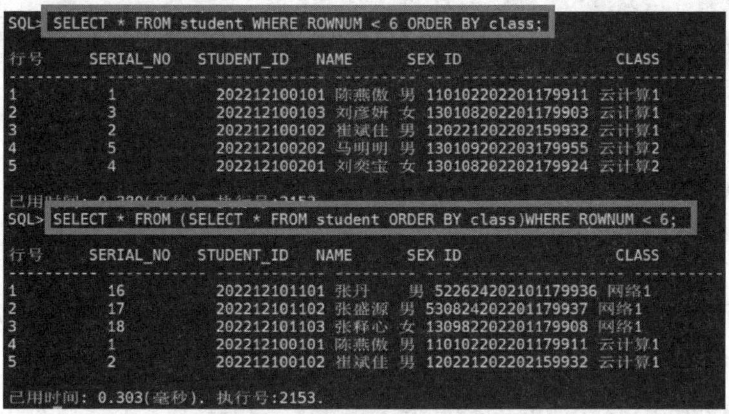

图 5.32 输出年龄最大的五个人

示例 2：显示"STUDENT"数据表中，第 3 到第 5 条记录，如图 5.33 所示。

要求：使用 ROWNUM。

命令行：select * from(select rownum rn,* from student) where rn >=3 and rn<=5；

图 5.33 使用 ROWNUM 显示第 3 到第 5 条记录

提示：ROWNUM 并不是当作实体数据存放在每一张表中，而是在每一次 SELECT 查询的时候，动态分配的，有 1 才有 2，如果 ROWNUM 没有 1，那么 2 也就没有了意义。

5.3.14 RANK

排名函数 rank() 的作用是对数据进行排序，并返回每个数据在排序后的排名。在 DM8 数据库中，rank 函数的语法如下：

rank([distinct] expr) over([partition by partition_expression,…]
order by order_expression [asc|desc],…)

其中，expr 表示要排序的字段，partition_expression 表示分组字段，order_expression 表示排序字段，asc 表示升序，desc 表示降序。

示例 1：在"SUBJECT"数据表中，按照总成绩进行排名，如图 5.34 所示。

要求：都要求显示为对应的中文名称。

命令行：SELECT STUDENT_ID，SUM(SCORE) 总成绩，RANK() OVER(ORDER BY SUM(SCORE) DESC) 排名 FROM SUBJECT GROUP BY STUDENT_ID；

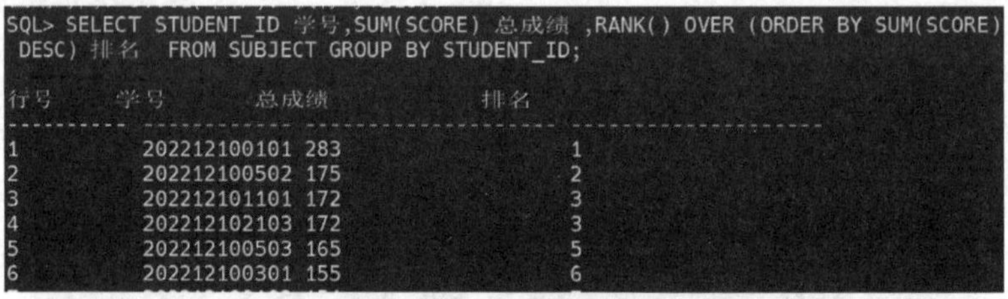

图 5.34　按总成绩进行排名

示例 2：查询总分第二学生的信息，并显示这个学生分数最高科目的任课教师姓名。数据表来源：STUDENT、TEACHER、SUBJECT，如图 5.35 所示。

要求：显示字段有"STUDENT_ID（学号）""SUBJECT（科目名称）""SCORE（分数）""STUDENTR_NAME（学生姓名）""CLASS（班级）""TEACHER_NAME（教师姓名）""RANKING（排名）"列名，显示对应中文名称。

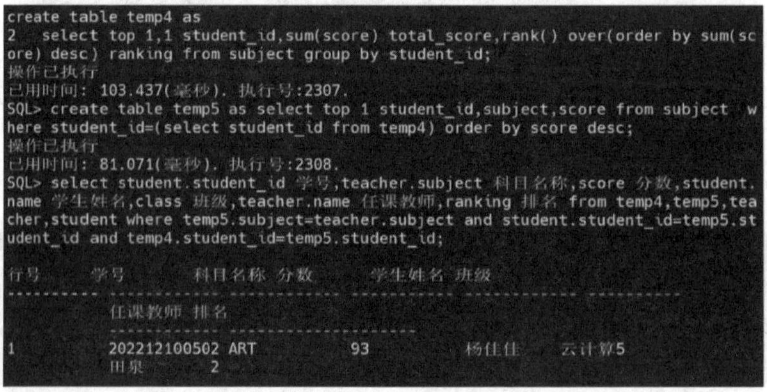

图 5.35　显示总分第二学生的信息

命令行 1：create table temp4 as
select top 1,1 student_id,sum(score) total_score,rank() over(order by sum(score) desc)

ranking from subject group by student_id;

命令行2：create table temp5 as select top 1 student_id, subject, score from subject where student_id=(select student_id from temp4) order by score desc;

命令行3：select student.student_id 学号, teacher.subject 科目名称, score 分数, student.name 学生姓名, class 班级, teacher.name 任课教师, ranking 排名 from temp4, temp5, teacher, student where temp5.subject=teacher.subject and student.student_id=temp5.student_id and temp4.student_id=temp5.student_id;

5.3.15 动态页面下查询的实现

5.3.15.1 数据表自带学号、姓名常量查询

完成指定记录的查询，学号：202212100101，姓名：陈燕傲。

（1）完成"dm_select1.php"源码编写，并存盘退出，如图5.36所示。

图 5.36 编写 "dm_select1.php" 源码

源码：

```php
<?php
  header("Content-type:text/html;charset=utf-8");//防止页面乱码
try
{
$servername="localhost";
$username="sysdba";
$password="Abcd@0000";
$port="5236";
```

```
$conn=dm_connect("$servername:$port",$username,$password)
        or die("Could not connect:".dm_error()."\n");
//使用 dm_error 会显示 dm 的 php 接口返回的错误,执行成功,则继续往下执行。
print "DM8:数据库连接成功。"."\n";
//查询数据
 $result = dm_exec($conn,'select STUDENT_ID,NAME from OTHER.STUDENT where STUDENT_ID=\'202212100101\' and NAME=\'陈燕傲\' ')or die("Query failed :".dm_error()."\n");
print "<table border=\"1\"cellspacing=\"1\"cellpadding=\"1\">\n";
while($line=dm_fetch_array($result))
{
print "\t<tr>\n";
foreach($line as $col_value){
    print "\t\t<td>$col_value</td>\n";
}
    print "\t</tr>\n";
}
print "</table>\n";
/* 释放资源*/
dm_free_result($result);
print "DM8:数据表指定记录读取成功。"."\n";
/* 断开连接*/
dm_close($conn);
}
catch(Exception $e)
{
    $e->getMessage()."<br/>";
}
?>
```

（2）完成"dm_select1.php"页面浏览,如图 5.37 所示。

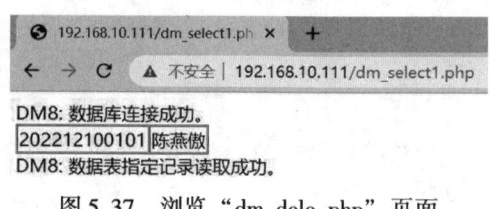

图 5.37 浏览"dm_dele.php"页面

5.3.15.2 页面自带姓名常量查询

完成页面中常量记录的查询,学号：202212100101,姓名：陈燕傲。

(1) 完成"dm_select2.php"源码编写,并存盘退出,如图 5.38 所示。

```php
<?php
header("Content-type:text/html;charset=utf-8");
try {
    $servername = "localhost";
    $username = "sysdba";
    $password = "Abcd@0000";
    $port = "5236";
    $conn = dm_connect("$servername:$port", $username, $password)
        or die("Could not connect: " . dm_error() . "\n");

    // 使用 dm_error 会显示 dm 的 PHP 接口返回的错误,执行成功,则继续往下执行。
    echo "DM8:数据库连接成功。\n";

    // 定义常量
    define('STUDENT_ID', '202212100101');
    define('NAME', '陈燕傲');

    // 查询数据
    $query = "SELECT STUDENT_ID, NAME FROM OTHER.STUDENT WHERE STUDENT_ID = '" . STUDENT_ID . "' AND NAME = '" . NAME . "'";
    $result = dm_exec($conn, $query) or die("Query failed: " . dm_error() . "\n");
    echo "<table border=\"1\" cellspacing=\"1\" cellpadding=\"1\">\n";
    while ($line = dm_fetch_array($result)) {
        echo "\t<tr>\n";
        foreach ($line as $col_value) {
            echo "\t\t<td>$col_value</td>\n";
        }
        echo "\t</tr>\n";
    }
    echo "</table>\n";

    /* 释放资源 */
    dm_free_result($result);
    echo "DM8:页面中指定变量的记录读取成功。\n";

    /* 断开连接 */
    dm_close($conn);
} catch (Exception $e) {
    echo $e->getMessage() . "<br/>";
}
?>
```

图 5.38 编写"dm_select2.php"源码

源码:

```
<?php
header("Content-type:text/html;charset=utf-8");

try {
    $servername="localhost";
    $username="sysdba";
    $password="Abcd@0000";
    $port="5236";
    $conn=dm_connect("$servername:$port",$username,$password)
        or die("Could not connect:".dm_error()."\n");

    //使用 dm_error 会显示 dm 的 PHP 接口返回的错误,执行成功,则继续往下执行。
    echo "DM8:数据库连接成功。\n";
```

```
//定义常量
define('STUDENT_ID','202212100101');
define('NAME','陈燕傲');

//查询数据
 $query ="SELECT STUDENT_ID, NAME FROM OTHER.STUDENT WHERE STUDENT_ID ='".STUDENT_ID."' AND NAME ='". NAME ."'";
 $result=dm_exec( $conn, $query)or die("Query failed:". dm_error(). "\n");

echo "<table border= \"1\"cellspacing= \"1\"cellpadding= \"1\">\n";
while( $line=dm_fetch_array( $result)){
    echo "\t<tr>\n";
    foreach( $line as $col_value){
        echo "\t\t<td> $col_value</td>\n";
    }
    echo "\t</tr>\n";
}
echo "</table>\n";

/* 释放资源 */
dm_free_result( $result);
echo "DM8:页面中指定变量的记录读取成功。\n";

/* 断开连接 */
dm_close( $conn);
} catch(Exception $e){
    echo $e->getMessage(). "<br/>";
}
?>
```

（2）完成"dm_select2.php"页面浏览，如图 5.39 所示。

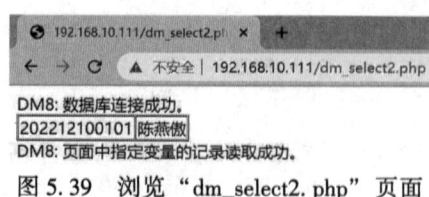

图 5.39 浏览"dm_select2.php"页面

5.3.15.3 页面自带输入框、学号姓名查询

（1）完成"dm_select3.php"源码编写，并存盘退出，如图 5.40 所示。

```php
<?php
header("Content-type:text/html;charset=utf-8");
try {
    $servername = "localhost";
    $username = "sysdba";
    $password = "Abcd@0000";
    $port = "5236";
    $conn = dm_connect("$servername:$port", $username, $password)
         or die("Could not connect: " . dm_error() . "\n");
    // 使用 dm_error 会显示 dm 的 PHP 接口返回的错误，执行成功，则继续往下执行。
    echo "DM8:数据库连接成功。\n";

    $error = "";
    $studentId = "";
    $name = "";

    if ($_SERVER["REQUEST_METHOD"] == "POST") {
        // 获取用户输入的值
        $studentId = $_POST["studentId"];
        $name = $_POST["name"];

        // 查询数据
        $query = "SELECT STUDENT_ID, NAME FROM OTHER.STUDENT WHERE STUDENT_ID = '" . $studentId . "' AND NAME = '" . $name . "'";
        $result = dm_exec($conn, $query) or die("Query failed: " . dm_error() . "\n");

        if (dm_num_rows($result) > 0) {
            echo "<table border=\"1\" cellspacing=\"1\" cellpadding=\"1\">\n";
            while ($line = dm_fetch_array($result)) {
                echo "\t<tr>\n";
                foreach ($line as $col_value) {
                    echo "\t\t<td>$col_value</td>\n";
                }
                echo "\t</tr>\n";
            }
            echo "</table>\n";
            echo "DM8:读取页面提交数据，并成功读取。\n";
        } else {
            $error = "未找到符合条件的记录。";
        }

        /* 释放资源 */
        dm_free_result($result);
    }

    /* 断开连接 */
    dm_close($conn);
} catch (Exception $e) {
    echo $e->getMessage() . "<br/>";
}
?>

<!-- HTML表单 -->
<form method="post" action="<?php echo htmlspecialchars($_SERVER["PHP_SELF"]); ?>">
    <label for="studentId">学生ID:</label>
    <input type="text" name="studentId" id="studentId" value="<?php echo $studentId; ?>" required>
    <br>
    <label for="name">姓名:</label>
    <input type="text" name="name" id="name" value="<?php echo $name; ?>" required>
    <br>
    <input type="submit" value="确定">
    <br>
    <span style="color: red;"><?php echo $error; ?></span>
</form>
```

图 5.40 编写"dm_select3.php"源码

源码：

```
<?php
header("Content-type:text/html;charset=utf-8");

try {
    $servername="localhost";
    $username="sysdba";
    $password="Abcd@0000";
    $port="5236";
    $conn=dm_connect("$servername:$port",$username,$password)
        or die("Could not connect:". dm_error(). "\n");

    //使用 dm_error 会显示 dm 的 PHP 接口返回的错误,执行成功,则继续往下执行。
```

```php
        echo "DM8：数据库连接成功。\n";

        $error="";
        $studentId="";
        $name="";
        if( $_SERVER["REQUEST_METHOD"]= ="POST"){
            //获取用户输入的值
            $studentId= $_POST["studentId"];
            $name= $_POST["name"];
            //查询数据
            $query ="SELECT STUDENT_ID,NAME FROM OTHER.STUDENT WHERE STUDENT_ID ='". $studentId. "' AND NAME ='". $name . "'";
            $result=dm_exec( $conn, $query)or die("Query failed：". dm_error(). "\n");
            if(dm_num_rows( $result)> 0){
                echo "<table border= \"1 \"cellspacing= \"1 \"cellpadding= \"1 \"> \n";
                while( $line=dm_fetch_array( $result)){
                    echo "\t<tr>\n";
                    foreach( $line as $col_value){
                        echo "\t\t<td> $col_value</td> \n";
                    }
                    echo "\t</tr>\n";
                }
                echo "</table>\n";
                echo "DM8：读取页面提交数据,并成功读取。\n";
            } else {
                $error="未找到符合条件的记录。";
            }
            /* 释放资源 */
            dm_free_result( $result);
        }

        /* 断开连接 */
        dm_close( $conn);
    } catch(Exception $e){
        echo $e->getMessage(). "<br/>";
    }
?>

<!--HTML 表单-->
<form method="post"action="<?php echo htmlspecialchars( $_SERVER["PHP_SELF"]);?>">
    <label for="studentId">学生 ID：</label>
    <input type ="text" name ="studentId" id ="studentId" value ="<?php echo $studentId;?>"required>
```

```
<br>
<label for="name">姓名:</label>
<input type="text"name="name"id="name"value="<?php echo $name;?>"required>
<br>
<input type="submit"value="确定">
<br>
<span style="color: red;"><?php echo $error;?></span>
</form>
```

（2）完成"dm_select3.php"页面浏览，如图5.41所示。

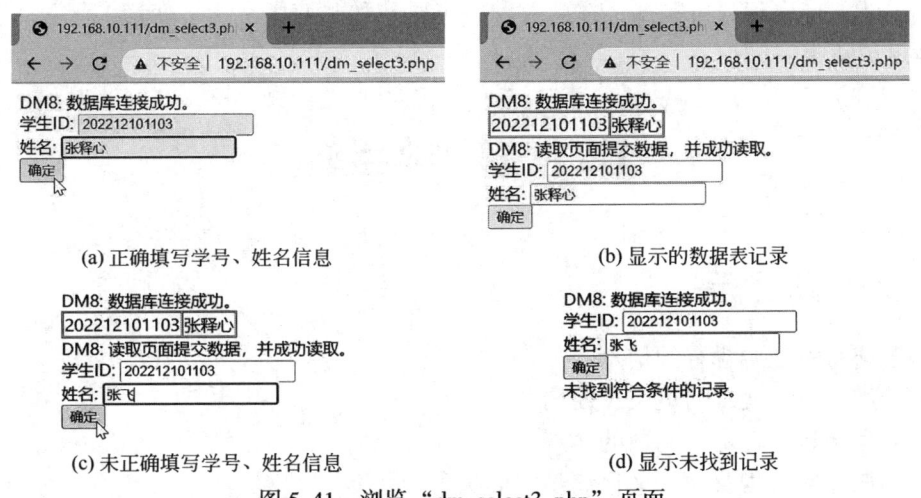

(a) 正确填写学号、姓名信息　　　　　　(b) 显示的数据表记录

(c) 未正确填写学号、姓名信息　　　　　　(d) 显示未找到记录

图5.41　浏览"dm_select3.php"页面

5.4　课后提升

（1）在视窗界面中，完成"SUBJECT"表中，各门成绩的"不及格数""及格数""良好数""优秀数"的统计输出。

（2）在视窗界面中，完成每个科目的成绩排名的输出。

（3）在视窗界面中，完成每个任课老师有多少学生的统计输出。

6 身份证信息的输出

身份证中除了出生日期外,还包含若干其他信息。为了显示输出这些信息,需要使用到 SQL 语句。SQL 是一种用于管理和处理关系型数据库的语言,通过学习 SQL,可以从数据库中提取、过滤、排序和分析数据,在此过程中可以熟悉并使用常量、变量、函数、自定义函数、存储过程等重要知识。

6.1 教学目标

6.1.1 知识目标

(1) 了解身份证中含有的信息;
(2) 了解常量、变量的定义及使用;
(3) 掌握函数及自定义函数的实现;
(4) 掌握存储过程及自定义存储过程的实现。

6.1.2 能力目标

(1) 能够完成在 SQL 中身份证信息显示;
(2) 能够完成使用存储过程实现身份证信息输出;
(3) 能够完成页面文件中身份证信息的输出。

6.1.3 素质目标

(1) 具备自学能力,能够完成相关资料阅读;
(2) 具备获取信息,并利用信息的能力;
(3) 具备团队合作精神,相互帮助完成实操训练。

6.2 课前自学

6.2.1 身份证中含有的信息

身份证号码是由 18 位数字组成的,前 6 位数字代表所在地区的行政区划代码,接下来 8 位数字是出生年月日,最后 4 位数字是顺序码和校验码。第 1、2 位数字表示所在省份的代码；第 3、4 位数字表示所在城市的代码；第 5、6 位数字表示所在区县的代码；第 7 至 14 位数字表示出生年、月、日；第 15、16 位数字表示所在地的派出所的代码；第 17 位数字表示性别，奇数表示男性，偶数表示女性；第 18 位数字是校检码，该位数值是根据前面十七位数字码，按照 ISO 7064：1983. MOD 11-2 校验码计算出来的。

6.2.2 具体省（直辖市、自治区、特别行政区）代码

身份证前 2 位数字是地区代码，用 AB 表示。代码的解释规则如下：

A 代表国内区域，包括华北三省二市、东北三省、华东六省一市、华南六省、西南四省一市、西北五省、港澳。

B（或者说 AB）代表省（直辖市，自治区，特别行政区）。

按照 A 划定的分区定义省代码，有直辖市的，直辖市列前，其余按离直辖市的距离排序，没有直辖市的，按离北京的远近排序。

具体省（直辖市、自治区、特别行政区）代码，见表 6.1。

表 6.1 省（直辖市、自治区、特别行政区）代码

序号	地区码前 2 位	全称	简称	序号	地区码前 2 位	全称	简称
1	11	北京市	京	18	43	湖南省	湘
2	12	天津市	津	19	44	广东省	粤
3	13	河北省	冀	20	45	广西壮族自治区	桂
4	14	山西省	晋	21	46	海南省	琼
5	15	内蒙古自治区	蒙	22	50	重庆市	渝
6	21	辽宁省	辽	23	51	四川省	川
7	22	吉林省	吉	24	52	贵州省	贵
8	23	黑龙江省	黑	25	53	云南省	云
9	31	上海市	沪	26	54	西藏自治区	藏
10	32	江苏省	苏	27	61	陕西省	陕
11	33	浙江省	浙	28	62	甘肃省	甘
12	34	安徽省	皖	29	63	青海省	青
13	35	福建省	闽	30	64	宁夏回族自治区	宁
14	36	江西省	赣	31	65	新疆维吾尔自治区	新
15	37	山东省	鲁	32	81	香港特别行政区	港
16	41	河南省	豫	33	82	澳门特别行政区	澳
17	42	湖北省	鄂				

6.3 课中实训

6.3.1 常量、变量、变量声明及变量声明输出的示例

在数据库中,常量(constant)和变量(variable)的概念与编程语言中的类似。

常量是一个固定值,它在整个程序执行过程中不会改变。例如,在 SQL 语句中,数字、字符串和日期等字面值都可以看作是常量。

变量是一个可以存储值的容器,它的值可以在程序执行过程中改变。在数据库中,变量通常用于存储临时数据或者传递参数。例如,在存储过程中,可以定义局部变量来存储计算结果或者作为循环计数器;在 SQL 语句中,也可以使用绑定变量来传递查询条件。

在 DM8 数据库中,可以在存储过程、函数或触发器的声明部分中定义变量。变量的定义语法与 PL/SQL 类似,需要指定变量名和数据类型,并可以为变量指定初始值。

在 DM8 数据库中,常量和变量的使用方式不同。

常量是一个固定值,它在整个程序执行过程中不会改变。在 SQL 语句中,常量可以直接使用,无须声明或指定类型。例如,在下面的 SELECT 语句中,直接使用字符串常量'你好!'和数字常量"888"。

常量示例,如图 6.1 所示。

命令行:SELECT '你好!' 字符串常量,888 数值常量 FROM DUAL;

图 6.1 常量示例

在 DM8 数据库中使用变量时,有以下几点需要注意:

(1)变量必须先声明再使用。在存储过程、函数或触发器的声明部分中定义变量时,需要指定变量名和数据类型,并可以为变量指定初始值。

(2)变量名不能与表名、列名或其他数据库对象重名。如果变量名与表名、列名或其他数据库对象重名,可能会导致语法错误或逻辑错误。

(3)变量的作用域取决于它的定义位置。在存储过程、函数或触发器的声明部分中定义的变量具有局部作用域,只能在该存储过程、函数或触发器内部访问。如果需要在多个存储过程、函数或触发器之间共享数据,可以使用全局临时表或包变量。

(4)变量的值在程序执行过程中可能会改变。在使用变量时,应注意变量的值可能会被修改,特别是在循环或条件语句中。

DM8 数据库中使用变量声明的语法格式如下:

```
DECLARE
<变量名称1>  类型 [:=(赋值)];
```

……
<变量名称 N>　类型;
BEGIN
<程序体>
END

变量示例，如图 6.2 所示。

命令行:
DECLARE
　　v_num1 INT :=1;--定义整型变量 v_num1 并赋初始值为 1
　　v_num2 INT;--定义整型变量 v_num2
　　v_result INT;--定义整型变量 v_result
BEGIN
　　v_num2 :=2;--为变量 v_num2 赋值
　　v_result :=v_num1+v_num2;--计算两个变量的和并将结果存储在变量 v_result 中
DBMS_OUTPUT.PUT_LINE('v_num1+v_num2='‖v_result);--输出结果
END;
/

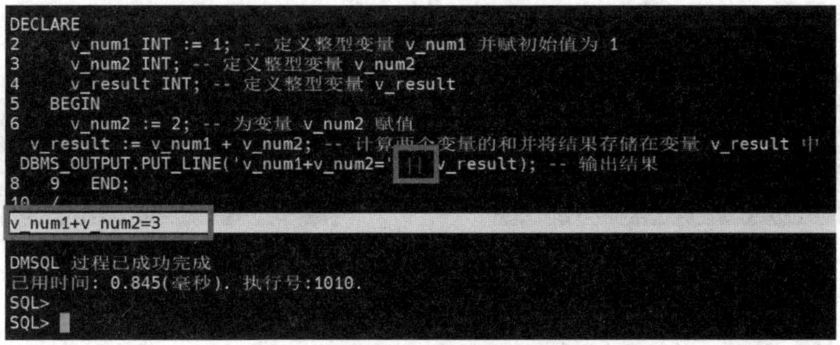

图 6.2　变量示例

在上面的示例中，定义了三个整型变量 v_num1、v_num2 和 v_result。其中，v_num1 在定义时被赋予了初始值 1，而 v_num2 和 v_result 则没有指定初始值。在变量声明的主体部分，为 v_num2 赋值，并计算两个变量的和，最后将结果输出。

提示 1：如果变量声明示例没有输出结果显示，请运行如下语句，然后再次运行变量声明示例:

SET SERVEROUTPUT ON;

SET SERVEROUTPUT ON 命令用于启用 DBMS_OUTPUT 包的输出。但是，这个命令只能在 SQLPlus 或 SQL Developer 等客户端工具中使用，不能在 DM8 数据库服务器端直接执行。

提示 2："‖"相当于字符串输出进行拼接符。

6.3.2　函数及自定义函数

DM8 中支持的函数分为数值函数、字符串函数、日期时间函数、空值判断函数、类型转换函数等。在这些函数中，对于字符串类型的参数或返回值，最大支持的长度为32K-1。

6.3.2.1 数值函数

常见数值函数见表6.2。

表6.2 常见数值函数

序号	函数名	功能简要说明
1	MOD(m,n)	求数值m被数值n除的余数
2	RAND([n])	求一个0到1之间的随机浮点数
3	ROUND(n[.m])	求四舍五入值函数
4	TO_NUMBER(char[.fmt])	将CHAR、VARCHAR、VARCHAR2等类型的字符串转换为DECIMAL类型的数值
5	TO_CHAR(n[.fmt[.'nls']])	将数值类型的数据转换为VARCHAR类型输出

1. MOD(m,n)

功能：求数值m被数值n除的余数。

例如：显示"9除以2的余数"，如图6.3所示。

命令行：select mod(9,2) 九除以二的余数；

例如：显示"100除以2的余数"，如图6.4所示。

命令行：select mod(9,2) 九除以二的余数；

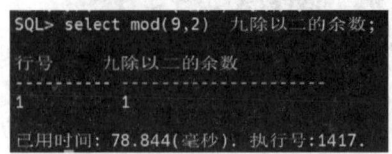
图6.3 九除以二的余数

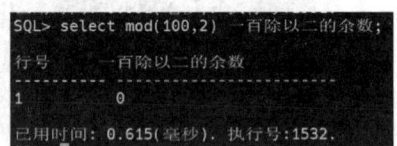
图6.4 一百除以二的余数

2. RAND([n])

功能：生成一个0到1之间的随机浮点数。n为数值类型，为生成随机数的种子，当n省略时，系统自动生成随机数种子。

例如：显示一个0到1之间的随机浮点数，如图6.5所示。

命令行：select rand() 这是一个0到1之间的随机数；

图6.5 0-1之间的随机浮点数

结果为6.733995232141574E-01，这是科学计数法表示的结果。科学计数法中的E-01表示的是10的负一次方，即0.1。因此，6.733995232141574E-01实际上等同于0.6733995232141574，也就是一个小于1的随机数。

科学计数法的表示方式主要是为了方便表示非常大或非常小的数值。

3. ROUND(n[,m])

功能：对数值进行四舍五入，返回四舍五入到小数点后面 m 位的 n 值。m 应为一个整数，缺省值为 0，m 为负整数则四舍五入到小数点的左边，m 为正整数则四舍五入到小数点的右边。若 m 为小数，系统将自动将其转换为整数。

例如：对数字"89.91"进行四舍五入，如图 6.6 所示。

例如：随机生成一个至多 2 位的整数值，如图 6.7 所示。

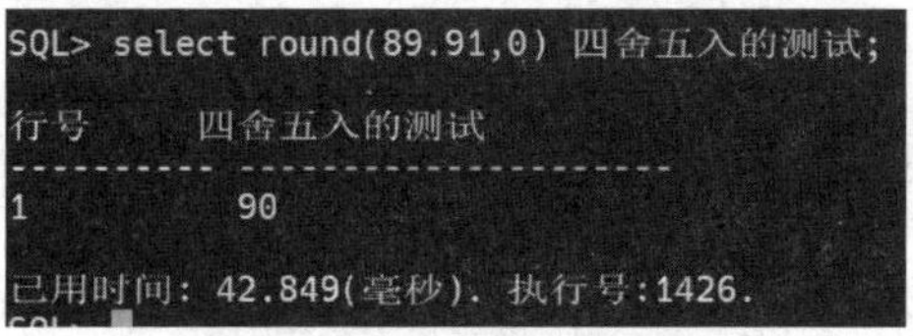

图 6.6　四舍五入函数 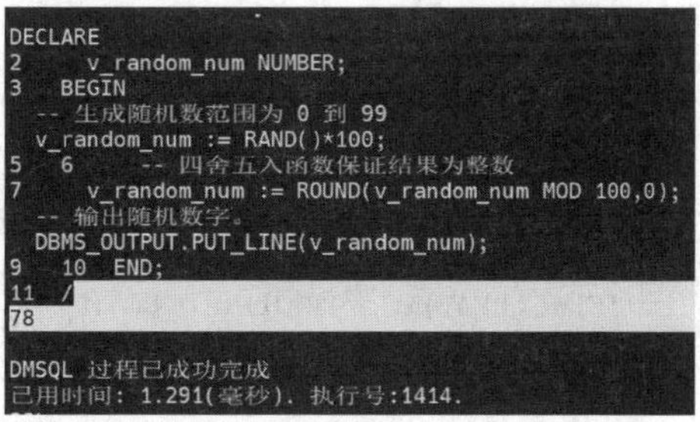　　　　　　图 6.7　随机生成一个至多 2 位的整数

源码：

```
SET SERVEROUTPUT ON;
DECLARE
  v_random_num NUMBER;
BEGIN
  --生成随机数范围为 0 到 99
  v_random_num :=RAND()* 100;
  --四舍五入函数保证结果为整数
  v_random_num :=ROUND(v_random_num,0);
  --输出随机一个至多 2 位的数字。
  DBMS_OUTPUT.PUT_LINE(v_random_num);
END;
/
```

6.3.2.2　字符串函数

常见字符串函数见表 6.3。

表 6.3　常见字符串函数

序号	函数名	功能简要说明
1	CHAR_LENGTH(char)/ CHARACTER_LENGTH(char)	求字符串的串长度
2	LEN(char)	返回给定字符串表达式的字符(而不是字节)个数(汉字为一个字符),其中不包含尾随空格
3	LENGTH(char)	返回给定字符串表达式的字符(而不是字节)个数(汉字为一个字符),其中包含尾随空格

续表

序号	函数名	功能简要说明
4	LOWER(char)	将大写的字符串转换为小写的字符串
5	LTRIM(char1,char2)	从输入字符串中删除所有的前导字符,这些前导字符由 char2 来定义
6	RTRIM(char1,char2)	从输入字符串的右端开始删除 char2 参数中的字符
7	REPLICATE(char,times)	把字符串 char 自己复制 times 份
8	SUBSTR(char,m,n)/SUBSTRING(char FROM m[FOR n])	返回 char 中从字符位置 m 开始的 n 个字符
9	SPACE(n)	返回一个包含 n 个空格的字符串
10	TO_CHAR(character)	将 VARCHAR、CLOB、TEXT 类型的数据转化为 VARCHAR 类型输出
11	TRIM([LEADING | TRAILING | BOTH] [exp][ ]FROM char2)	删去字符串 char2 中由串 char1 指定的字符
12	LPAD(char1,n,char2)	在输入字符串的左边填充上 char2 指定的字符,将其拉伸至 n 个字节长度
13	UPPER(char)	将小写的字符串转换为大写的字符串
14	SUBSTRING_INDEX(char,delim,count)	按关键字截取字符串,截取到指定分隔符出现指定次数位置之前

1. LEN(char)

功能:返回给定字符串表达式的字符(而不是字节)个数,其中不包含尾随空格。

例如:显示一个字符串的长度,如图 6.8 所示。

命令行:select len('好好学习,天天向上')字符长度;

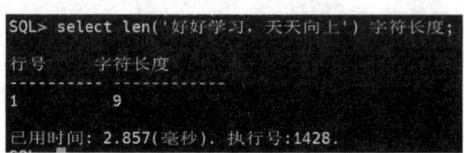

图 6.8 返回字符串的长度

2. SUBSTR(char,m,n)/SUBSTRING(char FROM m [FOR n])

功能:返回 char 中从字符位置 m 开始的 n 个字符,通常称为字符串截取。若 m 为 0,则把 m 就当作 1 对待;若 m 为正数,则返回的字符串是从左边到右边计算的;反之,返回的字符是从 char 的结尾向左边进行计算的。如果没有给出 n,则返回 char 中从字符位置 m 开始的后续子串;如果 n 小于 0,则返回 NULL。如果 m 和 n 都没有给出,返回 char。函数以字符作为计算单位,一个西文字符和一个汉字都作为一个字符计算。

例如:从一个指定字符串中返回指定位置字符串,如图 6.9 所示。

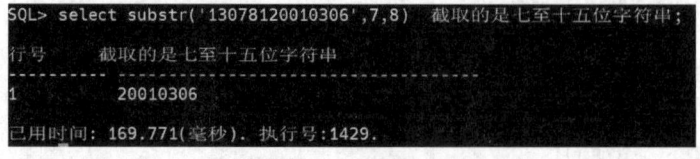

图 6.9 截取字符串

命令行：select substr('13078120010306',7,8)　截取的是七至十五位字符串；

3. REPLICATE(char,times)

功能：把字符串 char 自己复制 times 份。

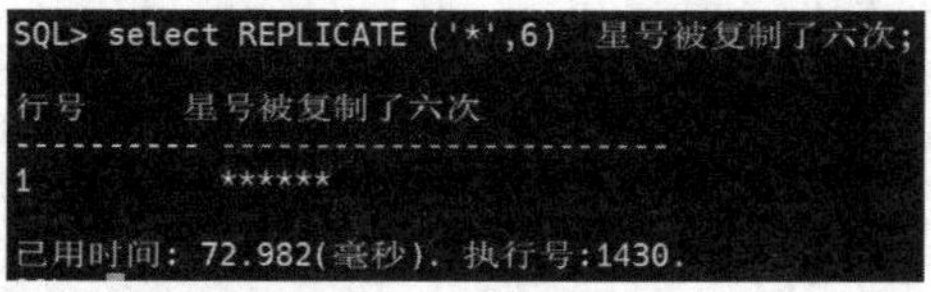

图 6.10　复制字符串

例如：将字符"*"显示 6 次，如图 6.10 所示。

命令行：select REPLICATE('*',6)　星号被复制了六次；

4. LTRIM(char1,char2)

功能：从输入字符串中删除所有的前导字符，这些前导字符由 char2 来定义。

例如：将字符串"　　　前面是四个空格"前的空格删除，如图 6.11 所示。

命令行：selectLTRIM('　　　左侧是四个空格','　')　完成左侧空格的删除；

图 6.11　左清空字符

6.3.2.3　日期时间函数

常见日期时间函数见表 6.4。

表 6.4　常见日期时间函数

序号	函数名	功能简要说明
1	TO_DATE(CHAR[,fmt[,'nls']])/ TO_TI MESTAMP(CHAR[,fmt[,'nls']])/ TO_T IMESTAMP_TZ(CHAR[,fmt])	字符串转换为日期时间数据类型
2	ADD_MONTHS(date,n)	在输入日期上加上指定的几个月返回一个新日期
3	ADD_WEEKS(date,n)	返回日期加上 n 个星期后的新日期
4	ADD_DAYS(date,n)	返回日期加上 n 天后的新日期
5	CURDATE()	返回系统当前日期
6	CURTIME(n)	返回系统当前时间
7	DATEADD(datepart,n. date)	向指定的日期加上一段时间
8	DAY(date)	返回日期中的天数
9	DAYNAME(date)	返回日期的星期名称
10	DAYOFMONTH(date)	返回日期为所在月份中的第几天
11	DAYOFWEEK(date)	返回日期为所在星期中的第几天
12	DAYOFYEAR(date)	返回日期为所在年中的第几天

续表

序号	函数名	功能简要说明
13	DAYS_BETWEEN(date1,date2)	返回两个日期之间的天数
14	MONTH(date)	返回日期中的月份分量
15	MONTHNAME(date)	返回日期中月分量的名称
16	MONTHS_BETWEEN(date1,date2)	返回两个日期之间的月份数
17	NEXT_DAY(date1,char2)	返回输入日期指定若干天后的日期
18	WEEK(date)	返回日期为所在年中的第几周
19	WEEKDAY(date)	返回当前日期的星期值
20	WEEKS_BETWEEN(date1,date2)	返回两个日期之间相逆周数
21	WEEK(date,mode)	根据指定的 mode 计算日期为年中的第几周
22	YEAR(date)	返回日期的年分量
23	YEARS_BETWEEN(date1,date2)	返回两个日期之间相等年数
24	DATE_FORMAT(d,forrnat)	以不同的格式显示日期/时间数据

1. TO_DATE(char [,fmt[,'nls']])

功能：将 CHAR 或者 VARCHAR 类型的值转换为 DATE 数据类型。TO_DATE 的结果不带毫秒精度。fmt 指定日期语法格式，需按照特定的格式书写。fmt 内容有三种选择：DATE、DATE+TIME 或 TIME。合法的 DATE 格式为年月日、月日年或日月年，各部分之间可以有分隔符或者没有分隔符。合法的 TIME 格式为时分或时分秒，TIME 分隔符只能为":"。例如"YYYY/MM/DD" "YYYYMMDD HH24：MI：SS" "HH24：MI"，其中 YYYYMMDD、HH24MISS 为格式符；/：为分割符。DM 缺省的日期语法格式 fmt 为"YYYY-MM-DD HH：MI：SS.FF6"。

例如：将字符串"20230304"转成标准日期格式，如图 6.12 所示。

命令行：SELECT TO_DATE('20031107','YYYYMMDD') 字符串转为标准日期；

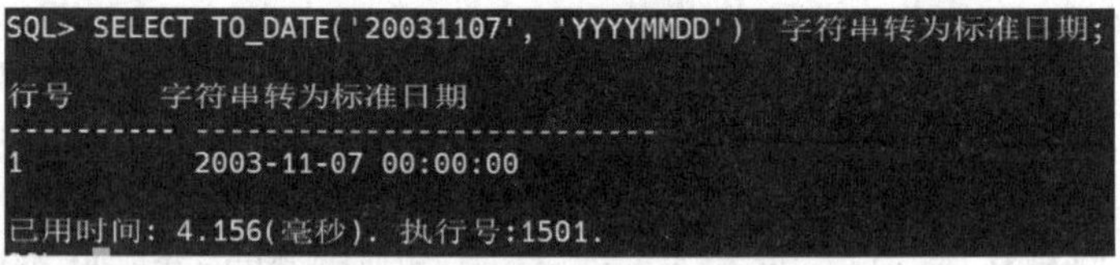

图 6.12 将字符串转成标准日期格式

2. DAYNAME(date)

功能：返回日期对应的星期名称。

例如：查看"20230304"当天是星期几，如图 6.13 所示。

图 6.13 返回日期对应的星期名称

3. WEEKDAY(date)

功能：返回指定日期的星期值。

例如：查看"20230304"当天的星期值，如图6.14所示。

命令行：SELECT WEEKDAY(TO_DATE('20031107','YYYYMMDD')) 查看当天的星期值；

图6.14　查看当天的星期值

4. CURDATE( )

功能：返回当前系统日期。

例如：查看当前系统日期，如图6.15所示。

命令行：SELECT CURDATE( ) 查看当前系统日期；

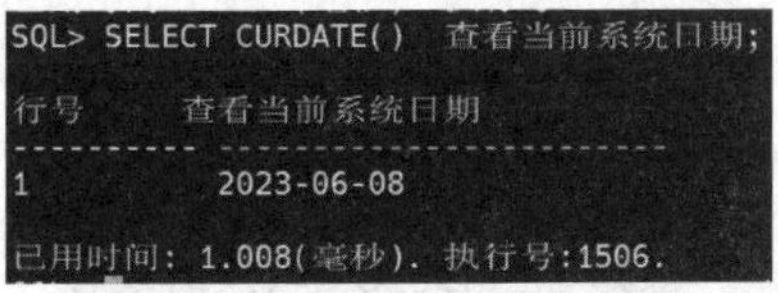

图6.15　查看当前系统日期

5. DAYS_BETWEEN(date1,date2)

功能：返回两个日期之间的天数。

例如：查看"20230304"距离当前系统日期的天数，如图6.16所示。

命令行：SELECT DAYS_BETWEEN(CURDATE( ), TO_DATE('20031107','YYYYMMDD')) 查看距离当前系统间隔天数；

图6.16　查看距离当前系统间隔天数

6. YEARS_BETWEEN(date1,date2)

功能：返回两个日期之间相差年数。

例如：查看"20230304"距离当前系统日期的年数，如图6.17所示。

图6.17　查看距离当前系统时间间隔年数

命令行：SELECT YEARS_BETWEEN（CURDATE（），TO_DATE（'20031107'，'YYYYMMDD'））查看距离当前系统时间间隔年数；

6.3.2.4 空值判断函数

空值判断函数见表 6.5。

表 6.5 空值判断函数

序号	函数名	功能简要说明
1	COALESCE(n1,n2,…nx)	返回第一个非空的值
2	IFNULL(n1,n2)	当 n1 为非空时，返回 n1；若 n1 为空，则返回 n2
3	ISNULL(n1,n2)	当 n1 为非空时，返回 n1；若 n1 为空，则返回 n2
4	NULLIF(n1,n2)	如果 n1=n2 返回 NULL，否则返回 n1
5	NVL(n1,n2)	返回第一个非空的值
6	NULL_EQU	返回两个类型相同的值的比较

6.3.2.5 类型转换函数

类型转换函数见表 6.6。

表 6.6 常见类型转换函数

序号	函数名	功能简要说明
1	CAST(value@ AS@ 类型说明)	将 value 转换为指定的类型
2	CONVERT(类型说明,value)	将 value 转换为指定的类型
3	HEXTORAW(exp)	将 exp 转换为 BLOB 类型
4	RAWTOHEX(exp)	将 exp 转换为 VARCHAR 类型
5	BINTOCHAR(exp)	将 exp 转换为 CHAR
6	TO_BLOB(value)	将 value 转换为 blob
7	UNHEX(exp)	将十六进制的 exp 转换为格式字符串
8	HEX(exp)	将字符串的 exp 转换为十六进制字符串

6.3.2.6 杂类函数

杂类函数见表 6.7。

表 6.7 常见杂类函数

序号	函数名	功能简要说明
1	DECODE(exp.search1,result1,…searchn,resultn[,default])	查表译码
2	ISDATE(exp)	判断表达式是否为有效的日期
3	ISNUMERIC(exp)	判断表达式是否为有效的数值
4	DM_HASH(exp)	根据给定表达式生成 HASH 值
5	LNNVL(condition)	根据表达式计算结果返回布尔值
6	LENGTHB(value)	返回 value 的字节数

续表

序号	函数名	功能简要说明
7	FIELD(value,e1,e2,e3,e4,…en)	返回 value 在列表 e1,e2,e3,e4,…en 中的位置序号,不在输入列表时则返回 0
8	ORA_HASH(exp[,max_bucket[,seed_value]])	为表达式 exp 生成 HASH 桶值

6.3.3 循环、分支语句

在 DM8 数据库中,循环(loop)是一种控制结构,用于重复执行一段代码块,直到满足指定的条件才停止循环。循环结构可以在特定条件下反复执行相同的代码,以便处理大量的数据或实现特定的逻辑。

在 DM8 数据库中,常见的循环结构有 WHILE、FOR、LOOP 三种,还有一个 CURSOR 循环,通过游标遍历结果集中的数据,重复执行代码块。

6.3.3.1 循环

1. LOOP 循环

特点:无限循环,需要通过条件或控制语句手动中断循环。

示例:完成"1+2+3+…+100 ="值的运算,如图 6.18 所示。

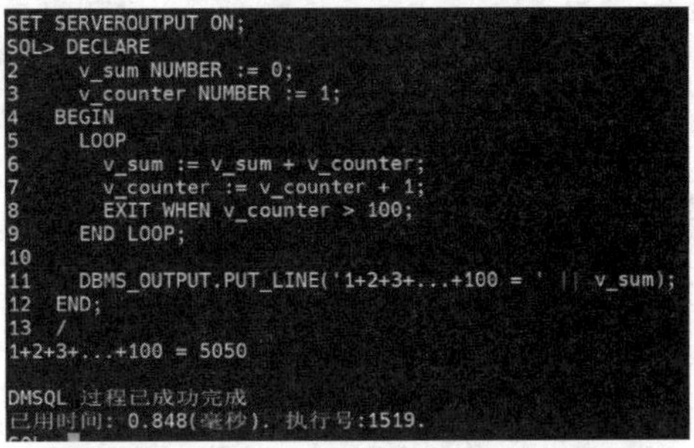

图 6.18 LOOP 完成累加和值的运算

源码:

```
SET SERVEROUTPUT ON;
DECLARE
  v_sum NUMBER :=0;
  v_counter NUMBER :=1;
BEGIN
  LOOP
    v_sum :=v_sum+v_counter;
    v_counter :=v_counter+1;
    EXIT WHEN v_counter > 100;
  END LOOP;
  DBMS_OUTPUT.PUT_LINE('1+2+3+…+100 =' || v_sum);
END;
/
```

2. WHILE 循环

特点：在指定条件为真时重复执行代码块。

在 DM8 数据库中，循环控制结构只支持 LOOP，不支持单独的 WHILE 循环。但 WHILE 可以搭配 LOOP 进行循环控制。

示例：完成"1+2+3+…+100＝"值的运算，如图 6.19 所示。

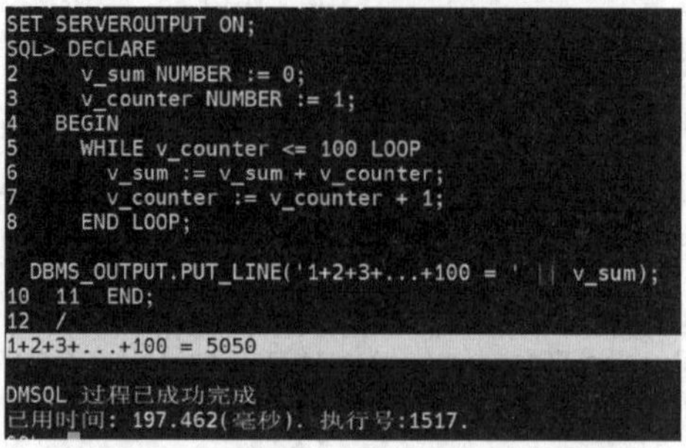

图 6.19　WHILE 完成累加和值的运算

源码：

```
SET SERVEROUTPUT ON;
DECLARE
  v_sum NUMBER :=0;
  v_counter NUMBER :=1;
BEGIN
  WHILE v_counter <=100 LOOP
    v_sum :=v_sum+v_counter;
    v_counter :=v_counter+1;
  END LOOP;
  DBMS_OUTPUT.PUT_LINE('1+2+3+...+100=' || v_sum);
END;
/
```

3. FOR 循环

特点：根据指定的次数重复执行代码块。

在 DM8 数据库中，同 WHILE 一样，不支持单独的 FOR 循环语句。但是 FOR 循环可以搭配 LOOP 来实现循环控制的功能。

示例：完成"九九乘法口诀表"的输出，如图 6.20 所示。

源码：

```
SET SERVEROUTPUT ON;
DECLARE
  v_row_counter NUMBER;
  v_column_counter NUMBER;
BEGIN
  FOR v_row_counter IN 1..9 LOOP
    FOR v_column_counter IN 1..v_row_counter LOOP
```

```
        DBMS_OUTPUT.PUT(LPAD(v_row_counter ||'* '||v_column_counter ||'='||(v_row_
counter * v_column_counter),10));
      END LOOP;
      DBMS_OUTPUT.NEW_LINE;
    END LOOP;
END;
/
```

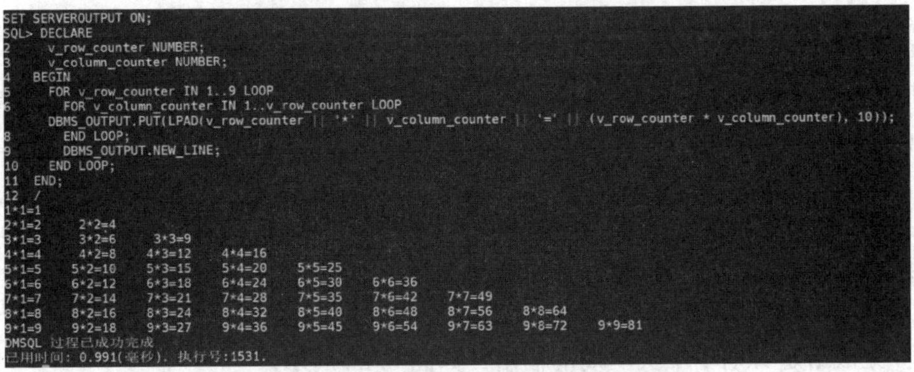

图 6.20 FOR 完成"九九乘法口诀表"的输出

提示：本例中使用 LPAD 函数来填充空格，确保每一项都占用 10 个字符的宽度。否则，可能会发生输出错行的情况，主要原因是 DM8 数据库的 DBMS_OUTPUT 在输出文本时，默认会根据换行符自动换行，而不是根据设置的行宽度。所以即使将行宽度设置为很大，仍然会出现错行的情况。

6.3.3.2 分支

在 DM8 数据库中，分支（branch）是一种控制结构，用于根据不同的条件执行不同的代码块。分支结构允许根据条件的真假来选择性地执行特定的代码，从而实现不同的逻辑路径。

分支结构可以帮助实现复杂的逻辑控制，使程序具备更大的灵活性和可扩展性。通过合理使用分支结构，可以处理不同的情况和满足不同的需求。

在 DM8 数据库中，常见的分支结构有以下几种。

1. IF-THEN-ELSE

根据指定的条件判断执行不同的代码块。如果条件为真，则执行 IF 部分的代码块；如果条件为假，则执行 ELSE 部分的代码块。

示例：完成数值奇偶性判定的输出，如图 6.21 所示。

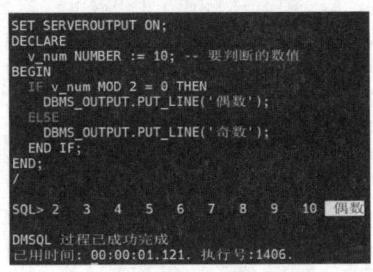

图 6.21 奇偶性判定的输出

源码：

```
SET SERVEROUTPUT ON;
DECLARE
  v_num NUMBER :=10;--要判断的数值
BEGIN
  IF v_num MOD 2=0 THEN
    DBMS_OUTPUT.PUT_LINE('偶数');
  ELSE
    DBMS_OUTPUT.PUT_LINE('奇数');
  END IF;
END;
/
```

2. CASE

根据给定的表达式的值，选择性地执行多个分支中的一个分支。可以根据不同的条件值选择执行不同的代码块。

示例：完成给定日期中中文星期的输出，如图 6.22 所示。

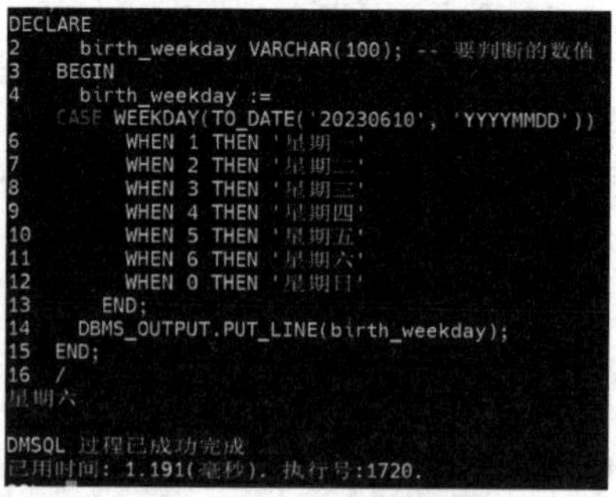

图 6.22　中文星期的输出

源码：

```
SET SERVEROUTPUT ON;
DECLARE
  birth_weekday VARCHAR(100);--要判断的数值
BEGIN
  birth_weekday :=
    CASE WEEKDAY(TO_DATE('20230610','YYYYMMDD'))
      WHEN 1 THEN '星期一'
      WHEN 2 THEN '星期二'
      WHEN 3 THEN '星期三'
      WHEN 4 THEN '星期四'
      WHEN 5 THEN '星期五'
      WHEN 6 THEN '星期六'
      WHEN 0 THEN '星期日'
```

```
    END;
  DBMS_OUTPUT.PUT_LINE(birth_weekday);
END;
/
```

6.3.4 存储过程及自定义存储过程的输出

提示：以下示例中采用的身份证号为随机模拟，不与现实生活中身份证号产生任何关联。

6.3.4.1 存储过程定义及优点

存储过程是一段预先编译好的数据库代码块，它包含了一系列的 SQL 语句和控制结构，用于完成特定的任务或操作。存储过程在数据库中被创建、存储和管理，可以由应用程序或其他数据库对象调用和执行。

存储过程通常用于执行复杂的业务逻辑、数据处理和操作，可以接受输入参数、执行一系列的数据库操作，最后返回结果或输出参数。

存储过程的优点包括：

（1）代码复用：存储过程可以被多个应用程序或脚本调用，避免了重复编写相同的代码。

（2）提高性能：存储过程在数据库中预编译和存储，减少了每次执行时的解析和编译时间，提高了执行效率。

（3）数据安全性：通过存储过程，可以控制对数据库的访问和操作权限，确保数据的安全性和一致性。

（4）简化维护：存储过程可以集中管理和维护，对于需要经常更新的业务逻辑，只需修改存储过程而不需要修改应用程序代码。

6.3.4.2 存储过程的语法格式及简单示例

1. 存储过程的语法格式

```
CREATE OR REPLACE PROCEDURE procedure_name([parameter1 datatype [,parameter2 datatype [,...]]])
IS
  --声明局部变量
  variable1 datatype;
  variable2 datatype;
  ...
BEGIN
  --执行操作和逻辑
  --可以使用 SQL 语句和控制结构
  --使用变量进行计算、存储和操作数据
  --可以调用其他存储过程或函数
```

```
    ...
    --可选的返回结果或输出参数
    --使用 OUT 或 IN OUT 关键字定义输出参数
    --使用 RETURN 语句返回结果(仅适用于函数)
    ...
EXCEPTION
    --异常处理
    --可以捕获和处理特定的异常
    --可以使用 RAISE 语句抛出自定义异常
    ...
END;
/
```

2. 示例存储过程的定义与调用

（1）定义一个存储过程的名称：calculate_sum。

本例中有 2 个输入参数"p_num1"，"p_num2"，用于接收两个数的值。有 1 个输出参数"p_sum"，用于存储计算结果，并作为过程的输出。在过程体中，计算两个数的和，并将结果存储在"p_sum"中。

使用 DBMS_OUTPUT.PUT_LINE 输出结果，如图 6.23 所示。

源码：

```
CREATE OR REPLACE PROCEDURE calculate_sum(
    p_num1 NUMBER,
    p_num2 NUMBER,
    p_sum OUT NUMBER
)
IS
BEGIN
    p_sum :=p_num1+p_num2;
    DBMS_OUTPUT.PUT_LINE('The sum is: ' ||p_sum);
END;
/
```

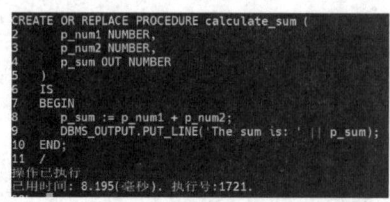 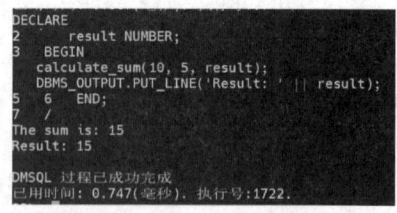

图 6.23　实现两数累加和的存储过程　　图 6.24　"calculate_sum"存储过程的调用

（2）调用存储过程并获取计算结果。

"calculate_sum"存储过程的调用，如图 6.24 所示。

源码：

```
DECLARE
    result NUMBER;
BEGIN
    calculate_sum(10,5,result);
    DBMS_OUTPUT.PUT_LINE('Result: ' || result);
END;
/
```

6.3.4.3　完成存储过程中身份证简单信息的输出及调用

思路：通过获取的身份证号，将第 7 位至第 14 位进行截取，可以获得 8 位的出生日期。将默认为字符数据的出生日期转化为标准日期型数据。通过日期型相关函数，可以得到出生星期（数值型）、年龄、天数。通过分支语句可以将出生星期（数值型）转为对应的中文星期进行输出。身份证号倒数第 2 位、正数第 17 位数字表示性别，奇数表示男性，偶数表示女性，通过 mod（）函数可以实现奇偶性的判断。

身份证中简单信息的输出，如图 6.25 所示。

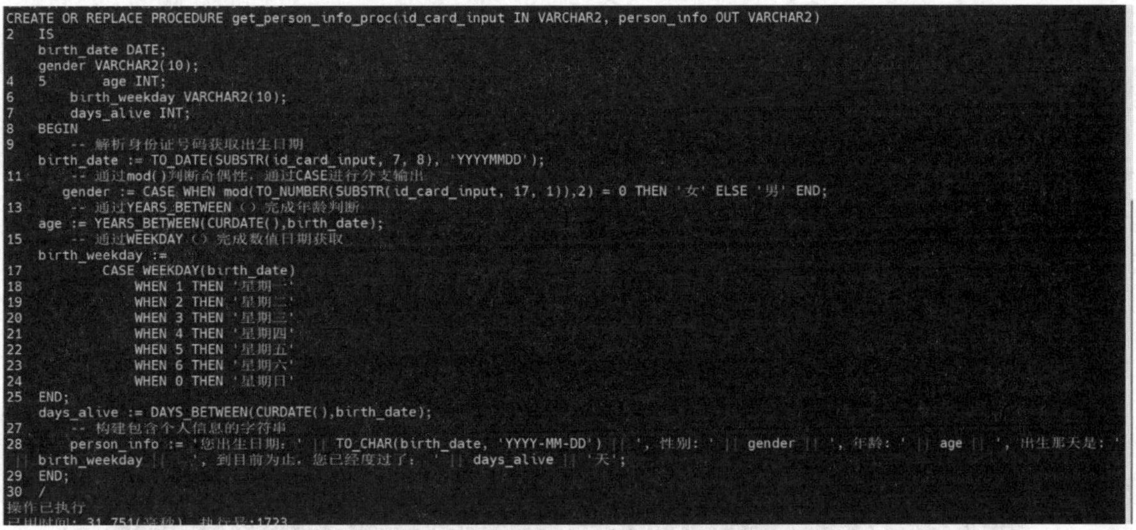

图 6.25　身份证中简单信息的输出

源码：

```
CREATE OR REPLACE PROCEDURE get_person_info_proc(id_card_input IN VARCHAR2,
person_info OUT VARCHAR2)
    IS
        birth_date DATE;
        gender VARCHAR2(10);
        age INT;
        birth_weekday VARCHAR2(10);
        days_alive INT;
    BEGIN
        --解析身份证号码获取出生日期
```

```
    birth_date :=TO_DATE(SUBSTR(id_card_input,7,8),'YYYYMMDD');
    --通过 mod()判断奇偶性,通过 CASE 进行分支输出
    gender :=CASE WHEN mod(TO_NUMBER(SUBSTR(id_card_input,17,1)),2)=0 THEN '女' ELSE '男' END;
    --通过 YEARS_BETWEEN()完成年龄判断
    age :=YEARS_BETWEEN(CURDATE(),birth_date);
    --通过 WEEKDAY()完成数值日期获取
    birth_weekday :=
        CASE WEEKDAY(birth_date)
            WHEN 1 THEN '星期一'
            WHEN 2 THEN '星期二'
            WHEN 3 THEN '星期三'
            WHEN 4 THEN '星期四'
            WHEN 5 THEN '星期五'
            WHEN 6 THEN '星期六'
            WHEN 0 THEN '星期日'
        END;
    days_alive :=DAYS_BETWEEN(CURDATE(),birth_date);
    --构建包含个人信息的字符串
    person_info :='您出生日期:'||TO_CHAR(birth_date,'YYYY-MM-DD')||',性别:'||gender||',年龄:'||age||',出生那天是:'||birth_weekday||',到目前为止,您已经度过了:'||days_alive||'天';
END;
/
```

存储过程"get_person_info_proc"的调用,如图 6.26 所示。

图 6.26　身份证存储过程的调用

源码:

```
DECLARE
    person_info VARCHAR2(2000);
BEGIN
    CALL get_person_info_proc('130982201211156129',person_info);
    DBMS_OUTPUT.PUT_LINE(person_info);
END;
/
```

还可以实现星座、幸运石的判断,如图 6.27 所示。

```
您出生日期：2012-11-15，性别：女，年龄：11，出生那天是：星期四，到目前为止，您已经度过了：     3857天
，您的星座是：天蝎座，对应的幸运石是：红柘石
DMSQL 过程已成功完成
已用时间：0.307(毫秒)，执行号:1728.
```

图 6.27　完成身份证中星座、幸运石的判断输出

6.3.4.4　带有具体户籍所在地、出生区县信息的自定义存储过程

思路：身份证号第 1、2 位数字表示所在省份的代码，前 6 位数字表示所在区县的代码，第 5 位数字表示所在城市的代码。第 5 位代码中，"0"代表市辖区，"1"代表郊区，"2"代表郊县，"8"代表县级市。

（1）有"Province_Code"数据表，该表为省份代码表，表结构如图 6.28 所示，表数据（部分）如图 6.29 所示。

```
SQL> desc Province_Code;
行号     NAME            TYPE$          NULLABLE
----------------------------------------------------
1        ID              INTEGER        N
2        PROVINCE_CODE   VARCHAR(10)    Y
3        FULL_NAME       VARCHAR(200)   Y
4        ABBREVIATION    VARCHAR(10)    Y

已用时间: 68.362(毫秒). 执行号:1729.
SQL>
```

图 6.28　"Province_Code"表结构

```
SQL>
行号    ID      PROVINCE_CODE  FULL_NAME         ABBREVIATION
-------------------------------------------------------------
1       1       11             北京市             京
2       2       12             天津市             津
3       3       13             河北省             冀
4       4       14             山西省             晋
5       5       15             内蒙古自治区        蒙
```

图 6.29　"Province_Code"表数据（部分）

（2）有"Birth_Place"数据表，该表为出生地代码表，表结构如图 6.30 所示，表数据（部分），如图 6.31 所示。

```
SQL> desc Birth_Place;
行号     NAME         TYPE$          NULLABLE
-------------------------------------------------
1        ID           INTEGER        N
2        CODE         VARCHAR(10)    Y
3        FULL_NAME    VARCHAR(200)   Y
```

图 6.30　"Birth_Place"表结构

```
SQL> select * from Birth_Place;
行号    ID      CODE      FULL_NAME
-------------------------------------
1       1       110000    北京市
2       2       110100    北京市市辖区
3       3       110101    北京市东城区
4       4       110102    北京市西城区
5       5       110103    北京市崇文区
```

图 6.31　"Birth_Place"表数据（部分）

关键代码说明：

① 查询省份信息，根据省份代码表返回省份具体名称及简称：

```
SELECT Full_Name,Abbreviation
INTO  province_full_name,province_abbreviation
FROM OTHER.Province_Code
WHERE Province_Code=  SUBSTR(id_card_input,1,2);
```

② 查询出生地信息，根据出生地代码表返回出生地具体名称：

```
SELECT Full_Name
INTO birth_place_full_name
FROM OTHER.Birth_Place
WHERE Code=birth_place_code
AND ROWNUM=1;--添加限制条件,仅返回一行数据
```

③ 根据出生地代码表第 5 位县区代码设置，判断出生地区县信息：

```
birth_county_fullname :=
    CASE SUBSTR(id_card_input,5,1)
        WHEN '0' THEN '市辖区'
        WHEN '1' THEN '郊区'
        WHEN '2' THEN '郊县'
        WHEN '8' THEN '县级市'
        ELSE NULL
    END;
```

带有具体户籍所在地、出生区县信息的存储过程定义，如图 6.32 所示。

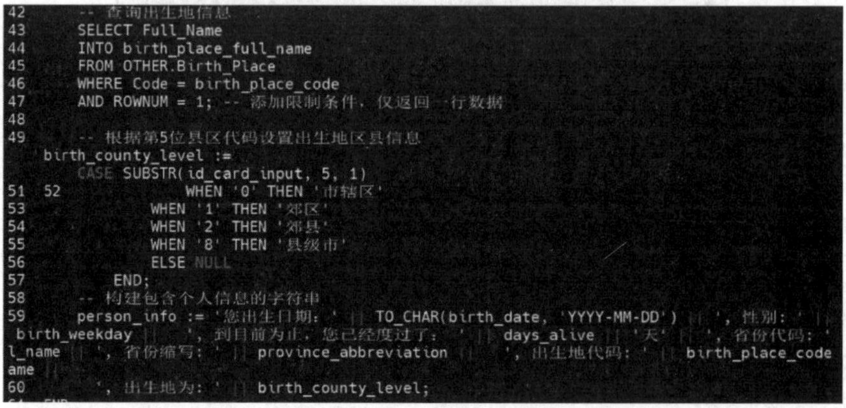

```
    -- 查询出生地信息
    SELECT Full_Name
    INTO birth_place_full_name
    FROM OTHER.Birth_Place
    WHERE Code = birth_place_code
    AND ROWNUM = 1; -- 添加限制条件，仅返回一行数据

    -- 根据第5位县区代码设置出生地区县信息
  birth_county_level :=
    CASE SUBSTR(id_card_input, 5, 1)
              WHEN '0' THEN '市辖区'
          WHEN '1' THEN '郊区'
          WHEN '2' THEN '郊县'
          WHEN '8' THEN '县级市'
          ELSE NULL
      END;
    -- 构建包含个人信息的字符串
    person_info := '您出生日期：' || TO_CHAR(birth_date, 'YYYY-MM-DD') || '，性别：' ||
 birth_weekday ||   '，到目前为止，您已经度过了：' || days_alive || '天' || '，省份代码：'
l_name || '，省份缩写：' || province_abbreviation ||   '，出生地代码：' || birth_place_code
ame ||
        '，出生地为：' || birth_county_level;
```

图 6.32　具体户籍所在地的存储过程定义

源码：

```
CREATE OR REPLACE PROCEDURE get_person_info_proc(id_card_input IN VARCHAR2,
person_info OUT VARCHAR2)
IS
    birth_date DATE;
    gender VARCHAR2(10);
```

```
    age INT;
    birth_weekday VARCHAR2(10);
    days_alive INT;
    province_code VARCHAR2(10);
    province_full_name VARCHAR2(200);
    province_abbreviation VARCHAR2(10);
    birth_place_code VARCHAR2(10);
    birth_place_full_name VARCHAR2(200);
    birth_county_level VARCHAR2(200);
BEGIN
    --解析身份证号码获取出生日期
    birth_date :=TO_DATE(SUBSTR(id_card_input,7,8),'YYYYMMDD');
    --通过mod()判断奇偶性,通过CASE进行分支输出
    gender :=CASE WHEN mod(TO_NUMBER(SUBSTR(id_card_input,17,1)),2)=0 THEN '女' ELSE '男' END;
    --通过YEARS_BETWEEN()完成年龄判断
    age :=YEARS_BETWEEN(CURDATE(),birth_date);
    --通过WEEKDAY()完成数值日期获取
    birth_weekday :=
        CASE WEEKDAY(birth_date)
            WHEN 1 THEN '星期一'
            WHEN 2 THEN '星期二'
            WHEN 3 THEN '星期三'
            WHEN 4 THEN '星期四'
            WHEN 5 THEN '星期五'
            WHEN 6 THEN '星期六'
            WHEN 0 THEN '星期日'
        END;
    days_alive :=DAYS_BETWEEN(CURDATE(),birth_date);
province_code :=SUBSTR(id_card_input,1,2);
    --查询省份信息
    SELECT Full_Name,Abbreviation
    INTO province_full_name,province_abbreviation
    FROM OTHER.Province_Code
    WHERE Province_Code= SUBSTR(id_card_input,1,2);

    birth_place_code :=SUBSTR(id_card_input,1,6);--使用前6位作为查询条件

    --查询出生地信息
    SELECT Full_Name
    INTO birth_place_full_name
    FROM OTHER.Birth_Place
```

```
        WHERE Code=birth_place_code
        AND ROWNUM=1;--添加限制条件,仅返回一行数据

    --根据第5位县区代码设置出生地区县信息
    birth_county_level :=
        CASE SUBSTR(id_card_input,5,1)
            WHEN '0' THEN '市辖区'
            WHEN '1' THEN '郊区'
            WHEN '2' THEN '郊县'
            WHEN '8' THEN '县级市'
            ELSE NULL
        END;
    --构建包含个人信息的字符串
    person_info :='您出生日期:' || TO_CHAR(birth_date,'YYYY-MM-DD') ||',性别:
'||gender ||',年龄:' || age ||',出生那天是:' || birth_weekday ||',到目前为止,您已经度过了:
'||days_alive ||'天' ||',省份代码:' ||province_code ||',省份全称:' ||province_full_name ||',
省份缩写:' ||province_abbreviation ||',出生地代码:' ||birth_place_code ||    ',户籍所在地
全称:' ||birth_place_full_name ||
        ',出生地为:' || birth_county_level;
END;
/
```

6.3.4.5　身份证信息存储过程的调用

存储过程"get_person_info_proc"的调用,如图6.33所示。

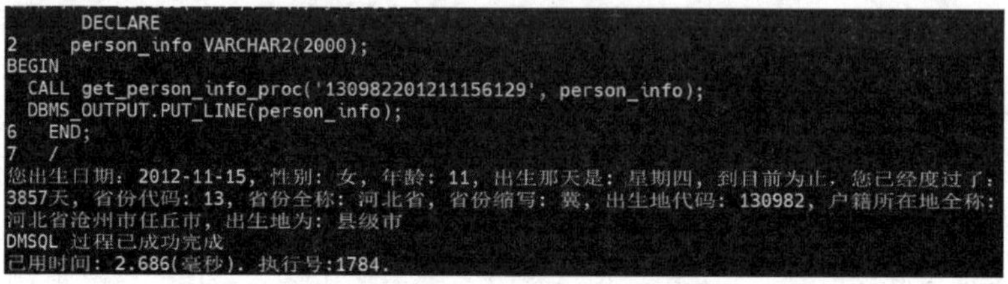

图6.33　存储过程"get_person_info_proc"的调用

源码:

```
DECLARE
    person_info VARCHAR2(2000);
BEGIN
    CALL get_person_info_proc('130982201211156129',person_info);
    DBMS_OUTPUT.PUT_LINE(person_info);
END;
/
```

还可以实现带星座、幸运石的身份信息输出,如图6.34所示。

```
DECLARE
    person_info VARCHAR2(2000);
BEGIN
    CALL get_person_info_proc('130982201211156129', person_info);
    DBMS_OUTPUT.PUT_LINE(person_info);
END;
/
您出生日期: 2012-11-15, 性别: 女, 年龄: 11, 出生那天是: 星期四, 到目前为止, 您已经度过了:
3857天, 您的星座是: 天蝎座, 对应的幸运石是: 红柱石, 省份代码: 13, 省份全称:
河北省, 省份缩写: 冀, 出生地代码: 130982, 户籍所在地全称:   河北省沧州市任丘市,
出生地为: 县级市
```

图 6.34　带星座、幸运石的身份信息输出

6.3.5　自定义函数

6.3.5.1　自定义函数定义及优点

在 DM8 数据库中，自定义函数是用户根据自己的需求编写的函数，用于执行特定的操作或计算，并返回结果。

自定义函数具有以下优点：

（1）封装复杂的逻辑：自定义函数可以将复杂的逻辑封装在函数内部，使得代码更加模块化和可重用。通过函数，可以将一系列的操作组合在一起，提高代码的可读性和可维护性。

（2）实现业务规则：自定义函数可以根据特定的业务规则进行计算或判断。例如，可以编写函数来验证输入数据的有效性、计算某些指标或指导业务流程的决策。

（3）数据转换和处理：自定义函数可以用于数据转换和处理，对输入的数据进行格式化、清洗、提取或转换为其他形式。例如，可以编写函数来将字符串转换为日期类型、进行数值的四舍五入等操作。

（4）增强查询功能：自定义函数可以扩展查询的功能，使得查询语句更加灵活和强大。通过编写函数，可以在查询过程中进行复杂的计算、条件判断或数据处理，从而实现更加高级的查询需求。

（5）优化性能：自定义函数可以优化查询或数据处理的性能。通过将一些频繁使用的计算或处理逻辑封装在函数中，可以减少重复的代码，并且可以使用数据库的优化技术，如函数索引等，提高查询效率。

总之，自定义函数在 DM8 数据库中具有很多作用，可以根据业务需求编写函数来实现特定的功能，提高代码的可复用性、可读性和性能。

6.3.5.2　自定义函数的语法格式及简单示例

1. 自定义函数的语法格式

```
CREATE OR REPLACE FUNCTION function_name([parameter1 datatype [,parameter2 datatype [,...]]])
    RETURN return_datatype
    [DETERMINISTIC | NOT DETERMINISTIC]
    [SQL DATA ACCESS {CONTAINS SQL | NO SQL | READS SQL DATA | MODIFIES SQL DATA}]
    [LANGUAGE {SQL | JAVA | C}]
    [DETERMINISTIC CHARACTERISTICS {COMPARABLE | LANGUAGE SQL}]
    [PARALLEL {ENABLED | DISABLED | FORCED}]
```

```
IS
    --函数体
BEGIN
    --函数逻辑
    RETURN return_value;
END;
/
```

参数释义如下：

CREATE OR REPLACE FUNCTION：用于创建或替换函数。

function_name：自定义函数的名称。

parameter1，parameter2，…：函数的输入参数列表，每个参数包括参数名称和参数数据类型。

RETURN return_datatype：指定函数的返回数据类型。

DETERMINISTIC | NOT DETERMINISTIC：可选项，指示函数是否是确定性的。确定性函数对于相同的输入始终返回相同的结果。

函数体部分包括函数的具体逻辑和计算过程。函数体由 BEGIN 和 END 之间的语句组成。在函数体内部可以使用变量、控制结构（如 IF、CASE 等）、SQL 查询语句等来实现特定的功能。

最后，使用 RETURN 语句返回函数的结果值。

需要注意的是，函数定义完成后需要以"/"结尾，并执行该语句以创建函数。

2. 示例自定义函数及调用

（1）创建一个自定义函数：add_numbers。

函数功能说明：接收两个整数参数 num1 和 num2，返回类型为整数 INT。函数体内部将两个参数相加并将结果赋值给变量 total，然后使用 RETURN 语句返回计算结果。

函数定义运行结果，如图 6.35 所示。

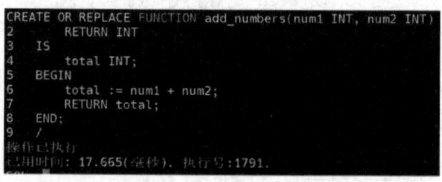

图 6.35　自定义函数：add_numbers

源码：

```
CREATE OR REPLACE FUNCTIONadd_numbers(num1 INT,num2 INT)
    RETURN INT
IS
    total INT;
BEGIN
    total :=num1+num2;
    RETURN total;
END;
/
```

(2) 调用自定义函数并获取计算结果。

"add_numbers" 自定义函数的调用，如图 6.36 所示。

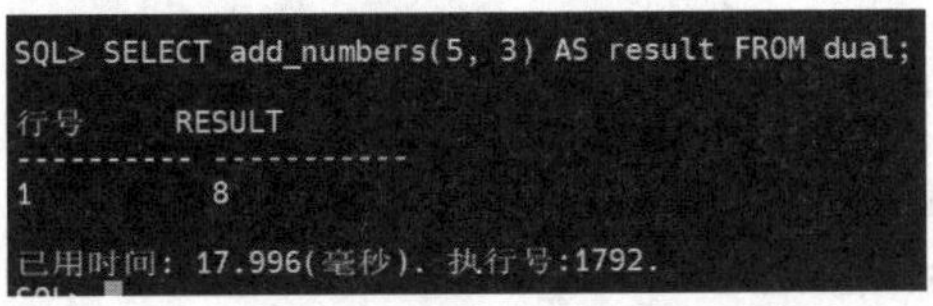

图 6.36 "add_numbers" 自定义函数的调用

命令行：SELECT add_numbers(5,3) AS result FROM dual;

6.3.5.3 完成身份证信息的自定义函数及调用

1. 创建含有身份证信息的自定义函数

完成含有身份证信息的自定义函数，如图 6.37 所示。

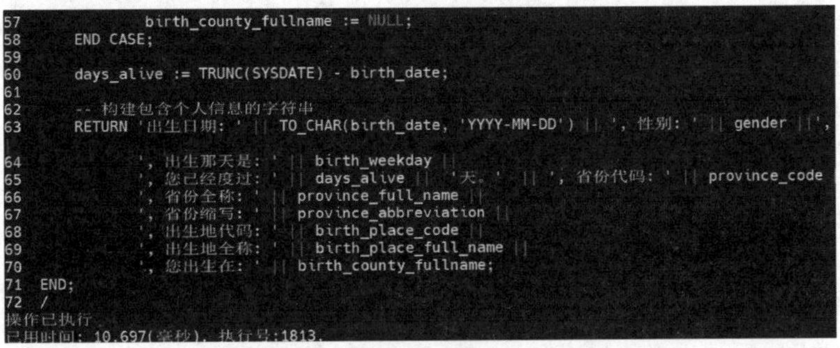

图 6.37 自定义函数：get_person_info

源码：

```
SET SERVEROUTPUT ON;
CREATE OR REPLACE FUNCTION get_person_info(id_card_input IN VARCHAR2)
    RETURN VARCHAR2
IS
    birth_date DATE;
    gender VARCHAR2(10);
    age INT;
    birth_weekday VARCHAR2(10);
    days_alive INT;
    province_code VARCHAR2(10);
    province_full_name VARCHAR2(200);
    province_abbreviation VARCHAR2(10);
    birth_place_code VARCHAR2(10);
    birth_place_full_name VARCHAR2(200);
    birth_county_fullname VARCHAR2(200);
BEGIN
    --解析身份证号码获取个人信息
    birth_date :=TO_DATE(SUBSTR(id_card_input,7,8),'YYYYMMDD');
```

```
        gender :=CASE WHEN TO_NUMBER(SUBSTR(id_card_input,17,1))%2=0 THEN '女' ELSE '男' END;
        age :=EXTRACT(YEAR FROM SYSDATE)-EXTRACT(YEAR FROM birth_date);
        birth_weekday :=
            CASE TO_CHAR(birth_date,'D')
                WHEN '1' THEN '星期日'
                WHEN '2' THEN '星期一'
                WHEN '3' THEN '星期二'
                WHEN '4' THEN '星期三'
                WHEN '5' THEN '星期四'
                WHEN '6' THEN '星期五'
                WHEN '7' THEN '星期六'
            END;
        province_code :=SUBSTR(id_card_input,1,2);
        --查询省份信息
        SELECT Full_Name,Abbreviation
        INTO  province_full_name,province_abbreviation
        FROM OTHER.Province_Code
        WHERE Province_Code=  SUBSTR(id_card_input,1,2);
        birth_place_code :=SUBSTR(id_card_input,1,6);--使用前6位作为查询条件
        --查询出生地信息
        SELECT Full_Name
        INTO birth_place_full_name
        FROM OTHER.Birth_Place
        WHERE Code=birth_place_code
        AND ROWNUM=1;--添加限制条件,仅返回一行数据
        --根据第5位县区代码设置出生地区县信息
        CASE SUBSTR(id_card_input,5,1)
            WHEN '0' THEN
                birth_county_fullname :='市辖区';
            WHEN '1' THEN
                birth_county_fullname :='郊区';
            WHEN '2' THEN
                birth_county_fullname :='郊县';
            WHEN '8' THEN
                birth_county_fullname :='县级市';
            ELSE
                birth_county_fullname :=NULL;
        END CASE;
        days_alive :=TRUNC(SYSDATE)-birth_date;
        --构建包含个人信息的字符串
        RETURN '出生日期:' || TO_CHAR(birth_date,'YYYY-MM-DD') ||',性别:' || gender ||',年龄:' || age ||
            ',出生那天是:' || birth_weekday ||
```

```
        ',您已经度过:'||days_alive||'天。'||',省份代码:'||province_code||
        ',省份全称:'||province_full_name||
        ',省份缩写:'||province_abbreviation||
        ',出生地代码:'||birth_place_code||
        ',出生地全称:'||birth_place_full_name||
        ',您出生在:'||birth_county_fullname;
END;
/
```

2. 完成自定义函数的调用

自定义函数"get_person_info"的调用,如图 6.38 所示。

图 6.38 自定义函数"get_person_info"的调用

源码:

```
DECLARE
    id_card_input VARCHAR2(20);
    person_info VARCHAR2(4000);
BEGIN
    id_card_input :='130182201108159120';--设置变量的值
    person_info :=get_person_info(id_card_input);--调用函数并将变量的值作为参数传递
    DBMS_OUTPUT.PUT_LINE(person_info);
END;
/
```

6.3.6 自定义存储过程与自定义函数的不同

在 DM8 数据库中,函数本质上是用于计算并返回一个值的,而不是用于交互式输出。函数的目的是接收输入参数并返回一个结果。

存储过程与函数略有不同,存储过程可以执行一系列操作,并可以通过输出参数、游标或输出变量等方式返回结果。存储过程更适用于执行复杂的业务逻辑或操作数据库的任务。

如果需要进行交互式输出,建议使用存储过程而不是函数。可以在存储过程中定义输出参数,并通过在存储过程中使用 DBMS_OUTPUT.PUT_LINE 语句来输出结果。然后,可以通过客户端工具(如 SQL*Plus 或 SQL Developer)或在编程语言中执行该存储过程来查看输出结果。

在 DM8 数据库中,函数是通过输入参数来接收值的,而不是直接访问变量。可以在调用函数时将变量的值传递给函数作为参数。

将变量传递给函数的示例如下：

```
DECLARE
    id_card_input VARCHAR2(20);
    person_info VARCHAR2(4000);
BEGIN
    id_card_input :='130982201211156129';--设置变量的值
    person_info :=get_person_info(id_card_input);--调用函数并将变量的值作为参数传递
    DBMS_OUTPUT.PUT_LINE(person_info);
END;
```

在本例中，id_card_input 变量被赋予了一个特定的值，并将该值作为参数传递给 get_person_info 函数。函数将使用该值进行计算，并将结果赋给 person_info 变量。最后，使用 DBMS_OUTPUT.PUT_LINE 语句将结果输出到控制台。

请注意，函数在这种情况下仍然是通过输入参数来接收变量的值，只是该值是通过变量间接传递给函数的。函数本身无法直接访问外部的变量。

6.3.7 在页面中完成身份证信息的输出

6.3.7.1 使用存储过程进行调用

（1）完成"dm_id_proc.php"源码编写，并存盘退出，如图 6.39 所示。

图 6.39 编写"dm_id_proc.php"源码

6 身份证信息的输出

源码：

```html
<!DOCTYPE html>
<html>
<head>
    <title>身份证信息查询</title>
    <meta charset="UTF-8">
</head>
<body>
    <h2>身份证信息查询</h2>
    <form method="POST" action="">
        <label for="idCard">身份证号码：</label>
        <input type="text" id="idCard" name="idCard" required>
        <br><br>
        <input type="submit" value="查询">
    </form>
    <?php
    $servername="192.168.10.111";
    $username="sysdba";
    $password="Abcd@0000";
    $port="5236";
    if($_SERVER["REQUEST_METHOD"]==="POST"){
        try{
            $pdo=new PDO("dm:host=$servername;port=$port;charset=utf8",$username,$password);
            $pdo->setAttribute(PDO::ATTR_ERRMODE,PDO::ERRMODE_EXCEPTION);
            $idCard=$_POST["idCard"];
            $person_info="";
            $sql="BEGIN get_person_info_proc(:idCard,:person_info);
                        END;";
            $stmt=$pdo->prepare($sql);
            $stmt->bindParam(":idCard",$idCard,PDO::PARAM_STR,18);
            $stmt->bindParam(":person_info",$person_info,PDO::PARAM_STR,1000);
            $stmt->execute();
            echo "<h3>查询结果：</h3>";
            echo "<p>用户信息：". $person_info ."</p>";
            $pdo=null;
        }catch(PDOException $e){
            echo "Error:". $e->getMessage();
        }
    }
    ?>
```

```
</body>
</html>
```

（2）完成"dm_id_proc.php"页面浏览，如图6.40所示。

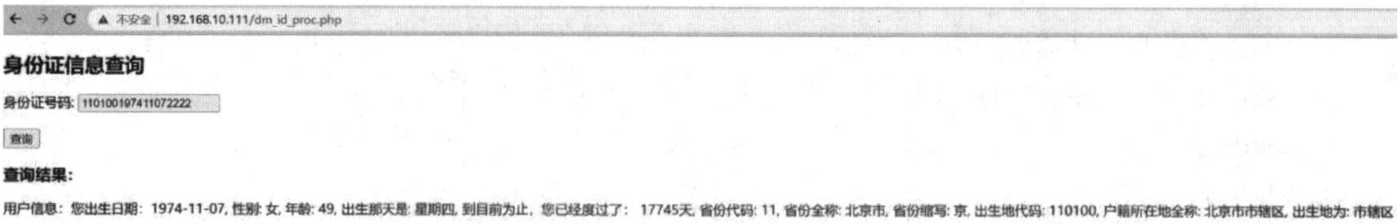

图6.40　浏览"dm_id_proc.php"页面

6.3.7.2　使用自定义函数进行调用

（1）完成"dm_id_fun.php"源码编写，并存盘退出，如图6.41所示。

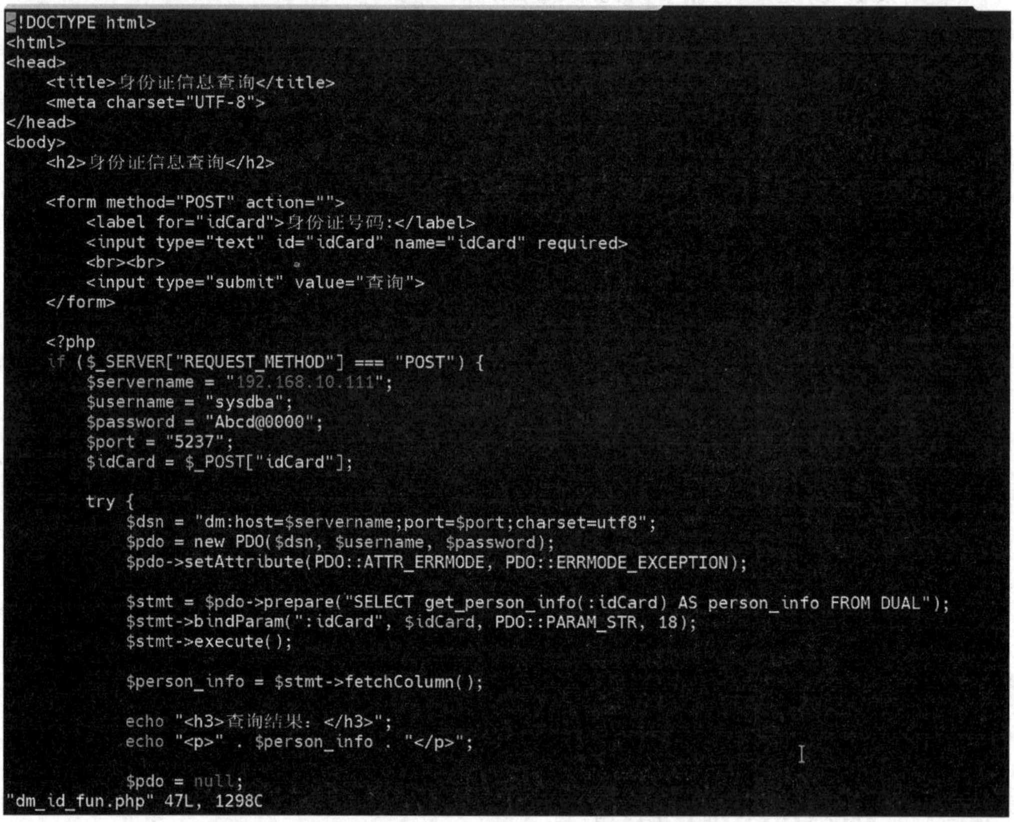

图6.41　编写"dm_id_fun.php"源码

源码：

```
<! DOCTYPE html>
<html>
<head>
    <title>身份证信息查询</title>
```

6 身份证信息的输出

```
        <meta charset="UTF-8">
    </head>
    <body>
        <h2>身份证信息查询</h2>
        <form method="POST" action="">
            <label for="idCard">身份证号码:</label>
            <input type="text" id="idCard" name="idCard" required>
            <br><br>
            <input type="submit" value="查询">
        </form>
        <?php
        if($_SERVER["REQUEST_METHOD"]==="POST"){
            $servername="192.168.10.111";
            $username="sysdba";
            $password="Abcd@0000";
            $port="5236";
            $idCard=$_POST["idCard"];
            try{
                $dsn="dm:host=$servername;port=$port;charset=utf8";
                $pdo=new PDO($dsn,$username,$password);
                $pdo->setAttribute(PDO::ATTR_ERRMODE,PDO::ERRMODE_EXCEPTION);
                $stmt=$pdo->prepare("SELECT get_person_info(:idCard) AS person_info FROM DUAL");
                $stmt->bindParam(":idCard",$idCard,PDO::PARAM_STR,18);
                $stmt->execute();
                $person_info=$stmt->fetchColumn();
                echo "<h3>查询结果:</h3>";
                echo "<p>".$person_info."</p>";
                $pdo=null;
            }catch(PDOException $e){
                echo "Error:".$e->getMessage();
            }
        }
        ?>
    </body>
</html>
```

(2) 完成 "dm_id_fun.php" 页面浏览,如图 6.42 所示。

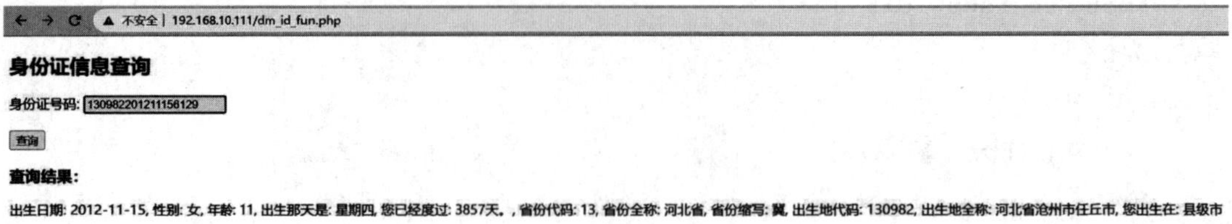

图 6.42　浏览 "dm_id_proc.php" 页面

6.4　课后提升

（1）使用 "1=1" 的逻辑方式，完成 SQL 的注入攻击。
（2）请在 SQL 中完成三角形的星号的输出。
（3）请在 SQL 中完成菱形的星号的输出。

7 模式对象与用户管理

在 DM8 数据库中,一个用户可以创建多个模式,一个模式中的对象(表、视图等)可以被多个用户使用。模式不是严格分离的,一个用户可以访问他所连接的数据库中有权限访问的任意模式中的对象。

7.1 教学目标

7.1.1 知识目标

(1) 了解模式对象定义及作用;
(2) 了解索引、视图、触发器的定义及作用;
(3) 掌握模式对象管理;
(4) 掌握用户管理。

7.1.2 能力目标

(1) 能够完成索引对象管理;
(2) 能够完成视图对象管理;
(3) 能够完成用户创建;
(4) 能够完成用户的管理;
(5) 能够完成用户的删除。

7.1.3 素质目标

(1) 具备自学能力,能够完成相关资料阅读;
(2) 具备获取信息,并利用信息的能力;
(3) 具备团队合作精神,相互帮助完成实操训练。

党的二十大报告指出,要强化数据等安全保障体系建设。索引、视图、触发器是数据库学习过程中都必须涉及的知识点,这些知识点在 DM8 数据库中,归属于模式对象管理。用户管理也是数据库中的重要内容,是实现数据库安全管理的重要部分。

7.2 课前自学

7.2.1 模式对象定义及作用

在 DM8 数据库中，模式对象是用来组织和管理数据库对象的容器。模式是一个命名空间，它可以包含表、视图、索引、存储过程、函数、触发器等数据库对象。

通过创建模式对象，可以将相关的数据库对象组织在一起，提高数据库的可管理性和可维护性。模式对象可以帮助对数据库进行逻辑分组，使得不同的对象归属于不同的模式，方便进行权限管理、备份和恢复操作。

模式对象还提供了一定的隔离性，不同模式中的对象可以有相同的名称而不会冲突，因为模式名称可以作为前缀来区分不同模式中的对象。这样可以避免在一个数据库中出现对象名称冲突的问题。

总之，模式对象在 DM8 数据库中用于组织和管理数据库对象，提供了逻辑上的分组和隔离，以及方便的权限管理和操作管理。

7.2.2 索引、视图、触发器的定义及作用

在 DM8 数据库中，索引、视图和触发器都有特定的作用。

索引是对数据库表中一列或多列的值进行排序的一种结构，使用索引可快速访问数据库表中的特定信息。它能加快查询速度，对更新少量数据可以提高更新速度，延迟插入。但是，数据库自动维护索引会增加数据库性能消耗，且索引会占用存储空间。

视图是一种虚拟表，其内容由查询定义。与包含数据的表不同，视图只包含使用时动态检索数据的查询，因此，视图并不包含数据。

触发器是一种特殊类型的存储过程，它在特定数据表上执行特定事件时自动执行。例如，在插入、更新或删除表中的行时，可以激活触发器来执行某些操作。

7.2.3 密码策略

密码策略可以为以下值，或任意组合：
0：无策略；
1：禁止与用户名相同；
2：口令长度不小于 9；
4：至少包含一个大写字母（A~Z）；
8：至少包含一个数字（0~9）；
16：至少包含一个标点符号（英文输入法状态下，除 "-" 和空格外的所有符号）。

若为其他数字，则表示以上设置值的和，如 3=1+2，表示同时启用第 1 项和第 2 项策略。当设置为 0 时，表示设置口令没有限制，但总长度不得超过 48 个字节。另外，若不指定该项，则默认采用系统配置文件中 PWD_POLICY 所设值。

7.3 课中实训

7.3.1 模式对象管理

模式对象管理是指对数据库中的模式对象进行创建、修改、删除、授权和查询等操作的过程。

模式对象管理是数据库管理的重要组成部分，它通过对模式对象进行有效的管理和操作，确保数据库的结构和数据的一致性、完整性和安全性。

以下操作如果没有特别说明，都是在"OTHER"模式下进行的操作。

7.3.1.1 索引对象管理

DM8 索引有以下几种：

（1）聚集索引：每一个普通表有且只有一个聚集索引。注意：在建表的时候要把主键选好，尽量不要对数据量非常大的表建立聚集索引。

（2）唯一索引：唯一索引可以保证表上不会有两行数据具有相同的值。注意：唯一索引可以保证表上不会有两行数据在键列上具有相同的值。

（3）函数索引：包含函数（表达式）的预先计算的值。

（4）位图索引：列上值的类型少，某一列值重复值比较多可以创建位图索引。

（5）复合索引：表中两个或两个以上的列一起建立索引。

（6）全文索引：在表中文本列上建索引。

在 DM8 数据库中，索引不一定需要具有唯一性。索引可以是唯一的，也可以是非唯一的。唯一索引是指索引数据根据索引键唯一，而非唯一索引则允许索引键重复。

在 DM8 数据库中，唯一性索引是需要指定的。在创建索引时可以指定该索引是否为唯一索引。如果要创建一个唯一索引，可以在创建索引的语句中使用"UNIQUE"关键字来指定该索引为唯一索引。

索引适用的场景包括：

（1）如果需要经常地检索大表中的少量的行，就为查询键创建索引；

（2）为了改善多个表的连接的性能，可为连接列创建索引；

（3）主键和唯一键自动具有索引，在外键上很多情况下也创建索引；

（4）小表不需要索引；

（5）列中的值相对比较唯一；

（6）取值范围大，适合建立索引；

（7）CLOB 和 TEXT 只能建立全文索引，BLOB 不能建立任何索引。

索引具有以下特点：

（1）索引是与表相关的一种结构，它能使对应于表的 SQL 语句执行得更快，因为索引能快速定位数据库。

（2）索引需要存储空间。建立或删除一个索引，不会影响基本表、数据库应用或其他索引。

（3）一个索引可以对应数据表的一个或者多个字段，每个字段设置索引结果排序方式，默认为按字段值递增排序（ASC），也可以为递增排序（DESC）。

（4）当插入、更改或者删除相关的表的行时，DM8 会自动管理索引。如果删除索引，所有的应用仍然继续工作，单访问数据速度会变慢。

（5）索引可以提高数据的查询效率，但也需要注意，索引会降低某些命令的执行效率，如 INSERT、UPDATE、DELETE 的性能，因为 DM8 不仅需要维护基表数据还要维护索引数据。

DM8 默认索引组织表，当建表语句未指定聚集索引键，DM8 的默认聚集索引键是 rowid，即记录默认以 rowid 在页面中排序。

DM8 提供三种方式供用户指定聚集索引键：

（1）cluster primary key；

（2）Cluster key；

（3）Cluster unique key。

1. 索引的创建

语法格式：

CREATE INDEX <索引文件名称> ON <表名(索引字段名称)>

[STORAGE(存储设置参数 1,存储设置参数 2,ON <表空间名称>)];

注意，上述语句为该索引明确地指定了几个存储设置和一个表空间。如果没有给索引指定存储选项，则 INITIAL 和 NEXT 等存储选项会自动使用表空间的默认存储选项。

示例 1：完成含有索引文件的“INDEX_TEMP1”数据表的创建。

要求：“SERIAL_NO”为序列号，是自增列，主键。学号（STUDENT_ID）、姓名（NAME）为可变字符型数据。以姓名（NAME）为索引关键字。

（1）完成“INDEX_TEMP1”数据表的创建，如图 7.1 所示。

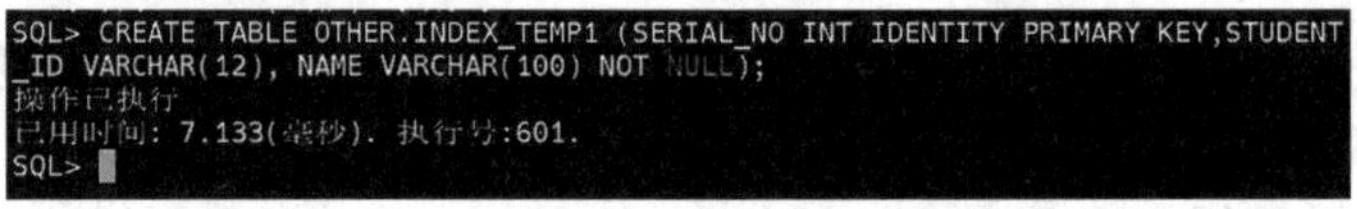

```
SQL> CREATE TABLE OTHER.INDEX_TEMP1 (SERIAL_NO INT IDENTITY PRIMARY KEY,STUDENT
_ID VARCHAR(12), NAME VARCHAR(100) NOT NULL);
操作已执行
已用时间: 7.133(毫秒). 执行号:601.
SQL>
```

图 7.1　创建“INDEX_TEMP1”数据表

命令行：CREATE TABLE OTHER. INDEX_TEMP1(SERIAL_NO INT IDENTITY PRIMARY KEY, STUDENT_ID VARCHAR(12), NAME VARCHAR(100)NOT NULL);

提示：当启用 UNIQUE 或者 PRIMARY KEY 约束时，系统就会创建一个对应的索引。

（2）以姓名（NAME）为索引关键字。完成“INDEX_TEMP1”数据表索引文件的创建，如图 7.2 所示。

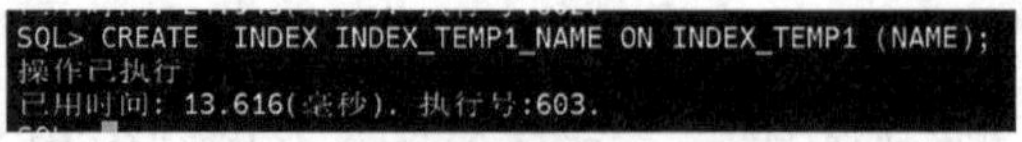

```
SQL> CREATE  INDEX INDEX_TEMP1_NAME ON INDEX_TEMP1 (NAME);
操作已执行
已用时间: 13.616(毫秒). 执行号:603.
```

图 7.2　创建“index idx_temp1_name”索引文件

命令行：CREATE　INDEX INDEX_TEMP1_NAME ON INDEX_TEMP1(NAME);

2. 索引文件的查询

语法格式：

SELECT * FROM DBA_INDEXES WHERE TABLE_NAME='<表名>';

查看 INDEX_TEMP1 数据表中是否含有索引文件，如图 7.3 所示。

图 7.3 查看 INDEX_TEMP1 数据表中是否含有索引文件

命令行：SELECT OWNER, INDEX_NAME, INDEX_TYPE, TABLE_OWNER, TABLE_NAME, TABLE_TYPE, UNIQUENESS FROM DBA_INDEXES WHERE TABLE_NAME='INDEX_TEMP1';

3. 索引的重建

语法格式：

ALTER INDEX <索引文件名称> REBUILD；

索引的重建一般适用于以下情况：

（1）对某个表发现查询效果下降，索引失效；

（2）表数据大幅度删除（20%以上）。

将 INDEX_TEMP1 数据表中的索引文件进行索引重建，如图 7.4 所示。

图 7.4 将 INDEX_TEMP1 数据表中索引文件进行重建

命令行：ALTER INDEX INDEX_TEMP1_NAME REBUILD；

4. 索引删除

删除索引一般是出于以下原因：

（1）不再需要该索引；

（2）该索引没有为针对其相关的表所发布的查询提供所期望的性能改善，例如，表可能很小，或者尽管表中有许多行但只有很少的索引项；

（3）应用没有用该索引来查询数据。

删除 INDEX_TEMP1 数据表中的"INDEX_TEMP1_NAME"索引文件，如图 7.5 所示。

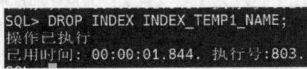

图 7.5 删除"INDEX_TEMP1_NAME"索引文件

命令行：DROP INDEX INDEX_TEMP1_NAME；

删除索引时，该索引必须包含在用户的模式中或用户必须具有 DROP ANY INDEX 数据库权限。索引删除之后，该索引的段的所有簇都返回给包含它的表空间，并可用于表空间中的其他对象。

提示：

（1）删除不存在的索引会报错。若指定 IF EXISTS 关键字，删除不存在的索引不会报错，如 DROP INDEX IF EXISTS INDEX_TEMP1_NAME1。

（2）不能直接删除与已启用的 UNIQUE KEY 键或 PRIMARY KEY 键约束相关的索引。要删除一个与约束相关的索引，必须停用或删除该约束本身。

（3）删除表就自动删除了所有与其相关的索引。

7.3.1.2 视图对象管理

1. 视图的优势

视图是关系数据库系统提供给用户以多种角度观察数据库中数据的重要机制，它简化了用户数据模型，提供了逻辑数据独立性，实现了数据共享和数据的安全保密。

视图是数据库技术中一个十分重要的功能。从系统实现的角度讲，视图是从一个或几个基表（或视图）导出的表，但它是一个虚表，即数据字典中只存放视图的定义（由视图名和查询语句组成），而不存放对应的数据，这些数据仍存放在原来的基表中。当对一个视图进行查询时，视图将查询其对应的基表，并且将所查询的结果以视图所规定的格式和次序进行返回。因此当基表中的数据发生变化时，从视图中查询出的数据也随之改变了。从用户的角度来讲，视图就像一个窗口，透过它可以看到数据库中用户感兴趣的数据和变化。当用户所需的数据是一张表的部分列、或部分行，或者数据分散在多个表中，那么就可以创建视图来将这些满足条件的行和列组织到一个表，而不需要修改表的属性，甚至创建新的表。这样不仅简化了用户的操作，还可以提高数据的逻辑独立性，实现数据的共享和保密。

用户可以对那些经常进行的查询建立相应视图，如果经常使用的查询语句较庞大，这样可以节省繁琐语句的书写。

由于视图没有直接相关的物理数据，所以不能被索引。

2. 视图的创建

语法格式：

create view <视图名称> as <select 子句>；

（1）已有数据表"STUDENT"，其数据表结构，如图 7.6 所示。

```
SQL> SELECT COLUMN_NAME, DATA_TYPE, DATA_LENGTH, NULLABLE FROM USER_TAB_COLUMNS WHERE TABLE_NAME = 'STUDENT ';
行号     COLUMN_NAME  DATA_TYPE  DATA_LENGTH  NULLABLE
---------- ---------- ---------- ----------- ----------
1          SERIAL_NO   INT        4            N
2          CLASS       VARCHAR    50           Y
3          ID          VARCHAR    18           Y
4          SEX         VARCHAR    2            Y
5          NAME        VARCHAR    100          N
6          STUDENT_ID  VARCHAR    12           Y

6 rows got
```

图 7.6 "STUDENT"数据表结构

命令行：SELECT COLUMN_NAME, DATA_TYPE, DATA_LENGTH, NULLABLE FROM USER_TAB_COLUMNS WHERE TABLE_NAME='STUDENT';

（2）已有数据表"SUBJECT"，其数据表结构，，如图7.7所示。

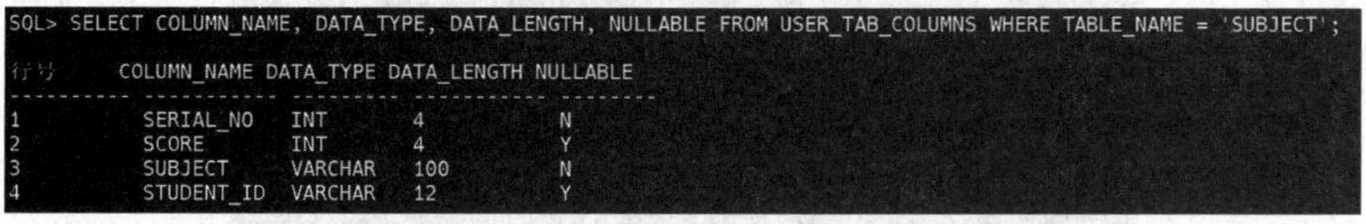

图7.7 "SUBJECT"数据表结构

命令行：SELECT COLUMN_NAME, DATA_TYPE, DATA_LENGTH, NULLABLE FROM USER_TAB_COLUMNS WHERE TABLE_NAME='SUBJECT';

（3）完成数据表"STUDENT""SUBJECT"的视图创建，如图7.8所示。

要求：两表通过"STUDENT_ID"进行内连接，完成"STUDENT_ID" "SUBJECT" "SCORE" "CLASS" "SEX" "ID" "NAME"字段内容的显示。视图名称"STUDENT_SUBJECT"。

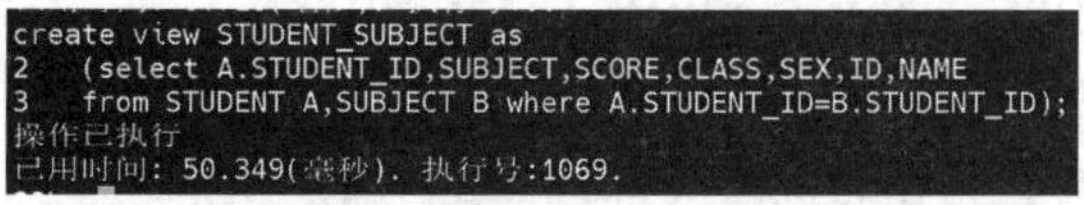

图7.8 创建"STUDENT_SUBJECT"的视图

命令行：create view STUDENT_SUBJECT as
(select A.STUDENT_ID, SUBJECT, SCORE, CLASS, SEX, ID, NAME
from STUDENT A, SUBJECT B where A.STUDENT_ID=B.STUDENT_ID);

（4）完成"STUDENT_SUBJECT"视图内容查看，如图7.9所示。

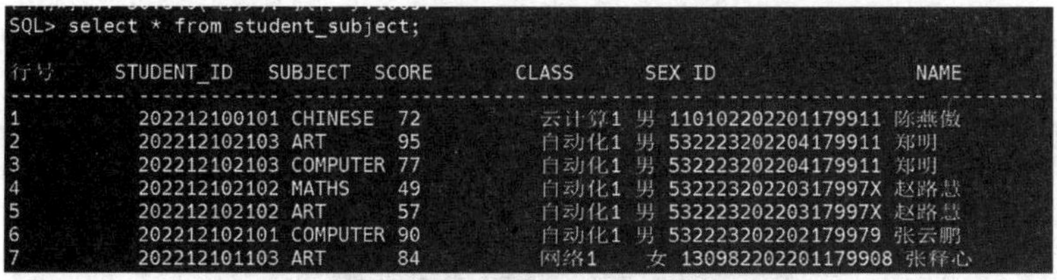

图7.9 查看"STUDENT_SUBJECT"的视图

命令行：select * from student_subject;

3. 视图的修改

语法格式：
CREATE OR REPLACE VIEW <视图名称> AS <select 子句>;

完成"STUDENT_SUBJECT"视图修改及查看，如图7.10所示。

要求：视图名称为"STUDENT_SUBJECT"，不允许显示"ID"字段。

```
CREATE OR REPLACE VIEW STUDENT_SUBJECT as
2   (select A.STUDENT_ID,SUBJECT,SCORE,CLASS,SEX,NAME
3   from STUDENT A,SUBJECT B where A.STUDENT_ID=B.STUDENT_ID);
操作已执行
已用时间: 625.485(毫秒). 执行号:1075.
SQL> select * from student_subject;

行号       STUDENT_ID   SUBJECT  SCORE        CLASS      SEX NAME
---------- ------------ -------- ----------- ---------- --- ------
1          202212100101 CHINESE  72            云计算1  男  陈燕傲
2          202212102103 ART      95            自动化1  男  郑明
3          202212102103 COMPUTER 77            自动化1  男  郑明
4          202212102102 MATHS    49            自动化1  男  赵路慧
5          202212102102 ART      57            自动化1  男  赵路慧
6          202212102101 COMPUTER 90            自动化1  男  张云鹏
7          202212101103 ART      84            网络1    女  张释心
8          202212101102 MATHS    80            网络1    男  张盛源
```

图 7.10　修改及查看“STUDENT_SUBJECT”的视图

命令行 1：CREATE OR REPLACE VIEW STUDENT_SUBJECT as
(select A. STUDENT_ID, SUBJECT, SCORE, CLASS, SEX, NAME
from STUDENT A, SUBJECT B where A. STUDENT_ID = B. STUDENT_ID);
命令行 2：select * from student_subject;

4. 视图的查询

命令行：SELECT VIEW_NAME　FROM USER_VIEWS;
功能：返回了当前模式下所有视图的名称。
示例：查看当前模式下所有的视图文件，如图 7.11 所示。

```
SQL> SELECT VIEW_NAME  FROM USER_VIEWS;

行号       VIEW_NAME
---------- ---------------
1            STUDENT_SUBJECT
```

图 7.11　查看当前模式下所有的视图文件

5. 视图的删除

语法格式：
DROP VIEW　<视图名称>;
示例：完成“STUDENT_SUBJECT”视图删除并进行查看，如图 7.12 所示。

```
SQL> DROP VIEW STUDENT_SUBJECT;
操作已执行
已用时间: 58.737(毫秒). 执行号:1080.
SQL> SELECT VIEW_NAME  FROM USER_VIEWS;
未选定行

已用时间: 1.413(毫秒). 执行号:1081.
```

图 7.12　删除“STUDENT_SUBJECT”视图并进行查看

命令行 1：DROP VIEW STUDENT_SUBJECT;
命令行 2：SELECT VIEW_NAME　FROM USER_VIEWS;
提示：在删除视图之前，应确保没有任何查询或其他数据库对象依赖于该视图。

7.3.1.3 触发器对象管理

触发器（TRIGGER）定义当某些与数据库有关的事件发生时，数据库应该采取的操作。

触发器是在相关的事件发生时由服务器自动地隐式激发的。触发器是激发它们的语句的一个组成部分，即直到一个语句激发的所有触发器执行完成之后该语句才结束，而其中任何一个触发器执行的失败都将导致该语句的失败，触发器所做的任何工作都属于激发该触发器的语句。

在 DM8 数据库中，可以使用 CREATE TRIGGER 语句来定义触发器。触发器是一种特殊的存储过程，它会在特定的数据库事件（如插入、更新或删除操作）发生时自动执行。

1. 触发器的创建

语法格式：
CREATE TRIGGER <触发器名称>
BEFORE <INSERT/UPDATE/DELETE> ON <[模式.]表名称>
FOR EACH ROW
BEGIN
    --触发器逻辑
END；
/

示例：在"STUDENT"表中完成触发器编写及测试。

要求：当插入的数据中性别（SEX）为空时，则触发器会自动将性别更改为"男"。触发器名称"STUDENT_T_INSERT"。

（1）完成"STUDENT"表中的触发器编写，如图 7.13 所示。

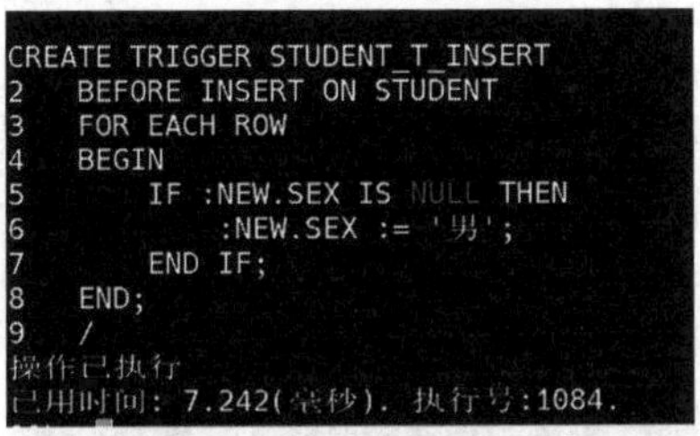

图 7.13　编写触发器"STUDENT_T_INSERT"

命令行：CREATE TRIGGER STUDENT_T_INSERT
BEFORE INSERT ON STUDENT
FOR EACH ROW
BEGIN
    IF :NEW.SEX IS NULL THEN
        :NEW.SEX :='男'；
    END IF；
END；
/

（2）进行“STUDENT_T_INSERT”触发器测试，如图 7.14 所示。

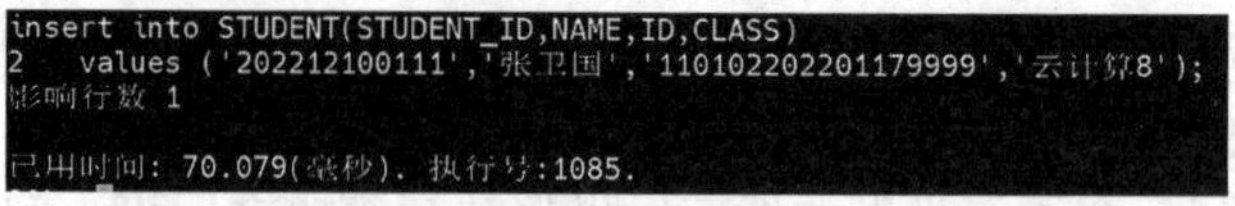

```
insert into STUDENT(STUDENT_ID,NAME,ID,CLASS)
2   values ('202212100111','张卫国','110102202201179999','云计算8');
影响行数 1

已用时间: 70.079(毫秒). 执行号:1085.
```

图 7.14　测试“STUDENT_T_INSERT”触发器

命令行：insert into STUDENT(STUDENT_ID,NAME,ID,CLASS)
values('202212100111','张卫国','110102202201179999','云计算 8');

（3）查看“STUDENT_T_INSERT”触发器结果，如图 7.15 所示。

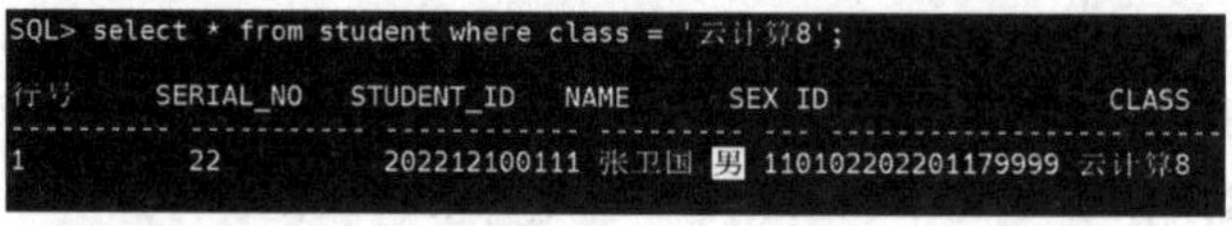

```
SQL> select * from student where class = '云计算8';

行号       SERIAL_NO   STUDENT_ID   NAME     SEX ID                  CLASS
---------- ----------- ------------ -------- --- ------------------ -----
1          22          202212100111 张卫国   男  110102202201179999 云计算8
```

图 7.15　查看“STUDENT_T_INSERT”触发器结果

命令行：select * from student where class='云计算 8';

2. 触发器的修改、禁用与启用

1）触发器的修改

语法格式：

```
CREATE OR REPLACE TRIGGER <触发器名称>
BEGIN
    --触发器逻辑
END;
/
```

（1）完成“STUDENT”表中的触发器改写，如图 7.16 所示。

要求：当插入的数据中姓名（NAME）为空时，则触发器会自动将姓名更改为“待定”。触发器名称“STUDENT_T_INSERT”。

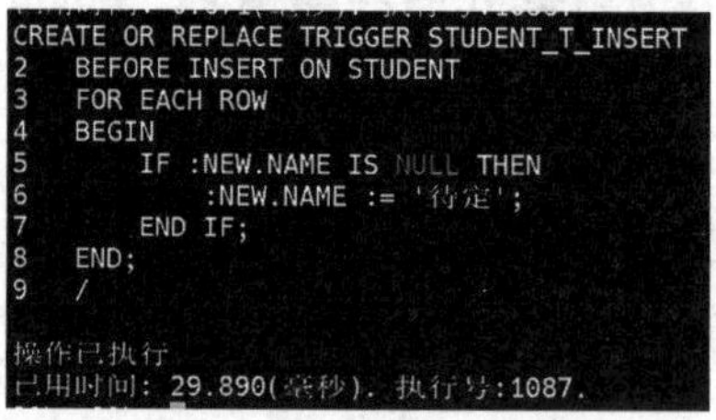

```
CREATE OR REPLACE TRIGGER STUDENT_T_INSERT
2   BEFORE INSERT ON STUDENT
3   FOR EACH ROW
4   BEGIN
5       IF :NEW.NAME IS NULL THEN
6           :NEW.NAME := '待定';
7       END IF;
8   END;
9   /

操作已执行
已用时间: 29.890(毫秒). 执行号:1087.
```

图 7.16　改写“STUDENT”表中的触发器

命令行：CREATE OR REPLACE TRIGGER STUDENT_T_INSERT
BEFORE INSERT ON STUDENT
FOR EACH ROW
BEGIN

```
        IF :NEW.NAME IS NULL THEN
            :NEW.NAME :='待定';
        END IF;
    END;
    /
```

（2）进行“STUDENT_T_INSERT”触发器测试，如图 7.17 所示。

```
insert into STUDENT(STUDENT_ID,SEX,ID,CLASS)
values ('202212100109','女','132903201201179988','云计算8');
2   影响行数 1

已用时间: 3.500(毫秒). 执行号:1088.
```

图 7.17　测试“STUDENT_T_INSERT”触发器

命令行：insert into STUDENT(STUDENT_ID,SEX,ID,CLASS)
values('202212100109','女','132903201201179988','云计算 8')；

（3）查看“STUDENT_T_INSERT”触发器结果，如图 7.18 所示。

```
SQL> select * from student where class = '云计算8';

行号       SERIAL_NO   STUDENT_ID    NAME       SEX ID                  CLASS
---------- ----------- ------------- ---------- --- ------------------ ------
1          22          202212100111  张卫国     男  110102202201179999 云计算8
2          23          202212100109  待定       女  132903201201179988 云计算8

已用时间: 0.725(毫秒). 执行号:1089.
```

图 7.18　查看“STUDENT_T_INSERT”触发器结果

命令行：select * from student where class='云计算 8'；

2）触发器的禁用与启用

语法格式：

ALTER TRIGGER <触发器名称> <ENABLE/DISABLE>；

一个触发器有两种不同的状态：

（1）启用（ENABLED）：处于开启状态的触发器在触发条件满足时，执行触发体。缺省状态下，新创建的触发器都处于开启状态。

（2）禁用（DISABLE）：处于禁止状态的触发器在触发条件满足时，也不会执行触发体。

示例：禁用“STUDENT_T_INSERT”触发器，如图 7.19 所示。

```
SQL> ALTER TRIGGER STUDENT_T_INSERT  DISABLE;
操作已执行
已用时间: 116.349(毫秒). 执行号:1090.
```

图 7.19　禁用“STUDENT_T_INSERT”触发器

命令行：ALTER TRIGGER STUDENT_T_INSERT　DISABLE；

用户要进行触发器的禁用与启用，必须满足以下条件：拥有该触发器且有 ALTER ANY TRIGGER 权限。

3. 触发器的查询

命令行：SELECT TRIGGER_NAME FROM USER_TRIGGERS；

功能：返回了当前模式下所有触发器的名称。

示例：查看当前模式下所有的触发器名称，如图 7.20 所示。

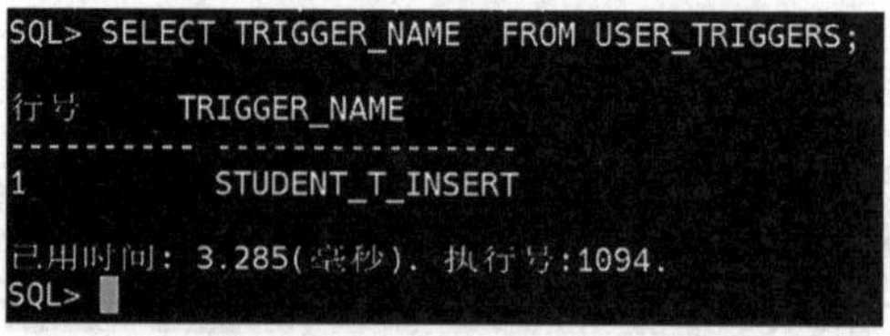

图 7.20 查看当前模式下所有的触发器名称

4. 触发器的删除

语法格式：

DROP TRIGGER <触发器名称>；

示例：完成"STUDENT_T_INSERT"触发器删除并进行查看，如图 7.21 所示。

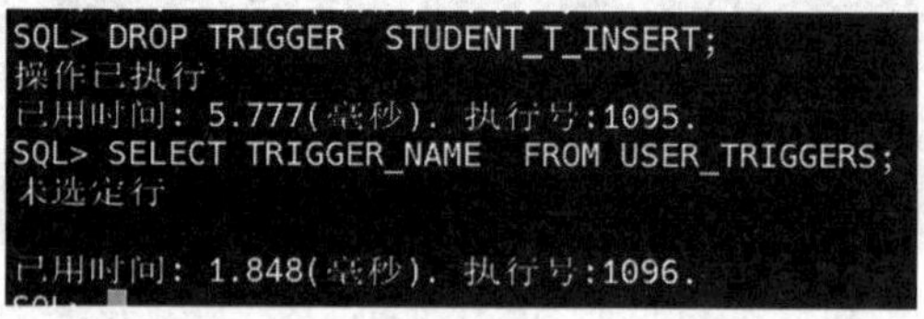

图 7.21 删除"STUDENT_T_INSERT"触发器并进行查看

命令行 1：DROP TRIGGER STUDENT_T_INSERT；

命令行 2：SELECT TRIGGER_NAME FROM USER_TRIGGERS；

提示：在删除触发器之前，应该确保没有任何查询或其他数据库对象依赖于该触发器，且具有足够的权限。

7.3.2 用户管理

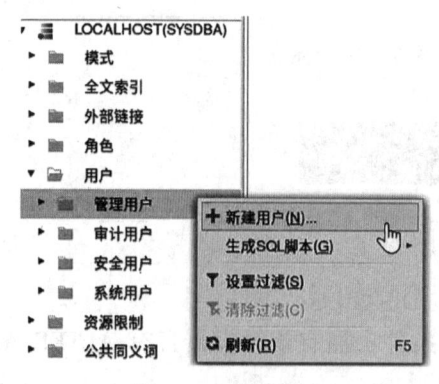

图 7.22 新建用户

7.3.2.1 视窗下用户的管理

以下操作都是以"SYSDBA"用户身份，登录到"DM 管理工具"中实现的。

1. 用户的创建

（1）依次选择"用户""管理用户"，鼠标右键单击，在弹出的快捷菜单中，选中"新建用户"选项，如图 7.22 所示。

（2）在"常规"选项中，完成用户名输入，密码策略选择后的密码输入及确认，如图 7.23 所示。

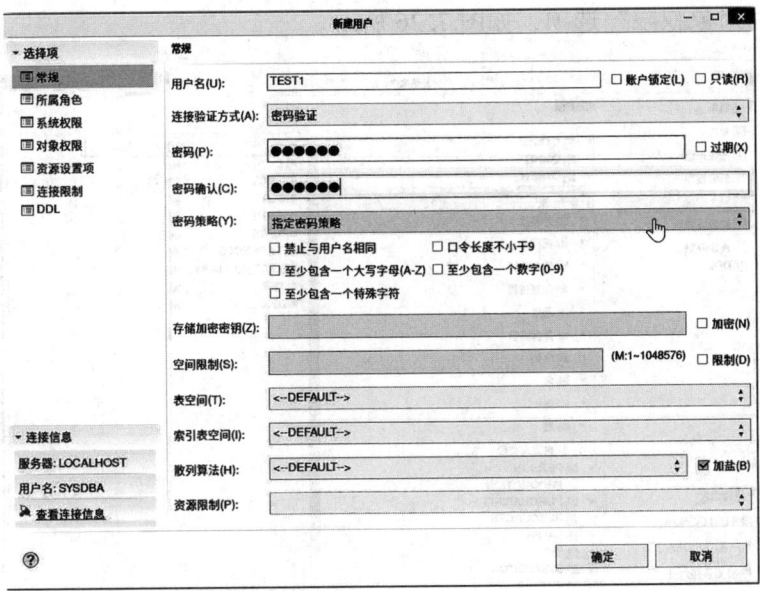

图 7.23 输入"常规"选项信息

(3) 完成"所属角色"选项，如图 7.24 所示。

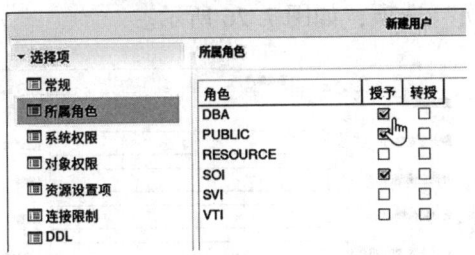

图 7.24 确定"所属角色"选项信息

(4) 完成"系统权限"选项，如图 7.25 所示。

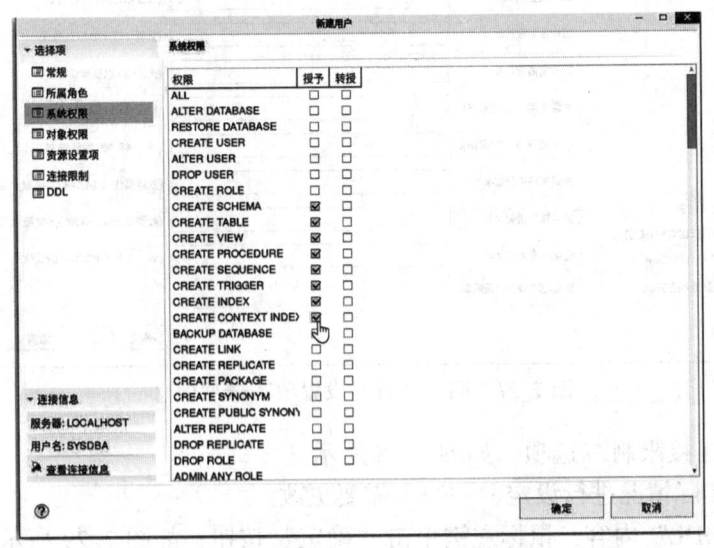

图 7.25 确定"系统权限"选项信息

(5)完成"对象权限"选项,如图7.26所示。

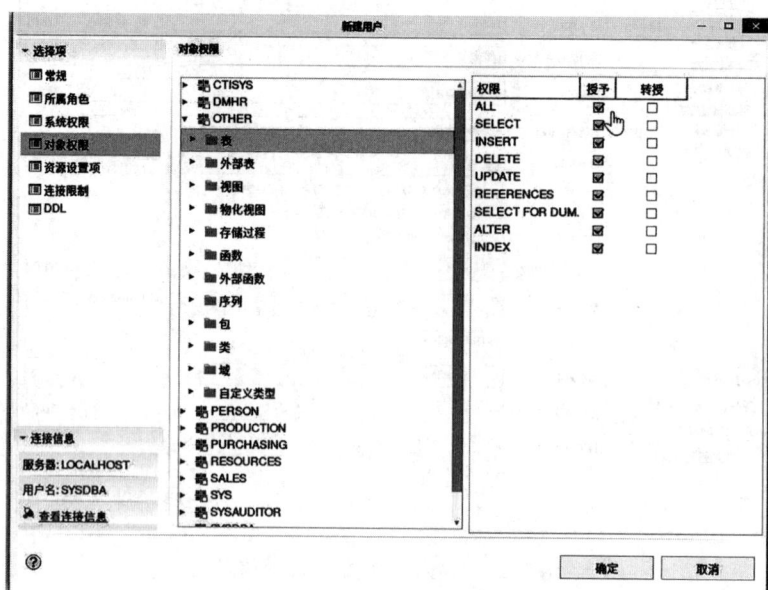

图7.26 确定"对象权限"选项信息

(6)完成"资源设置项"选项,如图7.26所示。

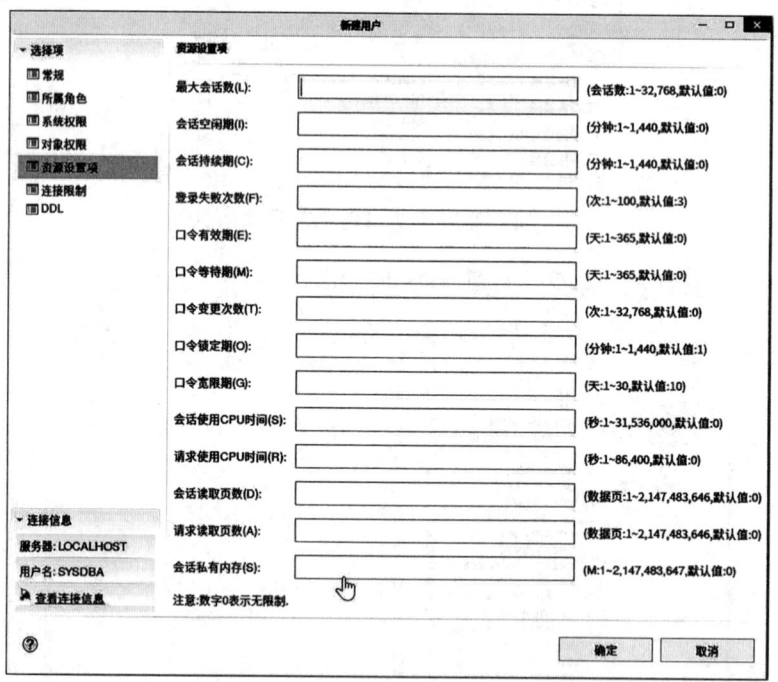

图7.27 确定"资源设置项"选项信息

(7)完成"连接限制"选项,如图7.28所示。
提示:根据实际情况进行设定,一般不需要更改。
(8)查看"DDL"内容,鼠标左键单击"确定"按钮,如图7.29所示。

7 模式对象与用户管理

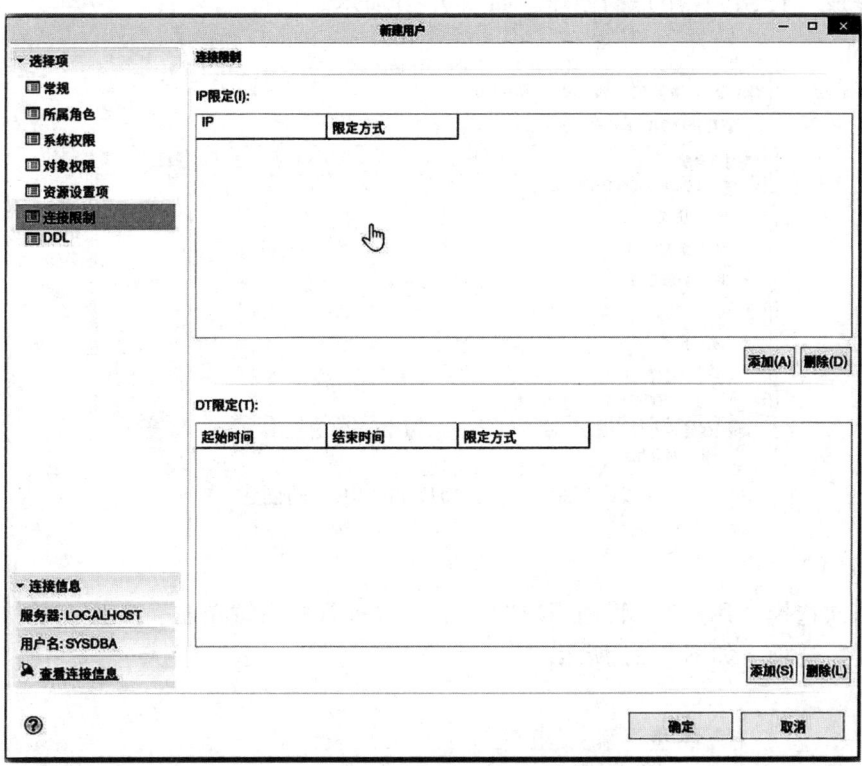

图 7.28 完成"连接限制"选项信息

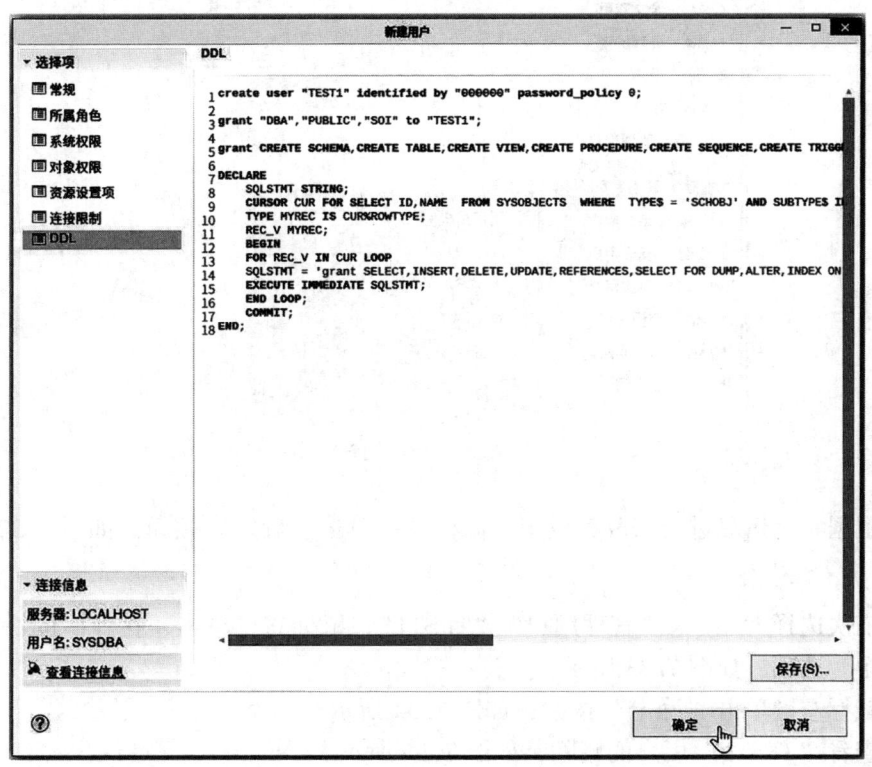

图 7.29 查看"DDL"内容并确定

(9) 完成"TEST1"用户的创建,如图7.30所示。

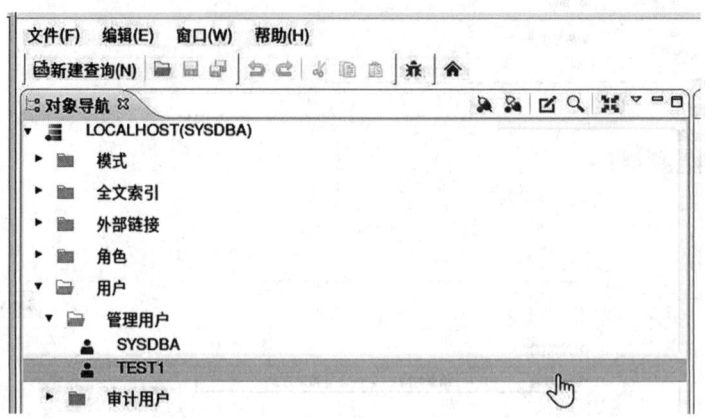

图 7.30 完成"TEST1"用户的创建

2. 用户的修改

(1) 依次选择"用户""管理用户""TEST1",鼠标右键单击,在弹出的快捷菜单中,选中"修改"选项,如图7.31所示。

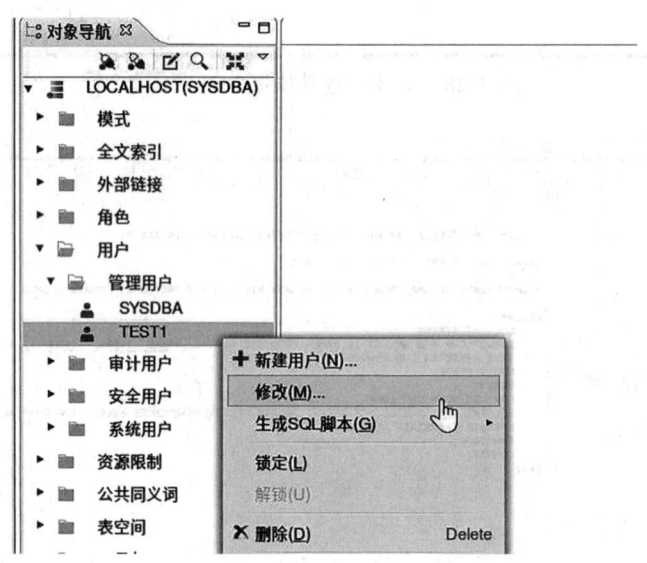

图 7.31 修改用户

(2) 根据实际情况进行修改、设定。鼠标左键单击"确定"按钮,如图7.32所示。

3. 用户的删除

(1) 依次选择"用户""管理用户""TEST1",鼠标右键单击,在弹出的快捷菜单中,选中"删除"选项,如图7.33所示。

(2) 鼠标左键单击"确定"按钮,如图7.34所示。

(3) 查看"TEST1"用户的删除,如图7.35所示。

7 模式对象与用户管理

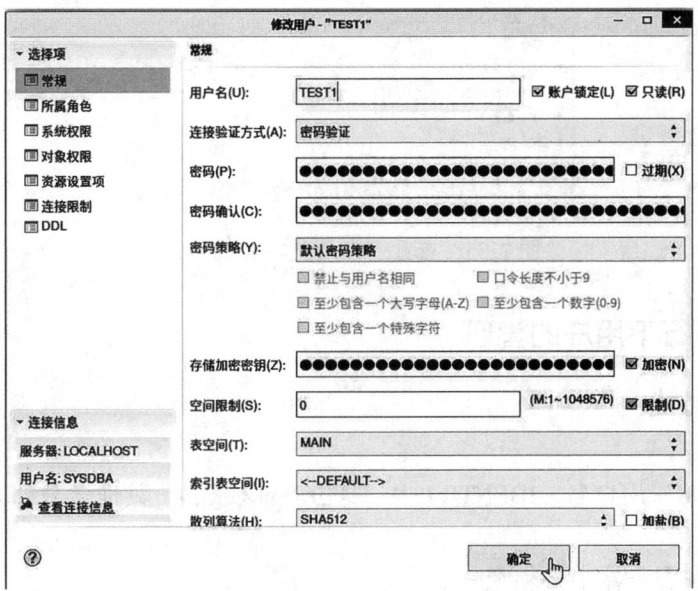

图 7.32 完成"TEST1"用户的修改

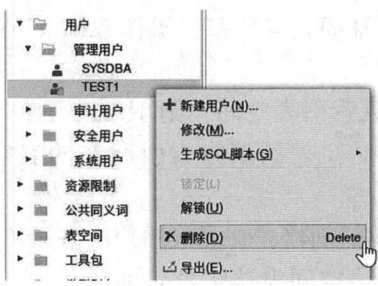

图 7.33 删除用户

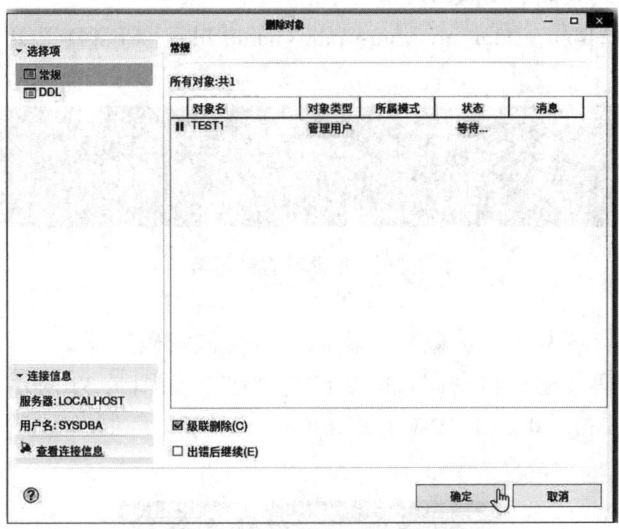

图 7.34 确定删除"TEST1"用户

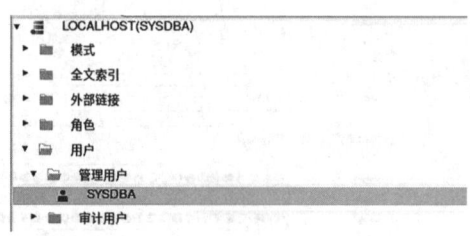

图 7.35 查看"TEST1"用户的删除

7.3.2.2 命令行下用户的管理

1. 用户的创建

语法格式：

CREATE USER <用户名> IDENTIFIED <身份验证模式> [其他参数列表]

注意：

(1) 用户名在服务器中必须唯一。

(2) 用户名称最大长度 128 字节。

(3) 系统在创建用户时，必须指定一种身份验证模式：<数据库身份验证模式>或者<外部身份验证模式>，外部身份验证模式支持基于操作系统（OS）的身份验证、LDAP 身份验证和 KERBEROS 身份验证。

(4) 如果没有指定用户默认索引表空间，则 HUGE 表的索引缺省存储在用户的默认表空间中，普通表的索引缺省存储在表的聚集索引所在的表空间中。临时表的索引永远在 TEMP 表空间；

示例：完成"TEST1"用户的创建，并完成用户的登录测试。

要求：密码为"000000"，表空间为默认表空间。

根据题目要求，口令策略需要为"0"，首先完成当前用户口令策略的查看。

(1) 查看当前密码策略，如图 7.36 所示。

命令行：select * from v$dm_ini where para_name like '%PWD_POLICY';

图 7.36 查看当前密码策略

提示：当前密码策略为"2"，新用户密码不符合该密码策略。

(2) 修改当前密码策略，将密码策略更改为"0"，如图 7.37 所示。

命令行：sp_set_para_value(1,'PWD_POLICY','0');

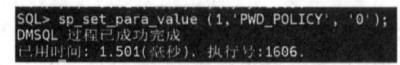

图 7.37 修改当前密码策略

提示：由于密码策略的重要性，不推荐随意更改密码策略。即使更改了，也建议尽量更改回来。

（3）完成"test1"用户创建，如图 7.38 所示。

命令行：CREATE USER test1 IDENTIFIED BY 000000 DEFAULT TABLESPACE main；

图 7.38　完成"test 1"用户创建

（4）完成"test1"用户登录测试，如图 7.39 所示。

图 7.39　完成"test 1"登录测试

2. 用户的管理

1）用户权限管理

授予或撤销用户对数据库对象（如表、视图、存储过程）的访问和操作权限。这包括控制用户的读取、写入、修改和删除数据的能力。

示例 1：授予用户"TEST1"对模式"OTHER"下的数据表"STUDENT"的读取权限，如图 7.40 所示。

命令行：GRANT SELECT ON other. student TO test1；

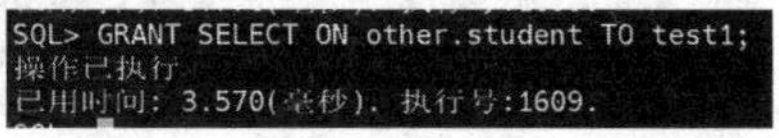

图 7.40　授予"OTHER"下的数据表"STUDENT"的读取权限

示例 2：授予用户"TEST1"对模式"OTHER"下的数据表"STUDENT"的写入、修改和删除数据权限，如图 7.41 所示。

命令行：GRANT INSERT，UPDATE，DELETE ON other. student TO test1；

图 7.41　授予"OTHER"下的数据表"STUDENT"的写入、修改和删除权限

示例 3：撤销用户"TEST1"对模式"OTHER"下的数据表"STUDENT"的所有权限，如图 7.42 所示。

命令行：REVOKE ALL ON other. student FROM test1；

```
SQL> REVOKE ALL ON other.student FROM test1;
操作已执行
已用时间: 48.763(毫秒). 执行号:1611.
```

图 7.42　撤销对数据表 "STUDENT" 的所有权限

2) 用户角色管理

定义和分配角色给用户。角色是一组权限的集合，可以简化权限管理并提高安全性。

示例：完成 "manager" 角色创建，并完成将角色给 "TEST1" 用户的分配。

（1）创建 "manager" 的角色，如图 7.43 所示。

命令行：create role manager;

```
SQL> create role manager;
操作已执行
已用时间: 21.623(毫秒). 执行号:1612.
```

图 7.43　创建 "manager" 的角色

（2）为角色 "manager" 授予创建表、创建视图和创建索引的权限，如图 7.44 所示。

命令行：grant create table, create view, create index to manager;

```
SQL> grant create table, create view, create index to manager;
操作已执行
已用时间: 1.569(毫秒). 执行号:1613.
```

图 7.44　分配 "manager" 角色权限

（3）将 "manager" 角色分配给用户 "test1"，如图 7.45 所示。

命令行：grant manager to test1;

```
SQL> grant manager to test1;
操作已执行
已用时间: 34.904(毫秒). 执行号:1614.
```

图 7.45　将 "manager" 角色分配给用户 "test1"

提示：在 DM8 数据库中，可以使用 "REVOKE" 语句来撤销用户的角色。例如，要将用户 "test1" 的 "manager" 角色取消，可以使用以下语句：

REVOKE manager FROM test1;

3) 用户账户状态管理

用户账户状态管理包括禁用（或锁定）、激活用户账户，修改用户密码，以控制用户对数据库的访问权限。

在 DM8 数据库中，可以使用 "ALTER USER" 语句来管理用户账户状态。例如，要激活用户 "test1" 的账户，可以使用以下语句：

示例 1：禁用 "test1" 的账户，如图 7.46 所示。

```
SQL> ALTER USER test1 ACCOUNT LOCK;
操作已执行
已用时间: 4.806(毫秒). 执行号:1615.
```

图 7.46　禁用 "test1" 的账户

命令行：ALTER USER test1 ACCOUNT LOCK；

示例 2：激活 "test1" 的账户，如图 7.47 所示。

命令行：ALTER USER test1 ACCOUNT UNLOCK；

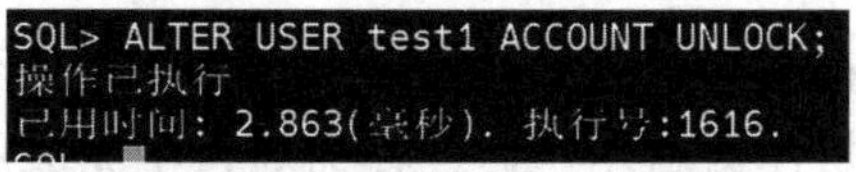

图 7.47 激活 "test1" 的账户

示例 3：修改 "test1" 用户密码，如图 7.48 所示。

命令行：alter user test1 identified by 111111；

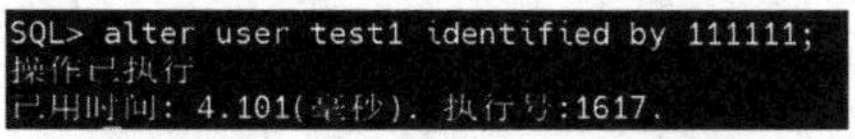

图 7.48 修改 "test1" 用户密码

3. 用户的删除

语法格式：

DROP USER [IF EXISTS] <用户名> [RESTRICT | CASCADE]；

功能：删除指定用户。

注意：

(1) 系统自动创建的三个系统用户 SYSDBA、SYSAUDITOR 和 SYSSSO 不能被删除。

(2) 具有 DROP USER 权限的用户即可进行删除用户操作。

(3) 执行此语句将导致 DM8 删除数据库中该用户建立的所有对象，且不可恢复。如果要保存这些实体，使用 "REVOKE" 语句。

(4) 删除不存在的用户会报错。若指定 IF EXISTS 关键字，删除不存在的用户，不会报错。

(5) 如果未使用 CASCADE 选项，若该用户建立了数据库对象（如表、视图、过程或函数），或其他用户对象引用了该用户的对象，或在该用户的表上存在其它用户建立的视图，DM8 将返回错误信息，进而不能删除此用户。

(6) 如果使用了 CASCADE 选项，除数据库中该用户及其创建的所有对象被删除外，如果其他用户创建的表引用了该用户表上的主关键字或唯一关键字，或者在该表上创建了视图，DM8 还将自动删除相应的引用完整性约束及视图依赖关系。

(7) 正在使用中的用户可以被删除，删除后重登录或者做操作会报错。

示例：删除 "test1" 的账户，如图 7.49 所示。

命令行：DROP USER IF EXISTS test1 CASCADE；

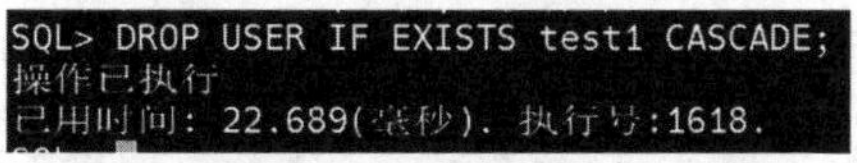

图 7.49 删除 "test1" 的账户

7.4 课后提升

(1) 请用自己姓名的简拼作视图名称，在命令行中完成视图管理的操作。
(2) 请用自己姓名的简拼作为新用户名，在命令行中完成用户管理的若干操作。
(3) 在页面中通过输入框，完成数据表字段的判断。

8 备份还原操作

在 DM8 数据库中，备份和还原操作具有重要的现实意义。它们能够防止数据丢失或损坏，确保数据库实例的可靠性和安全性。

备份和还原操作还可以在进行数据库升级、迁移或其他维护操作时保护数据安全。在进行这些操作之前，可以先对数据库实例进行备份，以便在发生意外情况时能够快速恢复数据。

8.1 教学目标

8.1.1 知识目标

（1）了解备份的概念；
（2）了解还原的概念；
（3）掌握 DM8 中备份操作；
（4）掌握 DM8 中还原操作。

8.1.2 能力目标

（1）能够完成冷备份；
（2）能够完成热备份；
（3）能够完成还原操作。

8.1.3 素质目标

（1）具备自学能力，能够完成相关资料阅读；
（2）具备获取信息，并利用信息的能力；
（3）具备团队合作精神，相互帮助完成实操训练。

8.2 课前自学

8.2.1 备份

备份就是数据库在某个时间点做的副本，将数据库实例的数据文件、控制文件和日志文件复制到一个安全的位置，以便在发生数据丢失或损坏时进行恢复。

从数据库状态来区分，备份分为冷备份和热备份。冷备份也叫脱机备份，是数据库在关闭状态下进行的备份；热备份也叫联机备份，数据库在运行状态下产生的备份。

从备份的内容和形式来区分，备份分为物理备份和逻辑备份。物理备份，备份的是使用过、有效的数据页；逻辑备份，备份的是数据库对象，例如表、视图、索引等。物理备份通常用于对整个数据库实例进行备份，它能够快速恢复整个数据库实例。逻辑备份则是指使用数据库实例中的数据导出工具，将数据导出为逻辑格式，以便在需要时进行恢复。逻辑备份通常用于对数据库实例中的特定数据进行备份，它能够灵活地恢复特定的数据。

从备份的范围和时间来区分，备份又分为完全备份和增量备份。完全备份，备份的是整个库的所有数据库，或者是某个表空间的所有数据；增量备份，备份的是上一次完全备份或增量备份后，只备份修改过的数据页。

8.2.2 还原

还原是备份的逆过程，即读取备份的元数据文件，将备份文件重组生成至数据库文件对应的路径下。

还原时需要校验备份集是否有效，同时校验还原库的建库参数是否与备份库相匹配，删除还原库中所有数据文件。

根据备份信息中记录的数据文件信息，调整目录后，在还原库中重建，并将备份片中数据页经过必要的解密或解压缩后，按原样写到新的数据文件中，更新、还原库中的必要信息。

8.2.3 恢复

恢复是指使用备份文件和日志文件来修复损坏的数据，使数据库实例能够正常运行的还原操作。恢复分为以下几种：

（1）完全恢复：应用所有归档日志至数据库最新的状态；

（2）不完全恢复：不应用归档日志，或应用部分归档日志，没有将数据库恢复至最新状态。

8.2.4 备份、还原、恢复的关系

备份是为了防止数据丢失或损坏而进行的导出操作；还原是将备份文件还原到数据库实例中的导入操作。备份具有时间滞后性，恢复则是使用备份文件和日志文件来修复损坏的数据，具有较强的时效性。

备份、还原、恢复的关系，如图 8.1 所示。

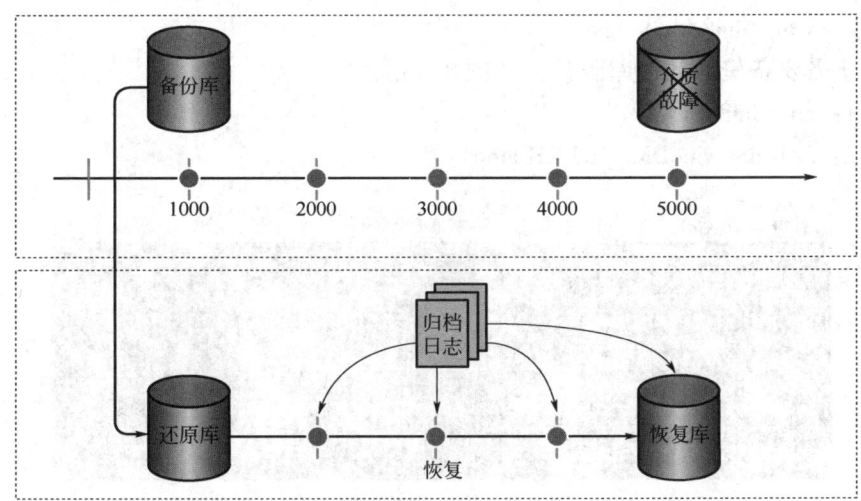

图 8.1　备份、还原、恢复的关系

8.3　课中实训

8.3.1　备份

以下命令行操作如果没有特别指明，都是指在麒麟系统桌面中的"终端"中进行的，并非是远程端登录后的命令行界面。

注意登录账户为"dmdba"，并不是账户"root"。

8.3.1.1　冷备份

1. 使用"console（控制台）"进行备份

（1）完成"dm8_back"备份目录的创建，如图 8.2 所示。

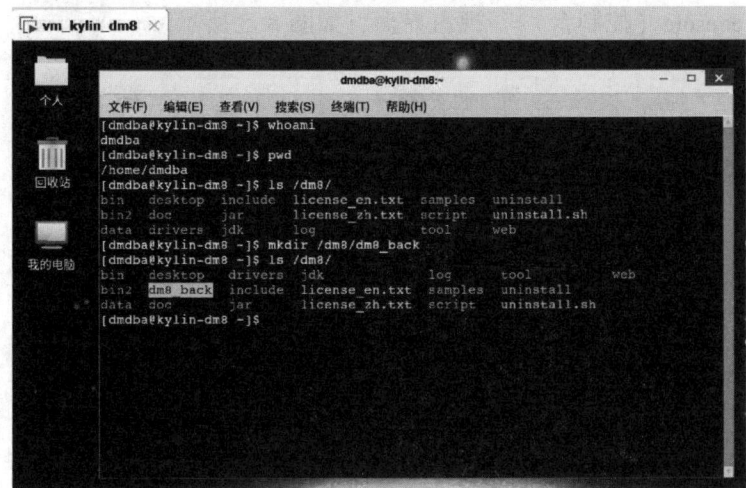

图 8.2　创建"dm8_back"备份目录

命令行：mkdir /dm8/dm8_back

（2）停止需要备份的数据库服务，如图 8.3 所示。

命令行 1：cd /dm8/bin

命令行 2：./DmServiceDMSERVER stop

图 8.3　停止数据库服务

（3）启动"console"服务，如图 8.4 所示。

命令行 1：cd /dm8/tool/

命令行 2：./console

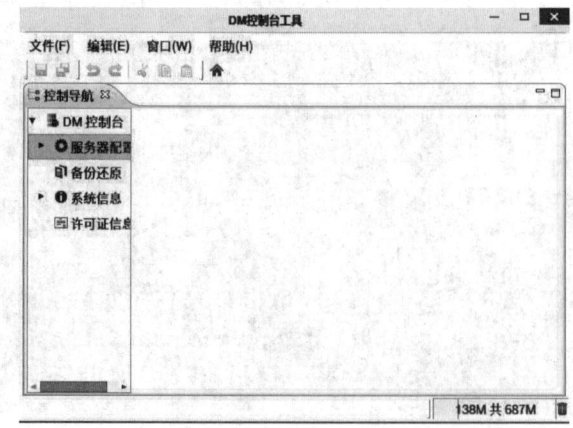

图 8.4　启动"console"服务

（4）进入"console（控制台）"视窗界面，如图 8.5 所示。

（5）鼠标左键单击选中左侧"备份还原"标签，鼠标左键单击右侧"新建备份（K）"按钮，如图 8.6 所示。

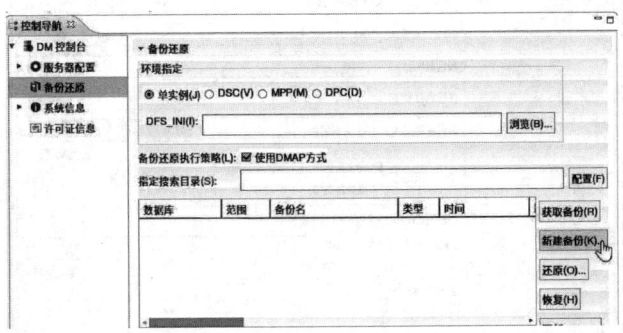

图 8.6 新建备份

（6）鼠标左键单击右侧"浏览（C）"按钮，如图 8.7 所示。

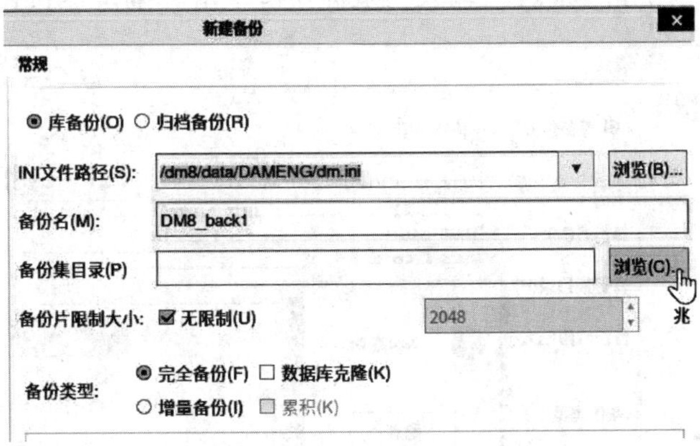

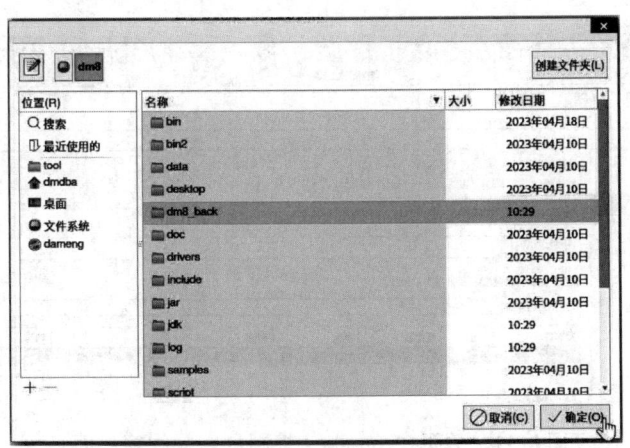

图 8.7 浏览备份集目录

（7）鼠标左键单击左侧"文件系统"图标，在右侧树形列表中找到"dm8_back"目录，鼠标左键单击"确定"按钮，如图 8.8 所示。

图 8.8 选定"dm8_back"目录

（8）完成备份名"DM8_back1"输入，鼠标左键单击"确定"按钮，如图 8.9 所示。

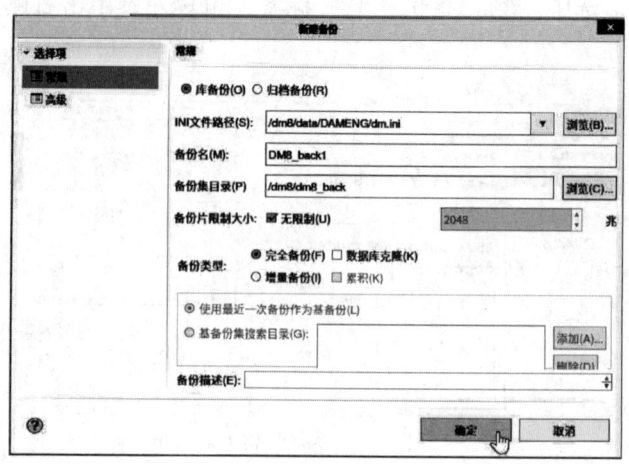

图 8.9　确定备份名

（9）完成备份名"DM8_back1"输入，鼠标左键单击"确定"按钮，如图 8.10 所示。

图 8.10　备份成功

（10）鼠标左键单击右上方"关闭"按钮，如图 8.11 所示。

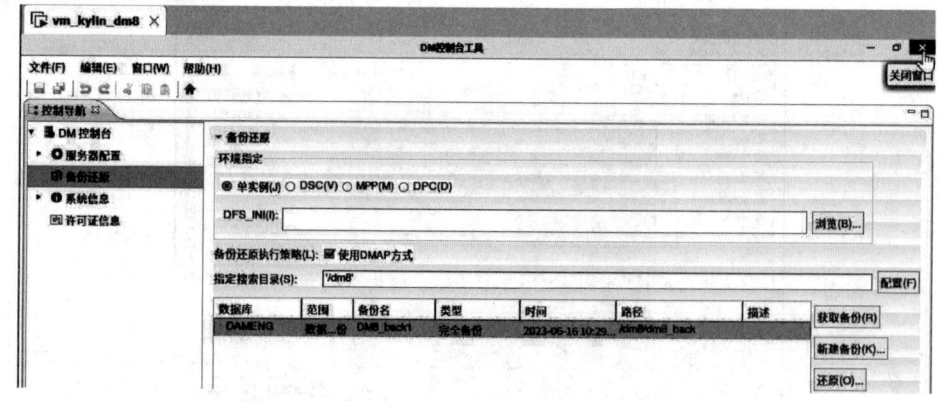

图 8.11　关闭"console（控制台）"视窗界面

（11）退出"console（控制台）"服务后的命令行界面，如图 8.12 所示。

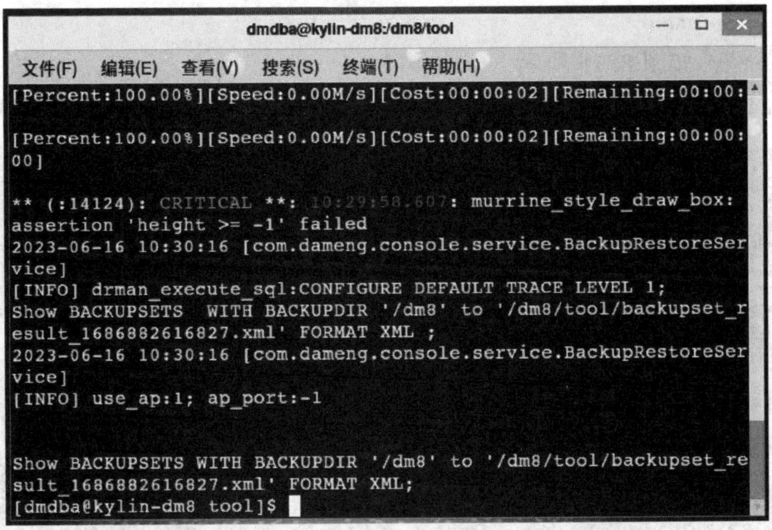

图 8.12 退出"console（控制台）"服务后的界面

2. 使用"DMRMAN"进行备份

提示：冷备份时务必确认"DmServiceDMSERVER"服务处于停止状态。

DMRMAN 是 DM8 的脱机备份还原管理工具，由它来统一负责库级脱机备份、脱机还原、脱机恢复等相关操作。该工具支持命令行指定参数方式和控制台交互方式执行。

（1）完成"dm8_back2"备份目录的创建，如图 8.13 所示。

命令行：mkdir /dm8/dm8_back2

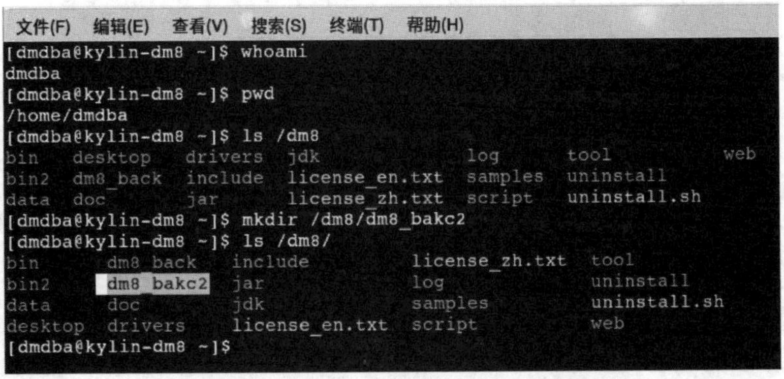

图 8.13 创建"dm8_back2"备份目录

（2）启动"dmrman"服务，如图 8.14 所示。

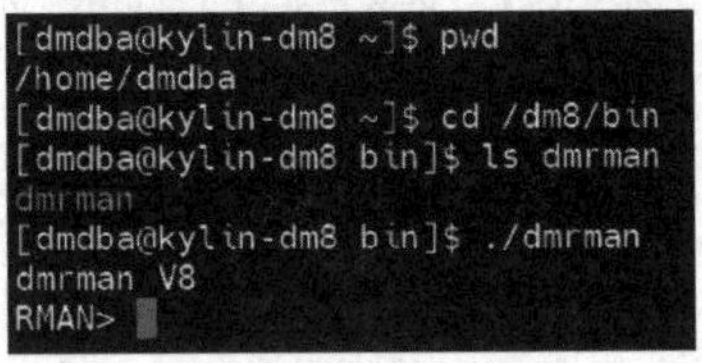

图 8.14 启动"dmrman"服务

命令行 1：cd /dm8/bin/

命令行 2：./dmrman

(3) 完成备份，如图 8.15 所示。

命令行：backup database '/dm8/data/DAMENG/dm.ini' backupset '/dm8/dm8_back2';

```
RMAN> backup database '/dm8/data/DAMENG/dm.ini' backupset '/dm8/dm8_back2'
;
backup database '/dm8/data/DAMENG/dm.ini' backupset '/dm8/dm8_back2';
file dm.key not found, use default license!
Database mode = 0, oguid = 0
Normal of FAST
Normal of DEFAULT
Normal of RECYCLE
Normal of KEEP
Normal of ROLL
EP[0]'s cur_lsn[78802], file_lsn[78802]
Processing backupset /dm8/dm8_back2

[Percent:100.00%][Speed:0.00M/s][Cost:00:00:02][Remaining:00:00:00]
backup successfully!
time used: 00:00:03.500
RMAN>
```

图 8.15　完成备份

(4) 退出 “dmrman” 服务，如图 8.16 所示。

命令行：exit

```
backup successfully!
time used: 00:00:03.500
RMAN> exit
time used: 0.645(ms)
[dmdba@kylin-dm8 bin]$ pwd
/dm8/bin
[dmdba@kylin-dm8 bin]$
```

图 8.16　退出 “dmrman” 服务

(5) 查看备份目录 “dm8_back2” 文件列表，如图 8.17 所示。

命令行：ls /dm8/dm8_back2/

```
[dmdba@kylin-dm8 bin]$ ls /dm8/dm8_back2/
dm8_back2.bak  dm8_back2.meta
[dmdba@kylin-dm8 bin]$
```

图 8.17　查看备份目录 “dm8_back2” 文件列表

8.3.1.2　热备份

1. 使用 “DM 管理工具（manager）” 进行备份

(1) 完成 “dm8_arch1” 归档目录的创建，如图 8.18 所示。

命令行：mkdir /dm8/dm8_arch1

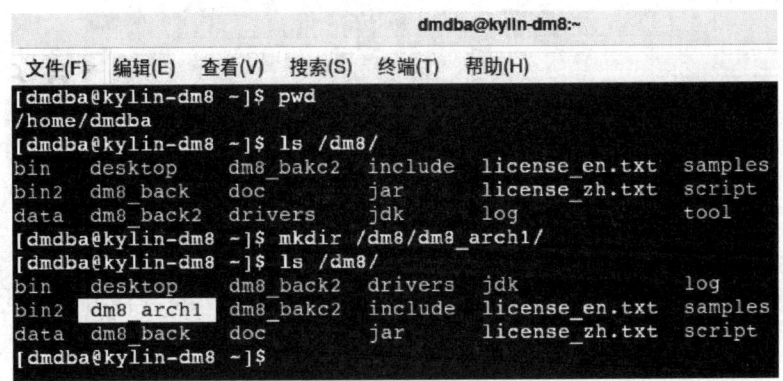

图 8.18　创建"dm8_arch1"归档目录

（2）务必保证需要备份的数据库服务处于运行状态，如图 8.19 所示。
命令行 1：cd /dm8/bin
命令行 2：./DmServiceDMSERVER start

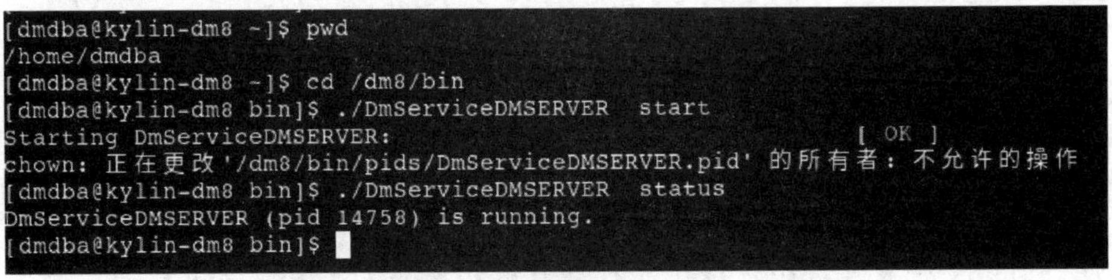

图 8.19　启动数据库服务

（3）启动"DM 管理工具（manager）"服务，如图 8.20 所示。
命令行 1：cd /dm8/tool/
命令行 2：./manager

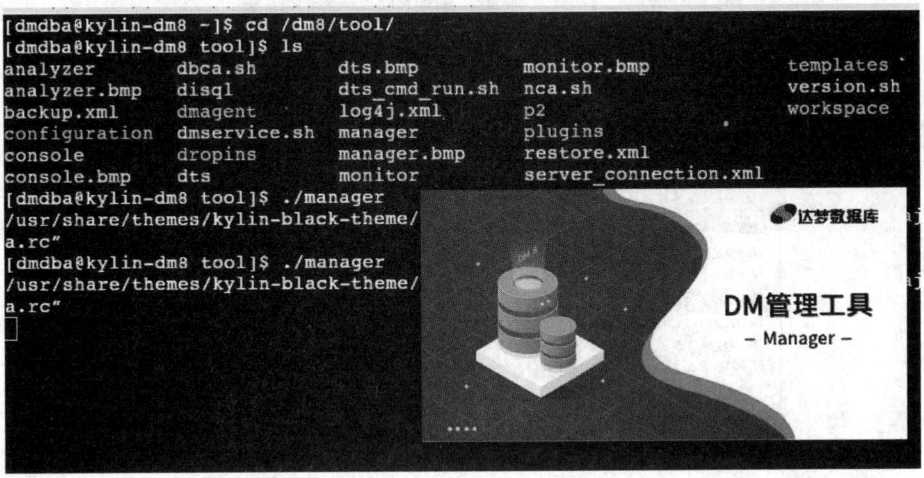

图 8.20　启动数据库服务

(4) 完成口令输入，鼠标左键单击"确定"按钮，如图 8.21 所示。

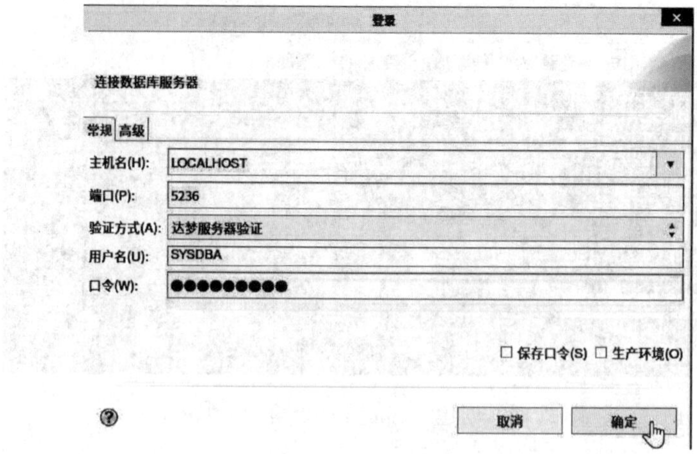

图 8.21 连接数据库

(5) 鼠标左键单击选中"LOCALHOST（SYSDBA）"图标，鼠标右键单击，在弹出的快捷菜单中选中"管理服务器（M）"选项，如图 8.22 所示。

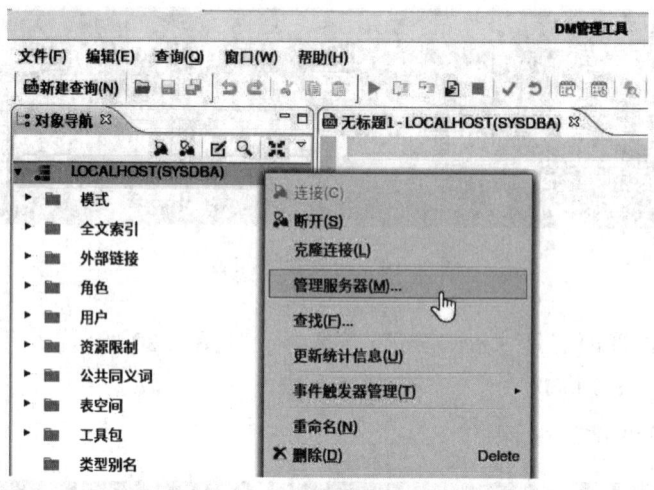

图 8.22 选中"管理服务器"选项

(6) 鼠标左键单击选中左侧"系统管理"图标，在右侧，鼠标左键单击选中"配置"选项，之后鼠标左键单击"转换"按钮，如图 8.23 所示。

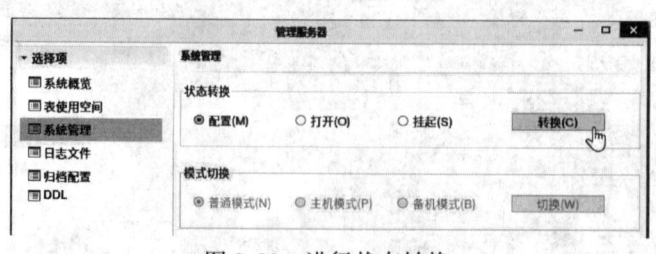

图 8.23 进行状态转换

(7) 鼠标左键单击"确定"按钮，如图 8.24 所示。

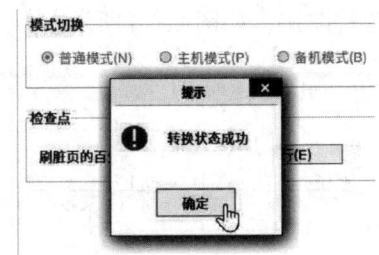

图 8.24　成功转换状态

（8）鼠标左键单击选中左侧"归档配置"图标。在右侧，鼠标左键单击选中"归档"选项，之后鼠标左键单击"➕"按钮，如图 8.25 所示。

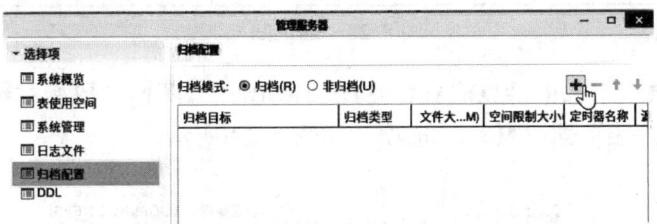

图 8.25　进行归档配置

（9）鼠标左键单击双击"归档目标"下空白处，在出现归档目标输入框时，鼠标左键单击"▭"图标，如图 8.26 所示。

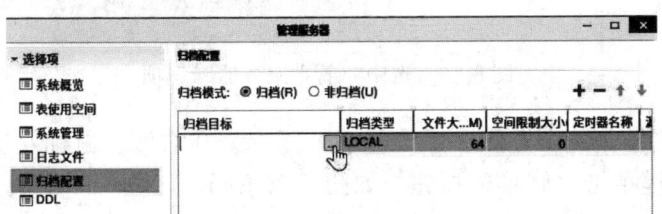

图 8.26　确定归档目标

（10）完成归档目录的选定，鼠标左键单击"确定"按钮，如图 8.27 所示。

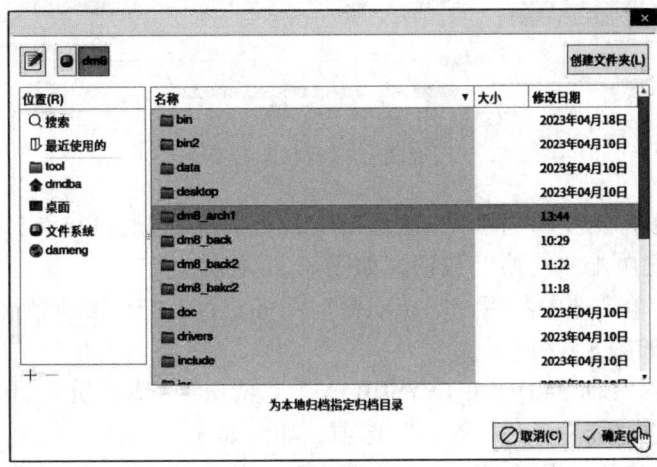

图 8.27　选定归档目录

(11) 鼠标左键单击"确定"按钮,如图 8.28 所示。

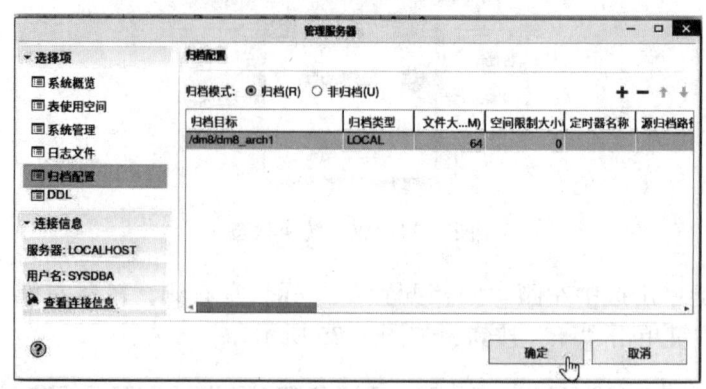

图 8.28 确定归档

(12) 鼠标左键单击选中"LOCALHOST(SYSDBA)"图标,鼠标右键单击,在弹出的快捷菜单中选中"管理服务器(M)"选项,如图 8.29 所示。

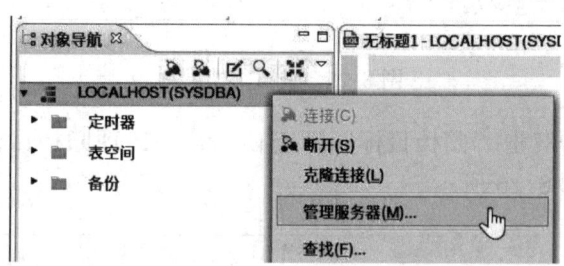

图 8.29 选中"管理服务器"选项

(13) 鼠标左键单击选中左侧"系统管理"图标,在右侧,鼠标左键单击选中"打开"选项,之后鼠标左键单击"转换"按钮,如图 8.30 所示。

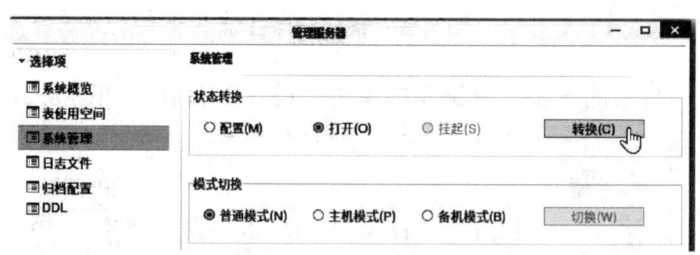

图 8.30 进行状态转换

(14) 鼠标左键单击选中左侧"系统管理"图标。在右侧,鼠标左键单击选中"打开"选项,之后鼠标左键单击"转换"按钮,如图 8.31 所示。

(15) 鼠标左键单击选中左侧"归档配置"图标。查看归档配置情况。鼠标左键单击选中"确定"按钮,如图 8.32 所示。

(16) 依次选择"LOCALHOST(SYSDBA)""备份""库备份",鼠标右键单击,在弹出的快捷菜单中选中"新建备份(N)"选项,如图 8.33 所示。

(17) 使用默认参数,鼠标左键单击"确定"按钮,如图 8.34 所示。

8 备份还原操作

图 8.31 成功转换状态

图 8.32 进行归档配置

图 8.33 单击"新建备份"选项

（18）完成数据库备份文件的查看，如图 8.35 所示。

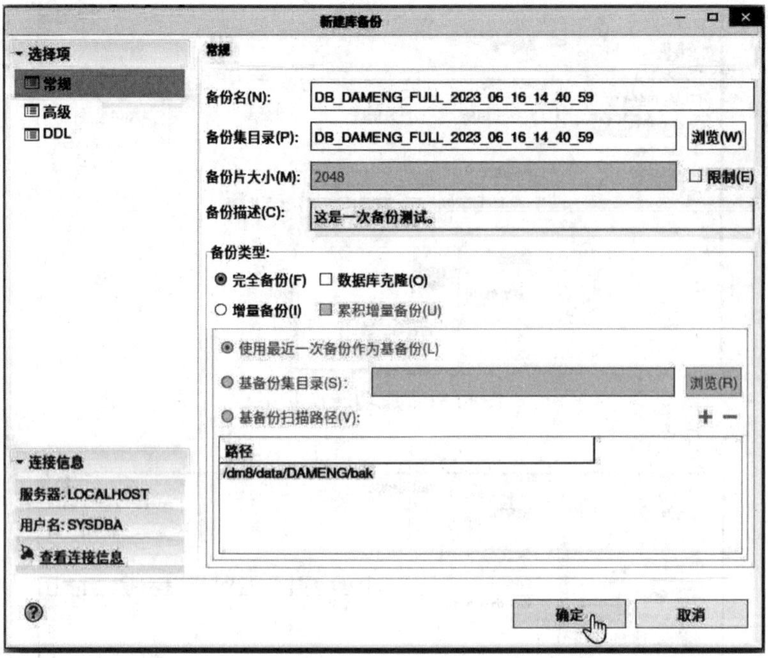

图 8.34 确定常规参数

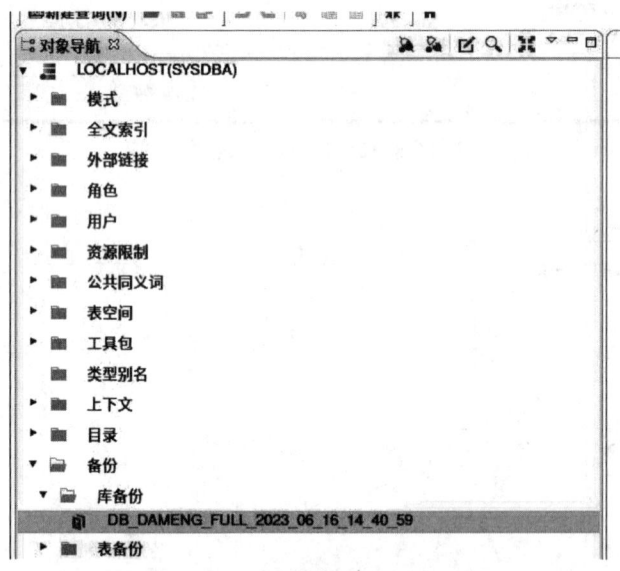

图 8.35 查看数据库备份文件

提示：如果出现"收集到的归档日志不连续"错误信息，可以通过新建查询，并在新建查询中输入"checkpoint（100）"；命令行进行解决；或者重新启动实例也可以解决这个错误提示。

2. 使用命令行进行备份

（1）完成"dm8_arch2"归档目录的创建，如图 8.36 所示。
命令行：mkdir /dm8/dm8_arch2

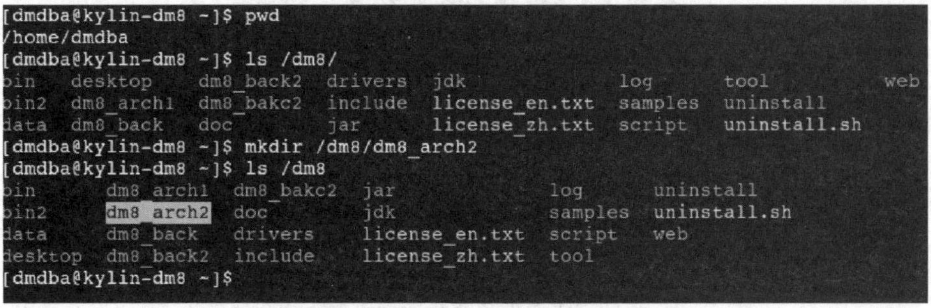

```
[dmdba@kylin-dm8 ~]$ pwd
/home/dmdba
[dmdba@kylin-dm8 ~]$ ls /dm8/
bin   desktop   dm8_back2  drivers  jdk             log      tool          web
bin2  dm8_arch1 dm8_bakc2  include  license_en.txt  samples  uninstall
data  dm8_back  doc        jar      license_zh.txt  script   uninstall.sh
[dmdba@kylin-dm8 ~]$ mkdir /dm8/dm8_arch2
[dmdba@kylin-dm8 ~]$ ls /dm8
bin      dm8_arch1  dm8_bakc2  jar             log      uninstall
bin2     dm8_arch2  doc        jdk             samples  uninstall.sh
data     dm8_back   drivers    license_en.txt  script   web
desktop  dm8_back2  include    license_zh.txt  tool
[dmdba@kylin-dm8 ~]$
```

图 8.36　创建“dm8_arch2”归档目录

（2）完成“dm8_back3”数据库备份目录的创建，如图 8.37 所示。

命令行：mkdir /dm8/dm8_back3

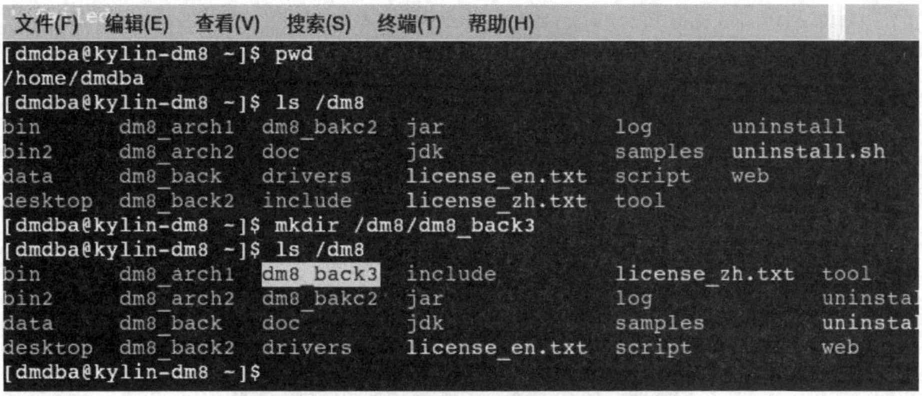

```
文件(F)  编辑(E)  查看(V)  搜索(S)  终端(T)  帮助(H)
[dmdba@kylin-dm8 ~]$ pwd
/home/dmdba
[dmdba@kylin-dm8 ~]$ ls /dm8
bin      dm8_arch1  dm8_bakc2  jar             log      uninstall
bin2     dm8_arch2  doc        jdk             samples  uninstall.sh
data     dm8_back   drivers    license_en.txt  script   web
desktop  dm8_back2  include    license_zh.txt  tool
[dmdba@kylin-dm8 ~]$ mkdir /dm8/dm8_back3
[dmdba@kylin-dm8 ~]$ ls /dm8
bin      dm8_arch1  dm8_back3  include         license_zh.txt  tool
bin2     dm8_arch2  dm8_bakc2  jar             log             uninstal
data     dm8_back   doc        jdk             samples         uninstal
desktop  dm8_back2  drivers    license_en.txt  script          web
[dmdba@kylin-dm8 ~]$
```

图 8.37　创建“dm8_back3”备份目录

（3）完成 DM8 数据库的登录，如图 8.38 所示。

命令行 1：cd /dm8/bin

命令行 2：./disql

输入账户、密码完成登录。账户：SYSDBA，密码：Abcd@0000。

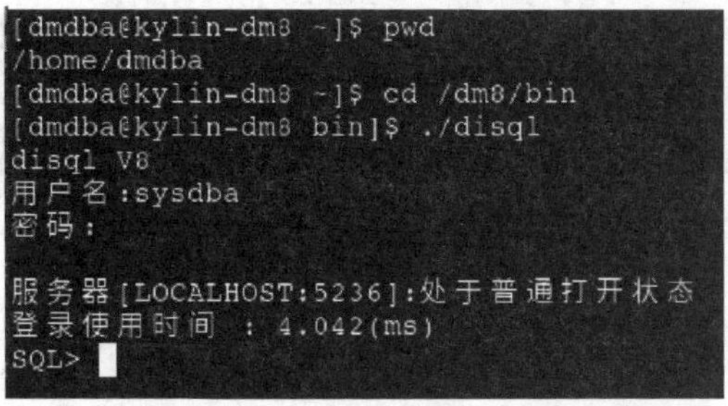

```
[dmdba@kylin-dm8 ~]$ pwd
/home/dmdba
[dmdba@kylin-dm8 ~]$ cd /dm8/bin
[dmdba@kylin-dm8 bin]$ ./disql
disql V8
用户名:sysdba
密码:

服务器[LOCALHOST:5236]:处于普通打开状态
登录使用时间 : 4.042(ms)
SQL>
```

图 8.38　登录 DM8 数据库

（4）将数据库实例从关闭状态转换为挂载状态，如图 8.39 所示。

命令行：alter database mount;

（5）将数据库实例从非归档模式切换到归档模式，如图 8.40 所示。

命令行：alter database archivelog;

```
SQL> alter database mount;
操作已执行
已用时间: 2.658(毫秒). 执行号:0.
SQL>
```

图 8.39 将数据库实例从关闭状态转换为挂载状态

```
SQL> alter database archivelog;
操作已执行
已用时间: 0.526(毫秒). 执行号:0.
SQL>
```

图 8.40 将数据库实例从非归档模式切换到归档模式

(6) 为数据库实例添加归档日志目标，指定归档日志文件的存储位置、类型、大小和空间限制等参数，如图 8.41 所示。

命令行：alter database add archivelog ′DEST=/dm8/dm8_arch2,TYPE=LOCAL,FILE_SIZE=64,SPACE_LIMIT=0′;

```
SQL> alter database add archivelog 'DEST=/dm8/dm8_arch2, TYPE=LOCAL, FILE_SIZE=64, SPACE_LIMIT=0';
操作已执行
已用时间: 59.173(毫秒). 执行号:0.
SQL>
```

图 8.41 为数据库实例添加归档日志目标

(7) 将数据库实例从挂载状态转换为打开状态，如图 8.42 所示。

命令行：alter database open;

```
SQL> alter database open;
操作已执行
已用时间: 173.736(毫秒). 执行号:0.
SQL>
```

图 8.42 将数据库实例从挂载状态转换为打开状态

(8) 完成数据库备份，如图 8.43 所示。

命令行：backup database full to ″DB_DAMENG_FULL_1″backupset ′/dm8/dm8_back3′;

```
SQL> backup database full to "DB_DAMENG_FULL_1" backupset '/dm8/dm8_back3';
操作已执行
已用时间: 00:00:03.008. 执行号:3502.
SQL>
```

图 8.43 完成数据库备份

(9) 在桌面终端中，完成数据库备份文件的查看，如图 8.44 所示。

命令行：ls /dm8/dm8_back3

```
[dmdba@kylin-dm8 ~]$ ls /dm8/dm8_back3
dm8_back3_1.bak  dm8_back3.bak  dm8_back3.meta
[dmdba@kylin-dm8 ~]$ ll /dm8/dm8_back3
总用量 10556
-rw-r--r-- 1 dmdba dmdba    102912 6月  16 15:43 dm8_back3_1.bak
-rw-r--r-- 1 dmdba dmdba  10590720 6月  16 15:43 dm8_back3.bak
-rw-r--r-- 1 dmdba dmdba    108032 6月  16 15:43 dm8_back3.meta
[dmdba@kylin-dm8 ~]$
```

图 8.44 查看数据库备份

8.3.2 还原

DM8 数据库中的还原操作都必须停掉数据库服务。

8.3.2.1 使用"console（控制台）"进行还原

（1）停止需要备份的数据库服务，如图 8.45 所示。

命令行 1：cd /dm8/bin

命令行 2：./DmServiceDMSERVER stop

图 8.45 停止数据库服务

（2）启动"console"服务，如图 8.46 所示。

命令行 1：cd /dm8/tool/

命令行 2：./console

图 8.46 启动"console"服务

（3）进入"console（控制台）"视窗界面，如图 8.47 所示。

（4）鼠标左键单击选中左侧"备份还原"选项，鼠标左键单击右侧"还原"按钮，如图 8.48 所示。

（5）鼠标左键单击右侧"浏览"按钮，如图 8.49 所示。

（6）依次选择"文件系统""dm8""data""DAMENG""bak"，鼠标左键单击选中目标文件，鼠标左键单击"确定"按钮，如图 8.50 所示。

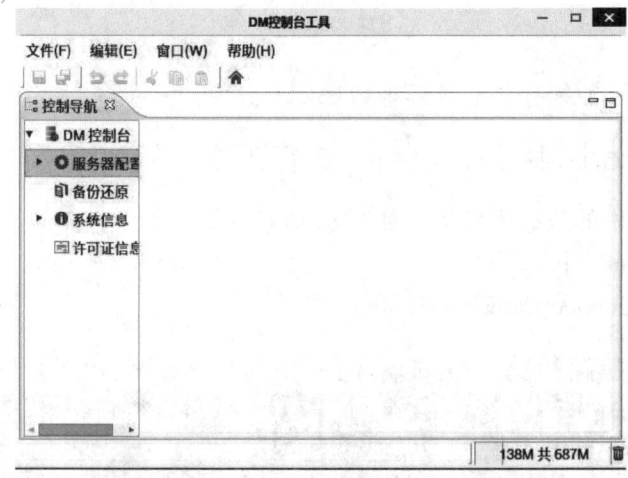

图 8.47 "console（控制台）"视窗界面

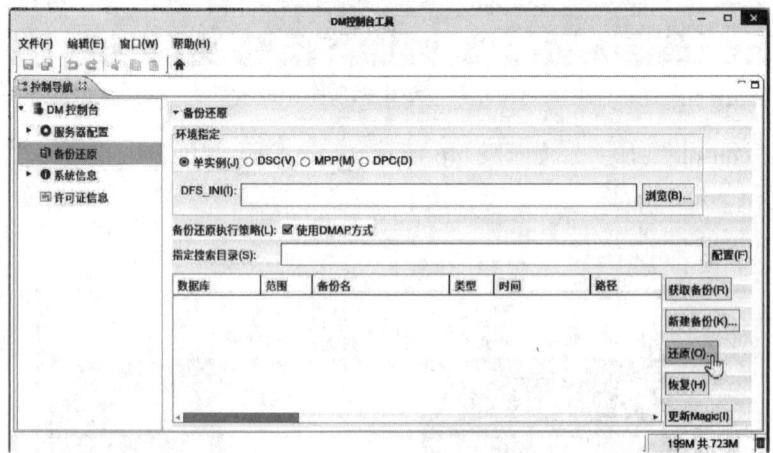

图 8.48 鼠标左键单击右侧"还原"按钮

图 8.49 浏览备份集目录

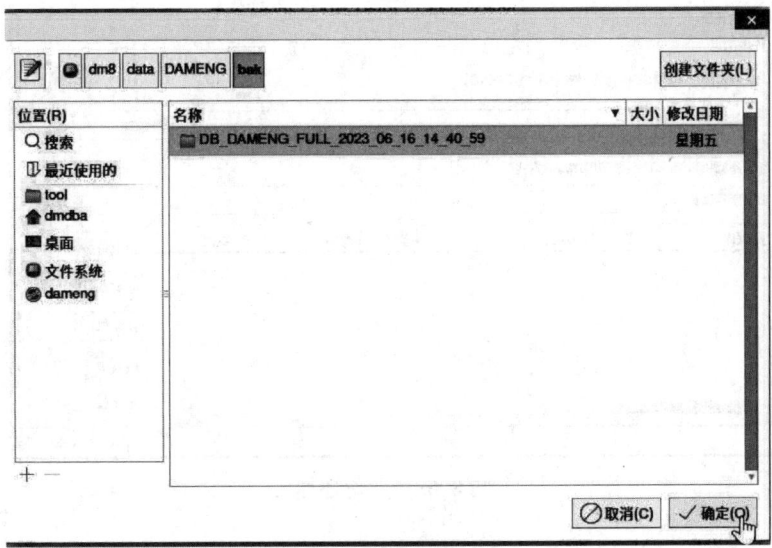

图 8.50　确定目标文件

(7) 鼠标左键单击"确定"按钮，如图 8.51 所示。

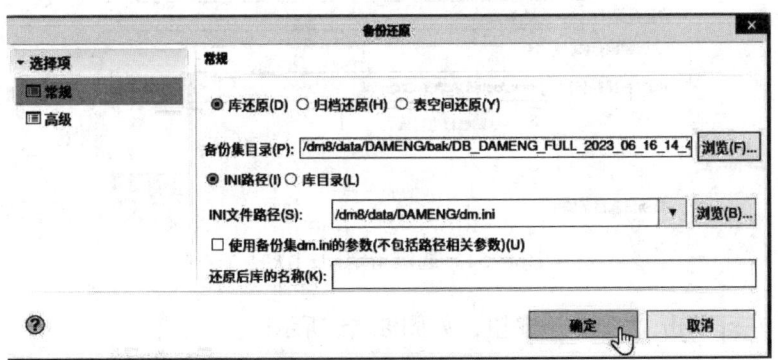

图 8.51　确定常规参数

(8) 鼠标左键单击"确定"按钮，如图 8.52 所示。

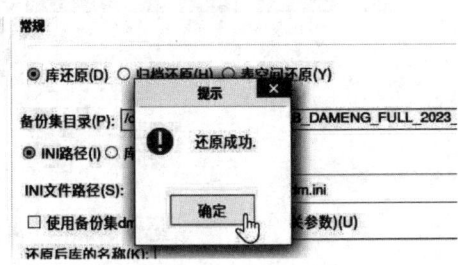

图 8.52　还原成功

(9) 鼠标左键单击"恢复"按钮，如图 8.53 所示。
(10) 完成恢复类型"指定归档恢复"的选定，鼠标左键单击"添加"按钮，如图 8.54 所示。

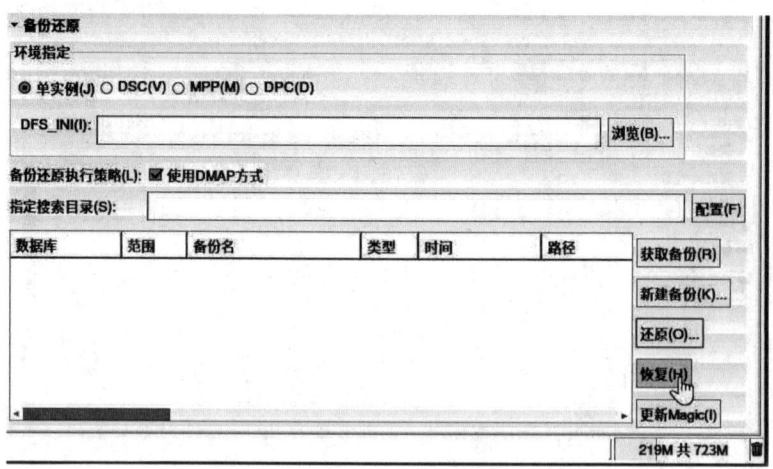

图 8.53 备份还原

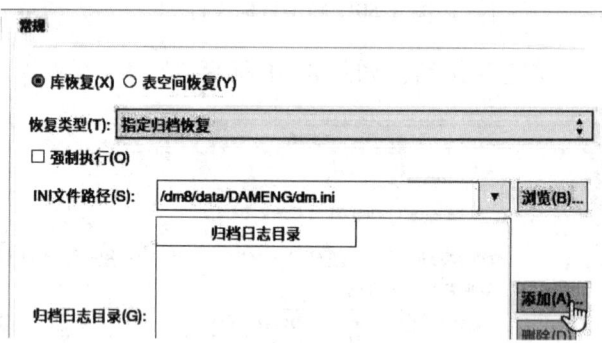

图 8.54 选定指定归档恢复

（11）鼠标左键单击"添加"按钮，如图 8.55 所示。

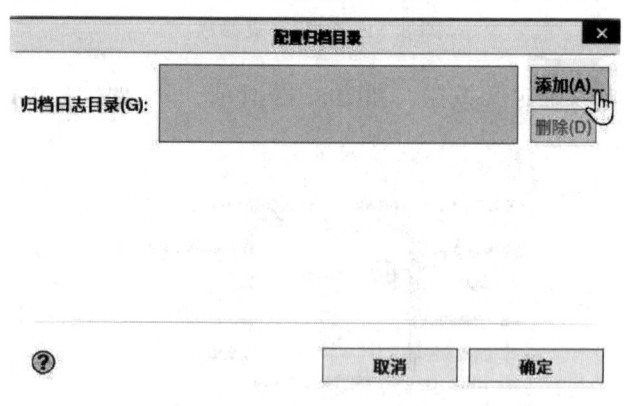

图 8.55 添加归档日志目录

（12）鼠标左键单击"浏览"按钮，如图 8.56 所示。
（13）依次选择"文件系统""dm8""dm8_arch1"，鼠标左键单击"确定"按钮，如图 8.57 所示。

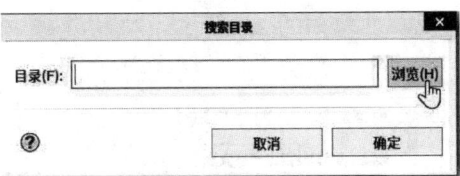

图 8.56 浏览目录

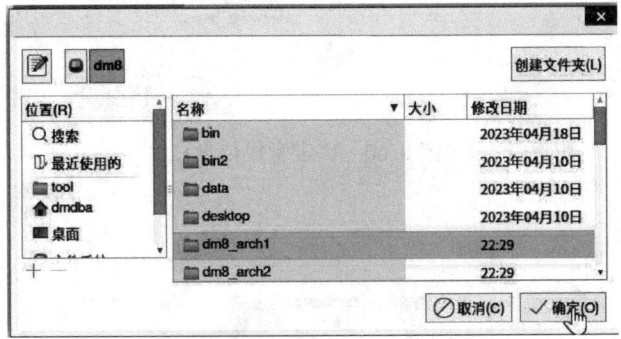

图 8.57 选择目录文件

(14) 鼠标左键单击"确定"按钮,如图 8.58 所示。

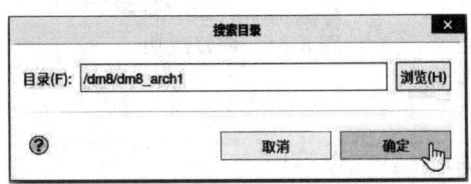

图 8.58 确定目录

(15) 鼠标左键单击"确定"按钮,如图 8.59 所示。

图 8.59 确定归档日志目录

(16) 鼠标左键单击"确定"按钮,如图 8.60 所示。
(17) 鼠标左键单击"确定"按钮,如图 8.61 所示。
(18) 鼠标左键单击"更新 Magic"按钮,如图 8.62 所示。
(19) 鼠标左键单击"确定"按钮,如图 8.63 所示。
(20) 鼠标左键单击"确定"按钮,如图 8.64 所示。
(21) 鼠标左键单击右上方"关闭"按钮,如图 8.65 所示。
(22) 启动数据库服务,如图 8.66 所示。

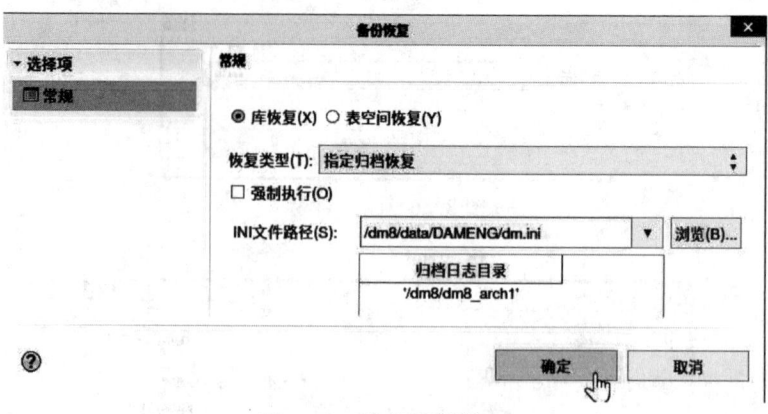

图 8.60 确定常规信息

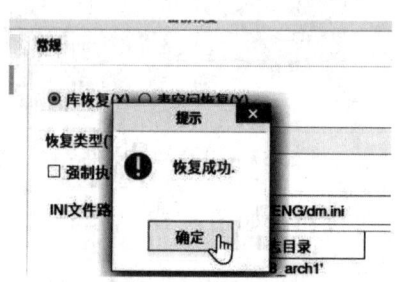

图 8.61 恢复成功

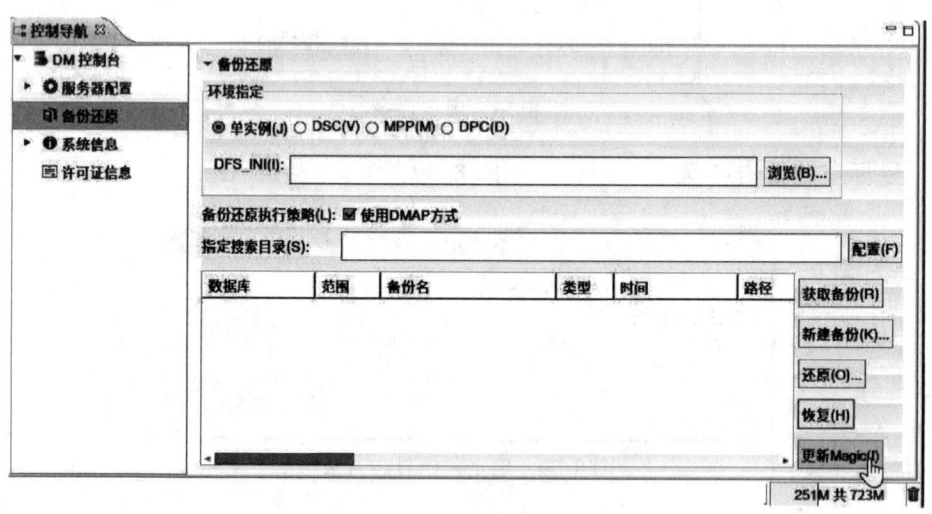

图 8.62 更新 Magic

命令行 1：cd /dm8/bin

命令行 2：./DmServiceDMSERVER start

提示：

(1) 以上三步操作"还原""恢复""更新 Magic"务必依次进行操作，且都需要显示成功，否则有可能造成数据库服务启动异常。

(2) 更新 Magic 成功后，原有备份文件就已经失效，可以进行删除。

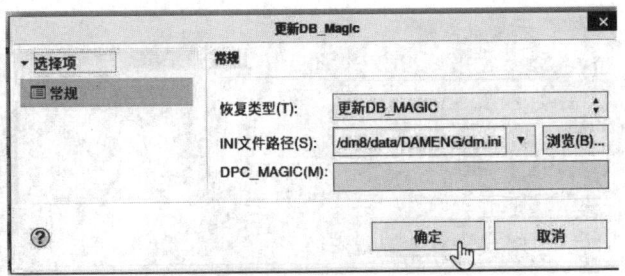

图 8.63 确定常规信息

图 8.64 恢复成功

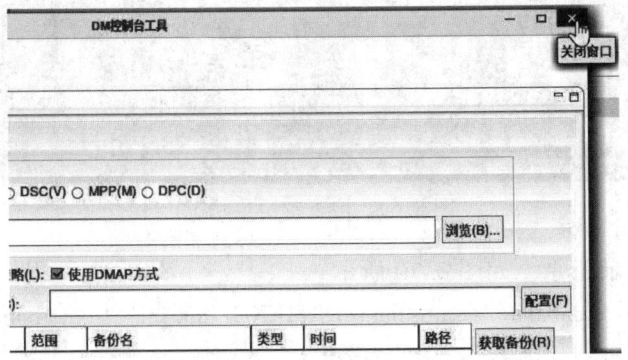

图 8.65 关闭窗口

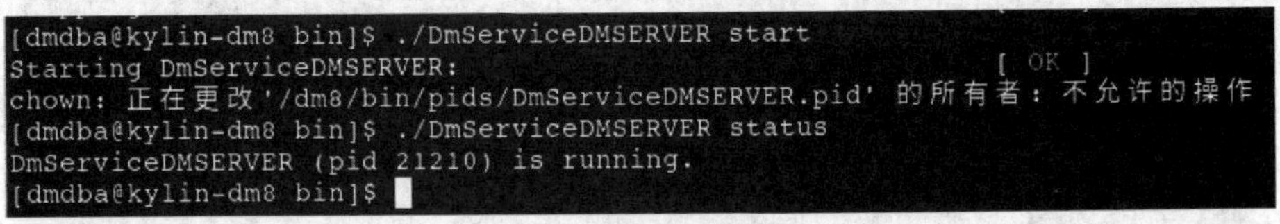

[dmdba@kylin-dm8 bin]$ ./DmServiceDMSERVER start
Starting DmServiceDMSERVER: [OK]
chown: 正在更改'/dm8/bin/pids/DmServiceDMSERVER.pid' 的所有者: 不允许的操作
[dmdba@kylin-dm8 bin]$ ./DmServiceDMSERVER status
DmServiceDMSERVER (pid 21210) is running.
[dmdba@kylin-dm8 bin]$

图 8.66 启动数据库服务

8.3.2.2 使用"DMRMAN"进行还原

(1) 停止需要备份的数据库服务,如图 8.67 所示。

命令行 1:cd /dm8/bin

命令行 2:./DmServiceDMSERVER stop

(2) 启动"dmrman"服务,如图 8.68 所示。

命令行:./dmrman

图 8.67 停止数据库服务

图 8.68 启动"dmrman"服务

（3）检查备份集状态，如图 8.69 所示。

命令行：check backupset '/dm8/dm8_back3';

图 8.69 检查备份集状态

（4）完成备份目录还原，如图 8.70 所示。

命令行：restore database '/dm8/data/DAMENG/dm.ini' from backupset '/dm8/dm8_back3';

图 8.70 还原备份目录

（5）完成归档文件恢复，如图 8.71 所示。

命令行：recover database '/dm8/data/DAMENG/dm.ini' with archivedir '/dm8/dm8_arch2';

```
RMAN> recover database '/dm8/data/DAMENG/dm.ini' with archivedir '/dm8/dm8_arch2';
recover database '/dm8/data/DAMENG/dm.ini' with archivedir '/dm8/dm8_arch2';
Database mode = 2, oguid = 0
Normal of FAST
Normal of DEFAULT
Normal of RECYCLE
Normal of KEEP
Normal of ROLL
EP[0]'s cur_lsn[83560], file_lsn[83560]

[Percent:100.00%][Speed:14780.00PKG/s][Cost:00:00:00][Remaining:00:00:00]
recover successfully!
time used: 656.656(ms)
RMAN>
```

图 8.71 恢复归档文件

（6）完成数据库更新，如图 8.72 所示。

命令行：recover database '/dm8/data/DAMENG/dm.ini' update db_magic；

```
RMAN> recover database '/dm8/data/DAMENG/dm.ini' update db_magic;
recover database '/dm8/data/DAMENG/dm.ini' update db_magic;
Database mode = 2, oguid = 0
Normal of FAST
Normal of DEFAULT
Normal of RECYCLE
Normal of KEEP
Normal of ROLL
EP[0]'s cur_lsn[78802], file_lsn[78802]
recover successfully!
time used: 00:00:01.090
RMAN>
```

图 8.72 更新数据库

（7）完成数据库服务重启，如图 8.73 所示。

命令行：./DmServiceDMSERVER start；

```
[dmdba@kylin-dm8 bin]$ ./DmServiceDMSERVER   start
Starting DmServiceDMSERVER:                                    [ OK ]
chown: 正在更改'/dm8/bin/pids/DmServiceDMSERVER.pid' 的所有者：不允许的操作
[dmdba@kylin-dm8 bin]$ ./DmServiceDMSERVER   status
DmServiceDMSERVER (pid 22178) is running.
[dmdba@kylin-dm8 bin]$
```

图 8.73 重启数据库服务

8.3.3 逻辑备份（导出）

8.3.3.1 使用"DM 管理工具（manager）"进行逻辑备份（导出）

1. 以全库（FULL）方式导出

（1）完成"dm8_lback1"备份目录的创建，如图 8.74 所示。
命令行：mkdir /dm8/dm8_lback1

（2）务必保证需要还原的数据库服务处于运行状态，如图 8.75 所示。
命令行 1：cd /dm8/bin

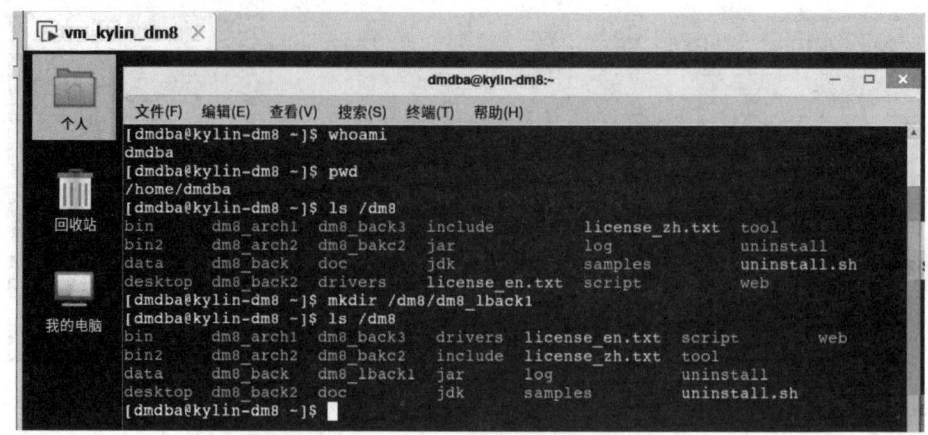

图 8.74 创建 "dm8_lback1" 备份目录

命令行 2：./DmServiceDMSERVER start

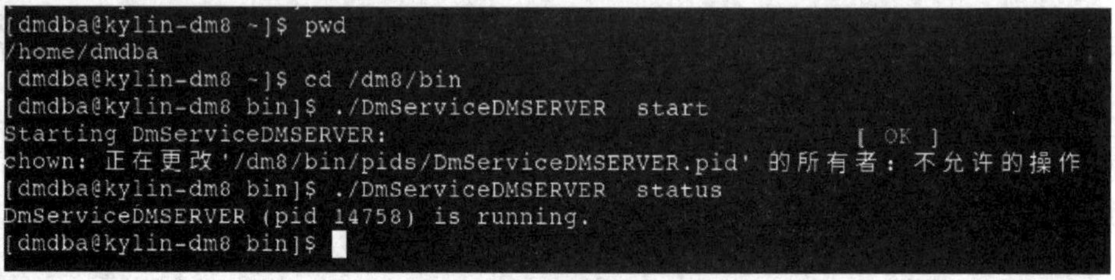

图 8.75 启动数据库服务

（3）启动 "DM 管理工具（manager）" 服务，如图 8.76 所示。

命令行 1：cd /dm8/tool/

命令行 2：./manager

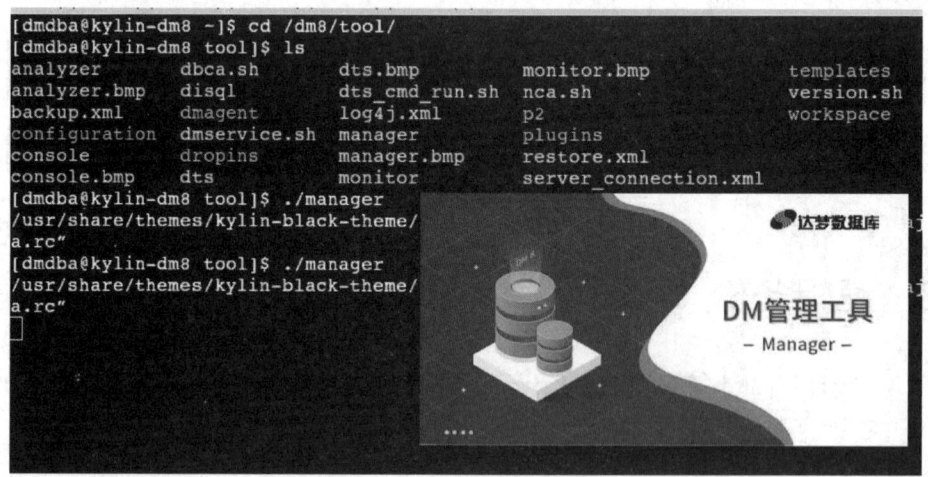

图 8.76 启动数据库服务

（4）完成口令输入，鼠标左键单击 "确定" 按钮，如图 8.77 所示。

（5）鼠标左键单击选中 "LOCALHOST（SYSDBA）" 图标，鼠标右键单击，在弹出的

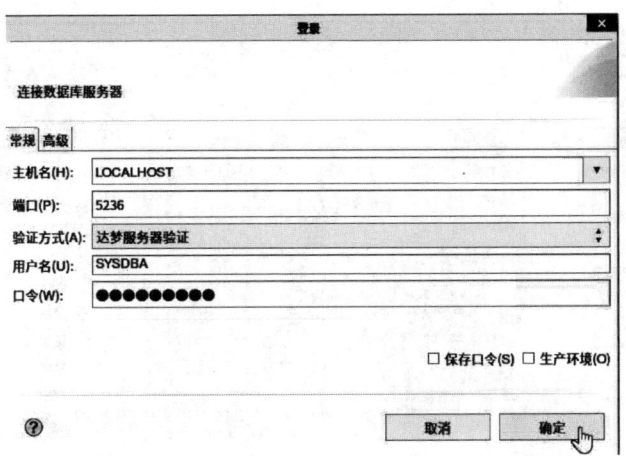

图 8.77 连接数据库

快捷菜单中选中"导出（E）"选项，如图 8.78 所示。

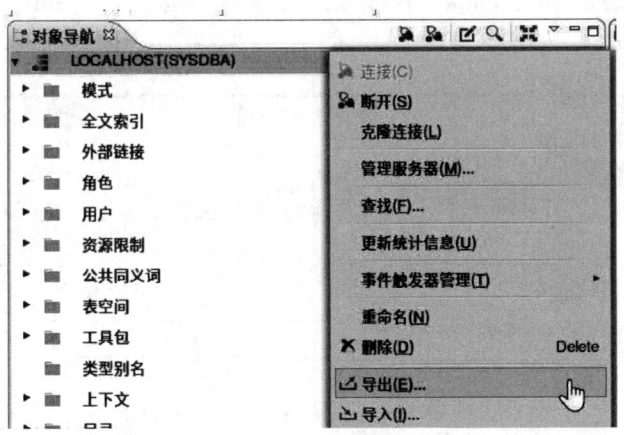

图 8.78 导出

（6）鼠标左键单击"浏览"按钮，如图 8.79 所示。

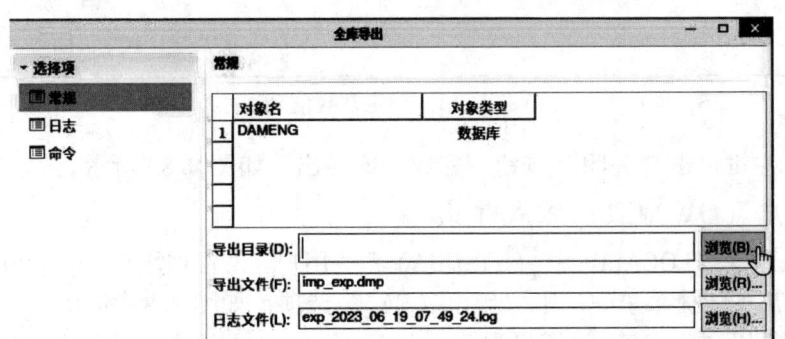

图 8.79 浏览导出目录

（7）依次选择"文件系统""dm8""dm8_lbak1"，鼠标左键单击选中目标文件夹，鼠标左键单击"确定"按钮，如图 8.80 所示。

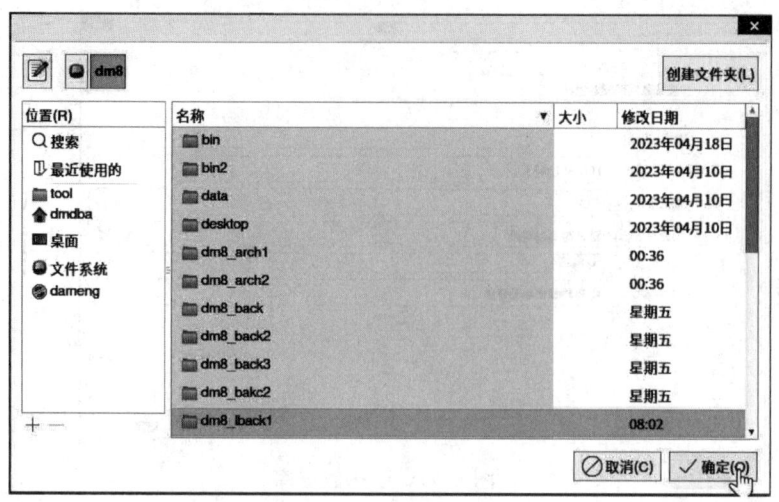

图 8.80 确定目标文件夹

（8）完成导出文件"full.dmp"名称输入，完成日志文件"full.log"名称输入，鼠标左键单击"确定"按钮，如图 8.81 所示。

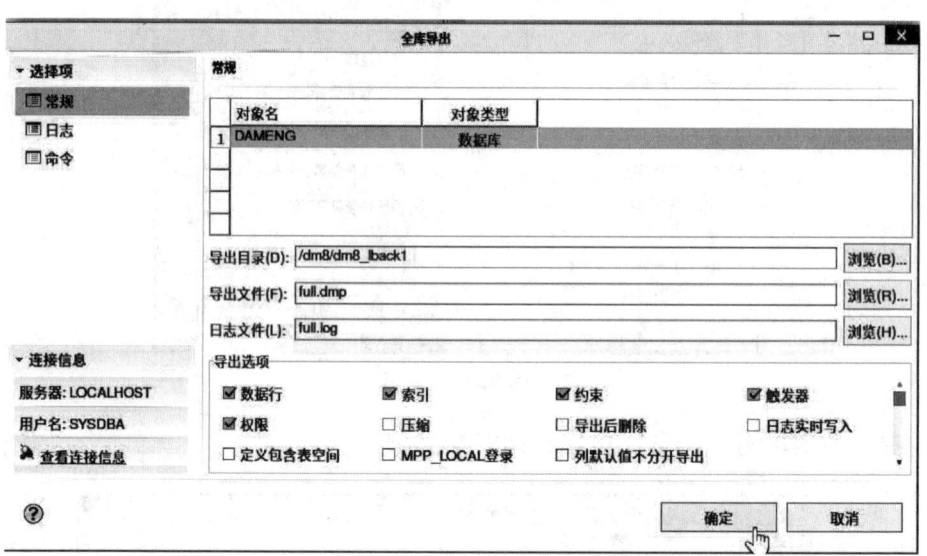

图 8.81 确定常规信息

（9）鼠标左键单击"关闭"按钮，完成全库导出，如图 8.82 所示。

2. 以用户（OWNER）方式导出

（1）依次选择"LOCALHOST（SYSDBA）""用户""管理用户""SYSDBA"，鼠标右键单击，在弹出的快捷菜单中选中"导出（E）"选项，如图 8.83 所示。

提示：此处以"SYSDBA"用户为例，真正进行用户导出时，请选择真正用户。

（2）完成导出目录"/dm8/dm8_lback1"的手工输入，完成导出文件"sysdba.dmp"的手工输入，完成日志文件"sysdba.log"的手工输入，鼠标左键单击"确定"按钮，如图 8.84 所示。

（3）鼠标左键单击"关闭"按钮，如图 8.85 所示。

8 备份还原操作

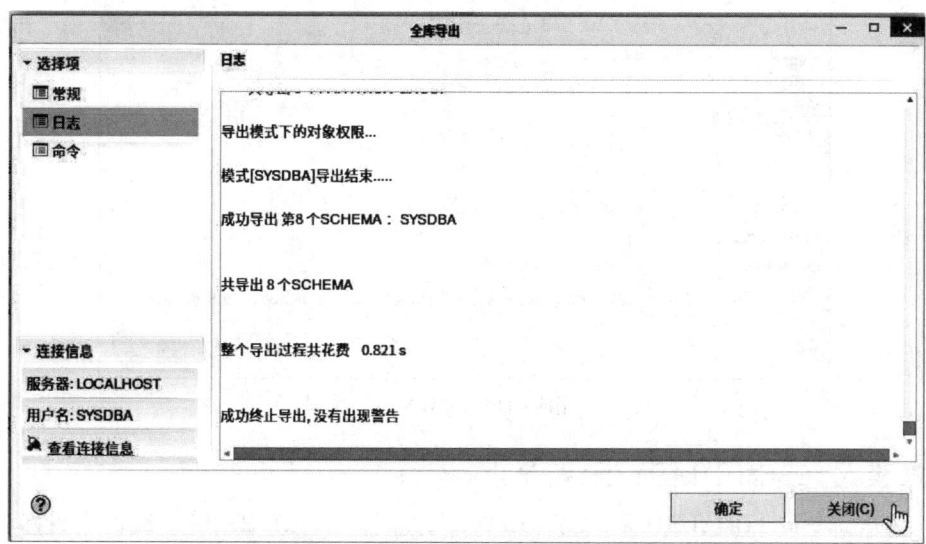

图 8.82 完成全库（FULL）方式导出

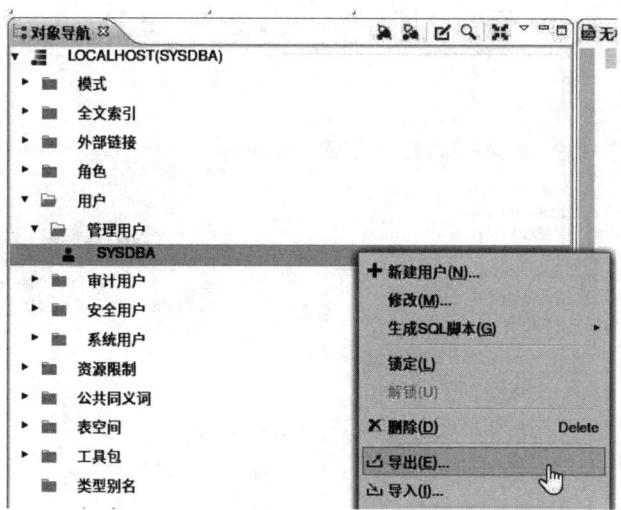

图 8.83 导 出

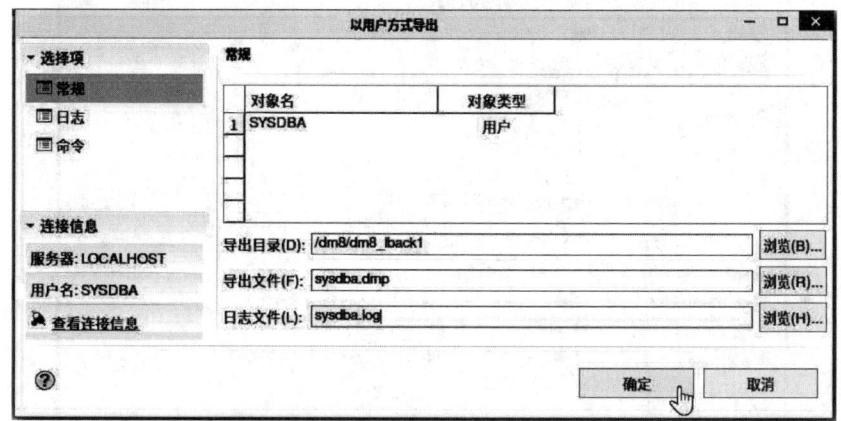

图 8.84 完成相关选项的输入

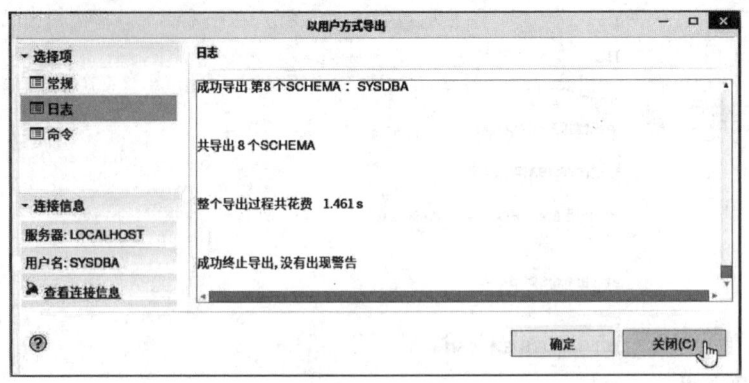

图8.85 完成用户(OWNER)方式导出

3. 以模式(SCHEMAS)方式导出

(1)依次选择"LOCALHOST(SYSDBA)""模式""OTHER",鼠标右键单击,在弹出的快捷菜单中选中"导出(E)"选项,如图8.86所示。

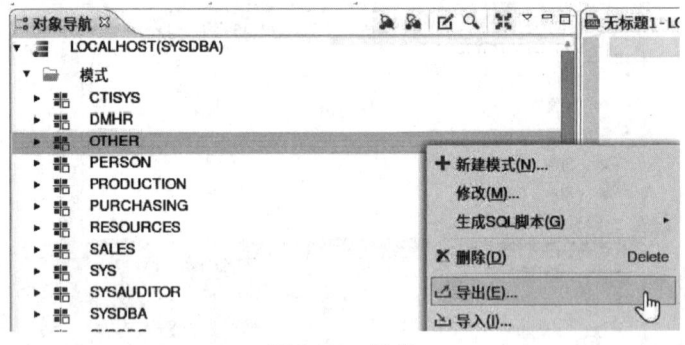

图8.86 导出

(2)完成导出目录"/dm8/dm8_lback1"的手工输入,完成导出文件"other.dmp"的手工输入,完成日志文件"other.log"的手工输入。鼠标左键单击"确定"按钮,如图8.87所示。

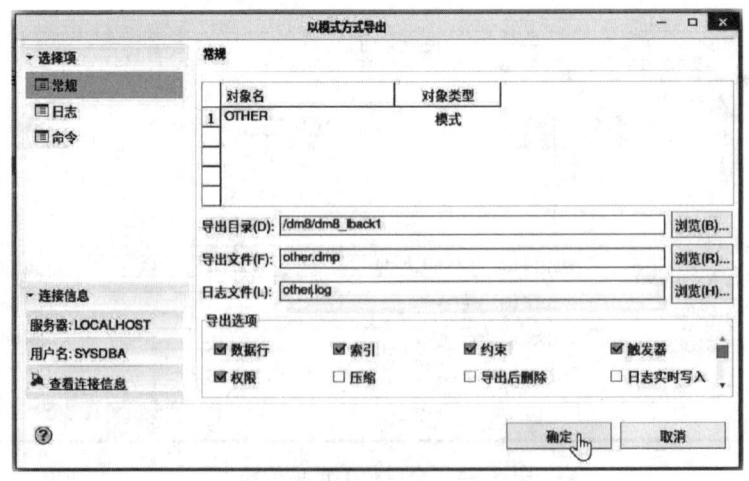

图8.87 完成相关选项的输入

(3) 鼠标左键单击"关闭"按钮，如图 8.88 所示。

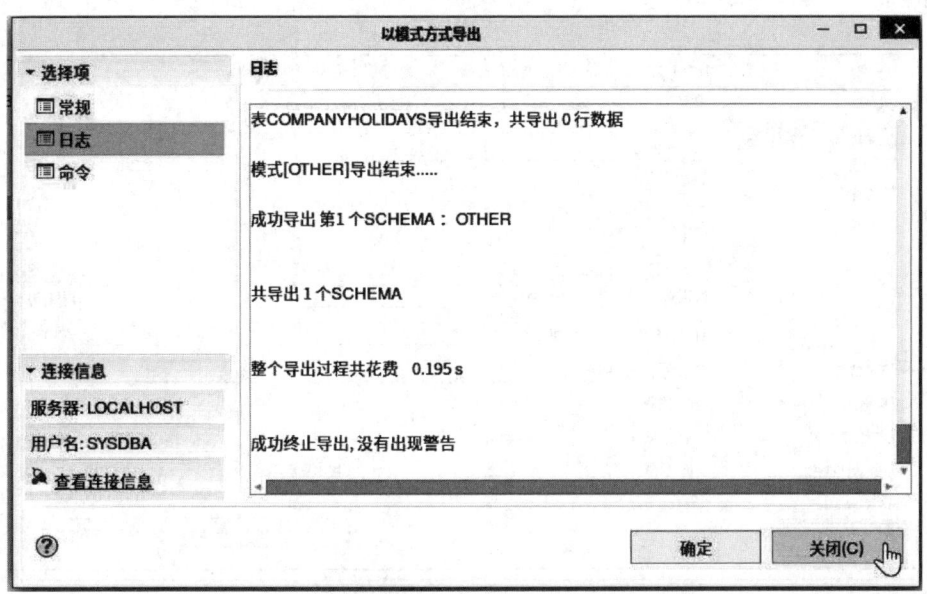

图 8.88　完成模式（SCHEMAS）方式导出

4. 以表（TABLES）方式导出

(1) 依次选择"LOCALHOST（SYSDBA）""模式""OTHER""表""STUDENT"，鼠标右键单击，在弹出的快捷菜单中选中"导出（E）"选项，如图 8.89 所示。

(2) 完成导出目录"/dm8/dm8_lback1"的手工输入，完成导出文件"table.dmp"的

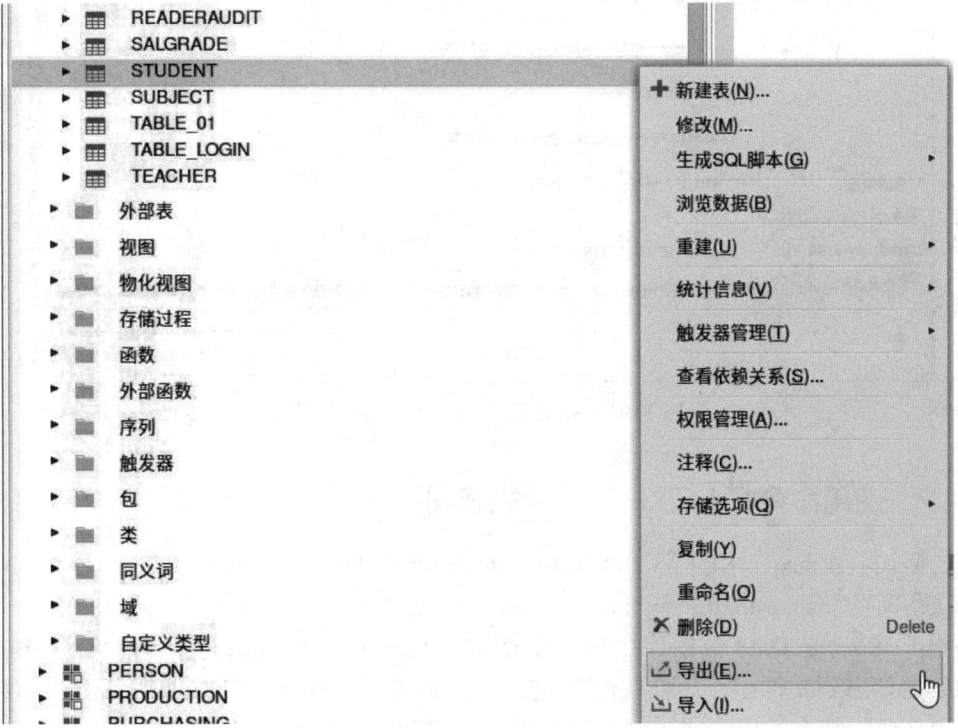

图 8.89　导出

手工输入,完成日志文件"table.log"的手工输入,鼠标左键单击"确定"按钮,如图 8.90 所示。

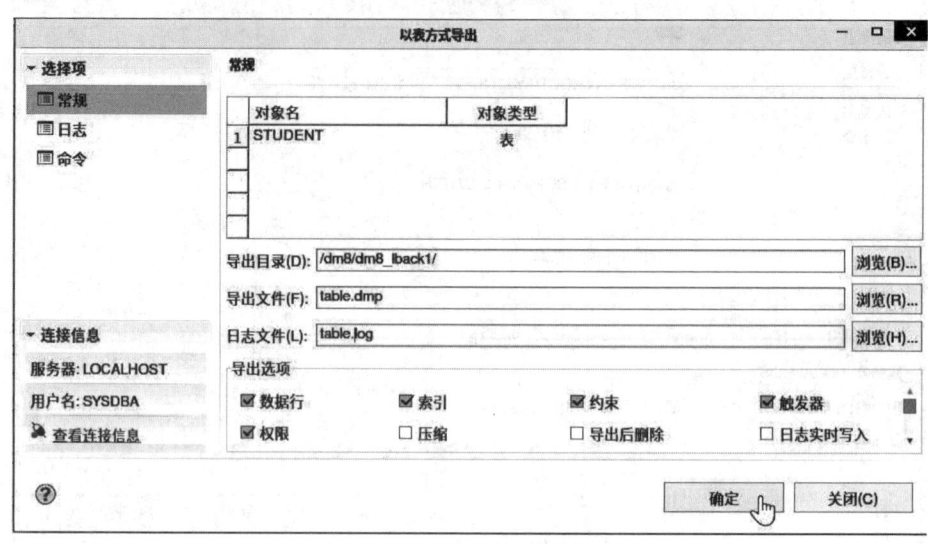

图 8.90 完成相关选项的输入

(3) 鼠标左键单击"关闭"按钮,如图 8.91 所示。

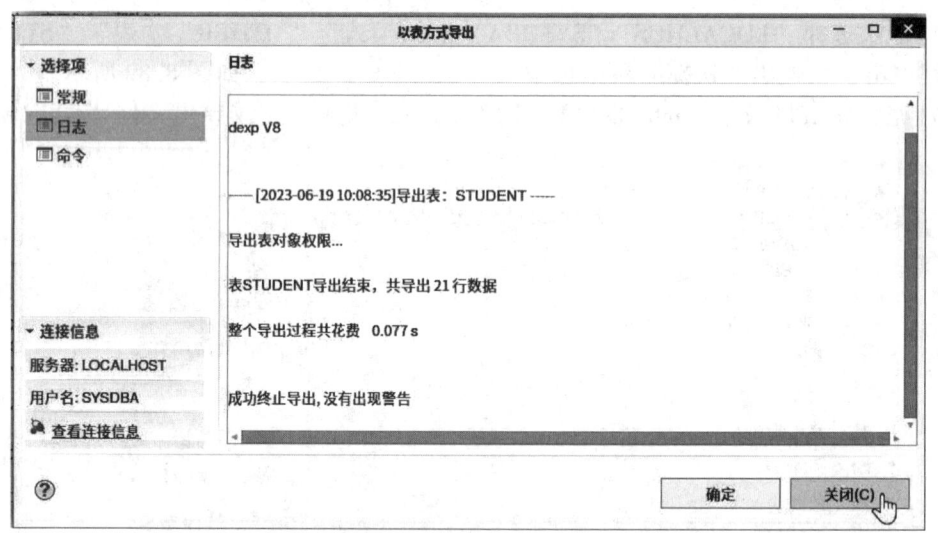

图 8.91 完成表(TABLES)方式导出

8.3.3.2 使用命令行 DEXP 进行逻辑备份

语法格式:./dexp KEYWORD=value 或 KEYWORD=(value1,value2,…,valueN)

语法帮助:./dexp help,如图 8.92 所示。

功能:DEXP 是 DM8 数据库中的一个逻辑导出工具,它可以将指定对象(库、模式、表)的数据导出到文件中。这种备份方式称为逻辑备份。DEXP 可以用来备份整个数据库,也可以用来备份特定的模式或表。可以在需要时将数据迁移到其他数据库或系统中。

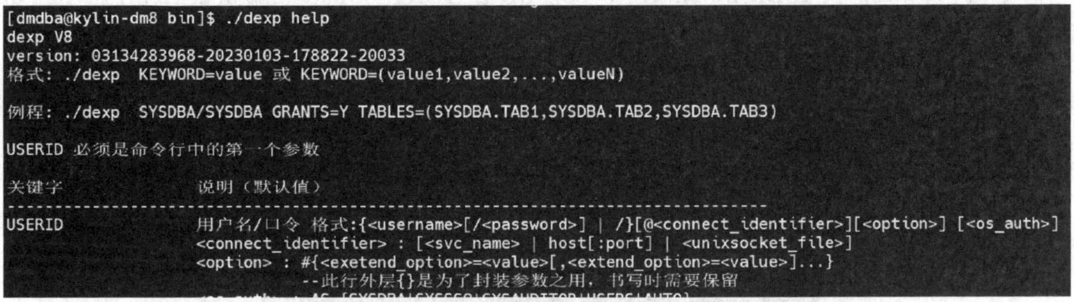

8 备份还原操作

图 8.92　DEXP 语法帮助

(1) 完成"dm8_lback2"备份目录的创建，如图 8.93 所示。
命令行：mkdir /dm8/dm8_lback2

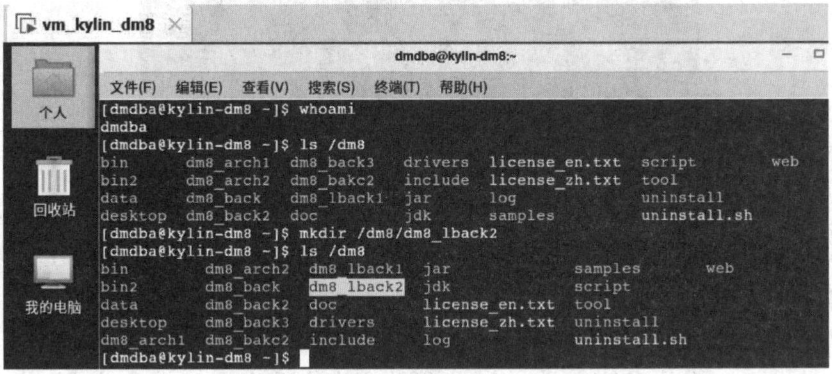

图 8.93　创建"dm8_back2"备份目录

(2) 完成目录的切换，如图 8.94 所示。
命令行：cd /dm8/bin

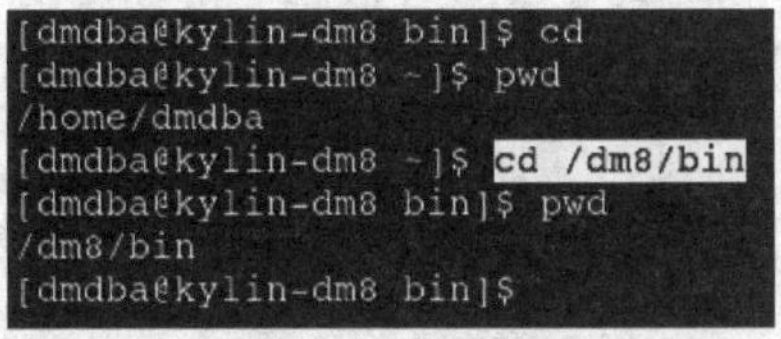

图 8.94　切换目录

(3) 完成全库（FULL）方式导出，如图 8.95 所示。

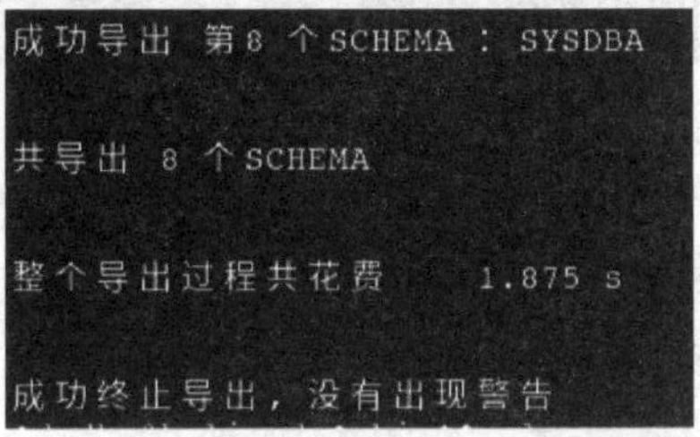

图 8.95　完成全库（FULL）方式导出

命令行：./dexp SYSDBA/'"Abcd@0000"' DIRECTORY=/dm8/dm8_lback2 FILE=full.dmp FULL=Y LOG=full.log

（4）完成用户（OWNER）方式导出，如图8.96所示。

命令行：./dexp SYSDBA/'"Abcd@0000"' DIRECTORY=/dm8/dm8_lback2 FILE=sysdba.dmp OWNER=SYSDBA LOG=sysdba.log

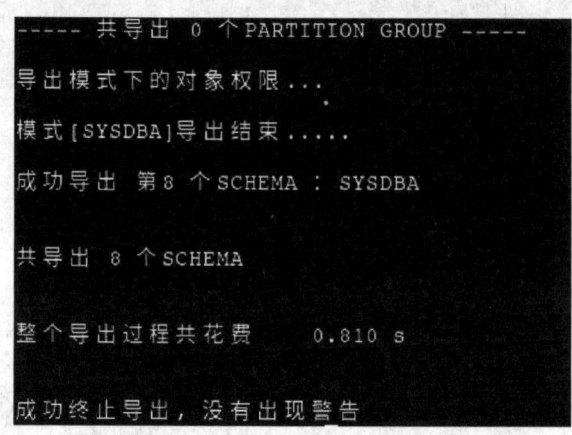

图8.96 完成用户（OWNER）方式导出

提示：命令行中，可以实现多个用户的同时导出。多个用户名间用逗号（半角）间隔，而图形化界面只能一个一个用户的导出。

（5）完成模式（SCHEMAS）方式导出，如图8.97所示。

命令行：./dexp SYSDBA/'"Abcd@0000"' DIRECTORY=/dm8/dm8_lback2 FILE=other.dmp SCHEMAS=OTHER LOG=other.log

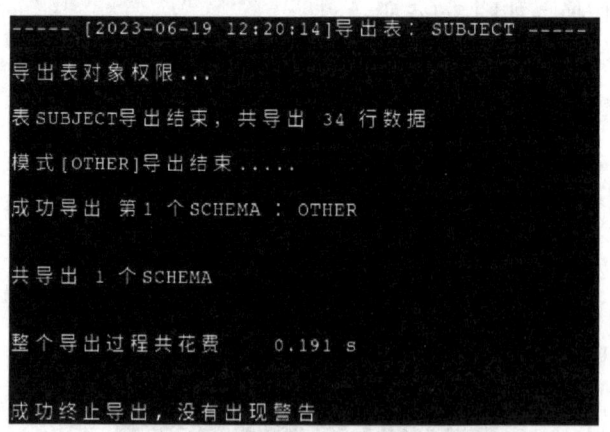

图8.97 完成模式（SCHEMAS）方式导出

提示：命令行中，可以实现多个模式的同时导出。多个模式名间用逗号（半角）间隔，而图形化界面只能一个一个模式的导出。

（6）完成表（TABLES）方式导出，如图8.98所示。

命令行：./dexp　SYSDBA/'"Abcd@0000"'　DIRECTORY=/dm8/dm8_lback2　FILE=table.dmp　TABLES=OTHER.STUDENT　LOG=table.log

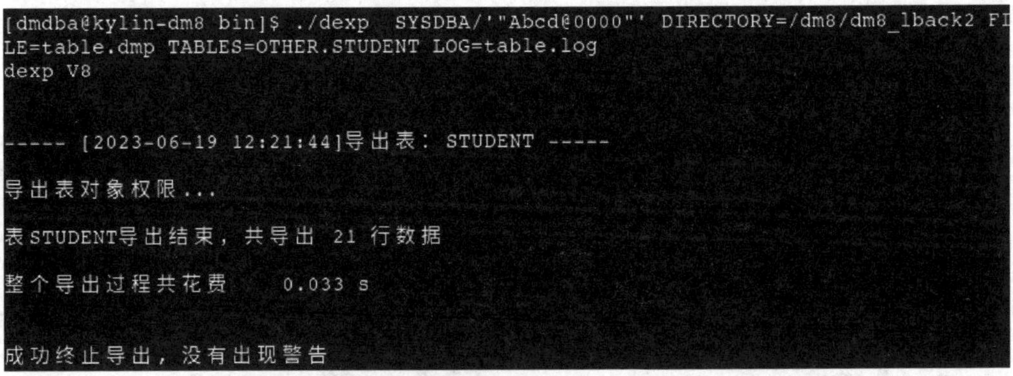

图 8.98　完成表（TABLES）方式导出

提示：命令行中，可以实现多个表的同时导出。多个表名间用逗号（半角）间隔，而图形化界面只能单个表导出。

8.3.4　逻辑还原（导入）

8.3.4.1　使用"DM 管理工具（manager）"进行逻辑还原

1. 以全库（FULL）方式导入

（1）启动"DM 管理工具（manager）"服务，登录"DM 管理工具（manager）"视窗界面，如图 8.99 所示。

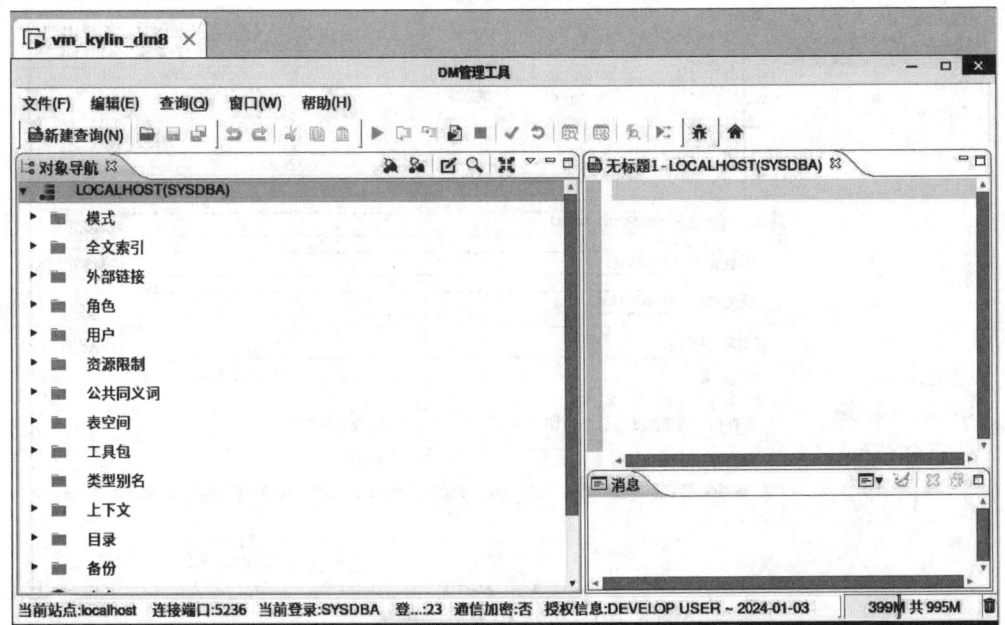

图 8.99　登录"DM 管理工具（manager）"视窗界面

(2) 鼠标左键单击选中 "LOCALHOST(SYSDBA)" 图标, 鼠标右键单击, 在弹出的快捷菜单中选中 "导入 (I)" 选项, 如图 8.100 所示。

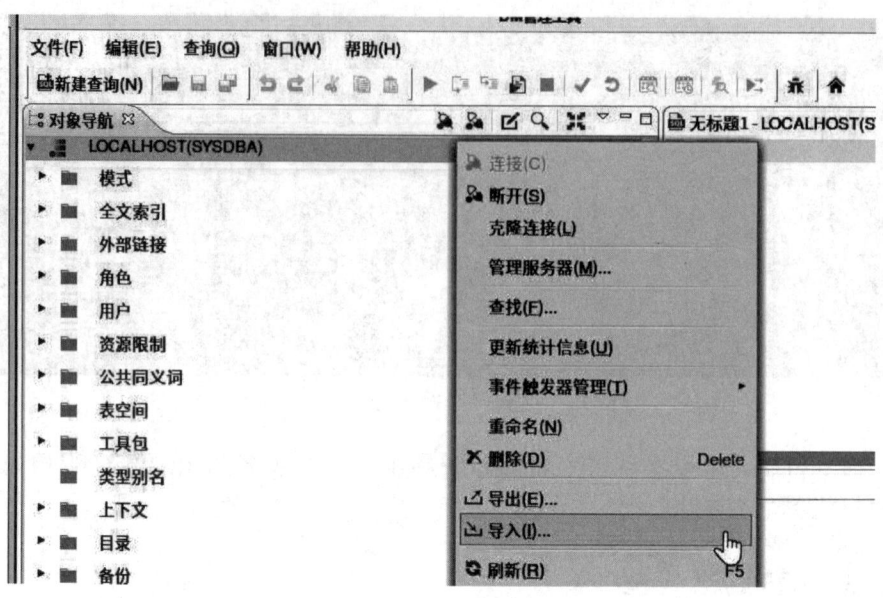

图 8.100 导入

(3) 完成导入目录 "/dm8/dm8_lback1" 的手工输入, 完成导入文件 "full.dmp" 的手工输入, 完成日志文件 "imp.full.log" 的手工输入, 表存在时的操作选项为 "REPLACE", 其他参数采用默认, 鼠标左键单击 "确定" 按钮, 如图 8.101 所示。

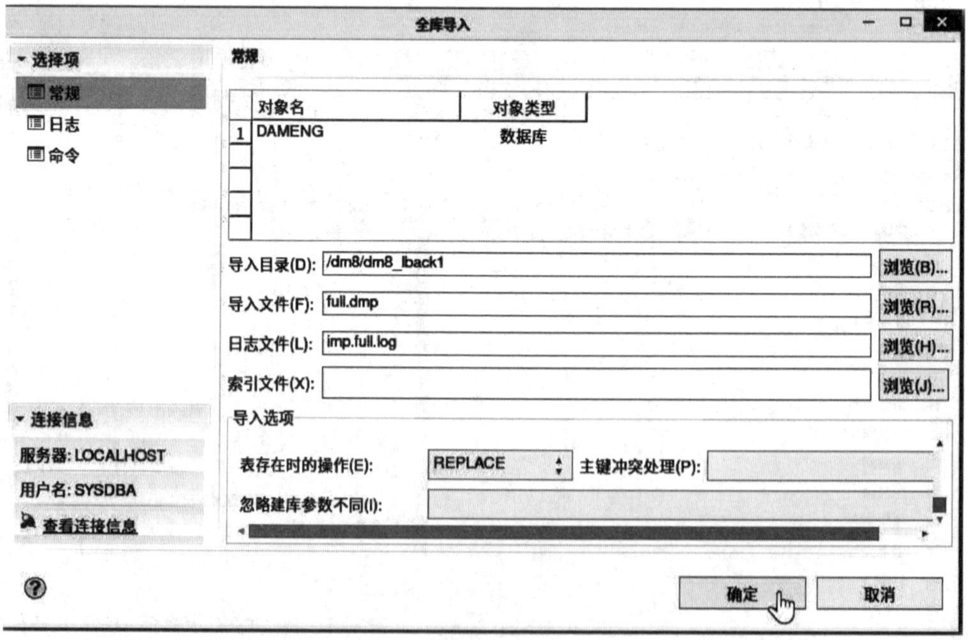

图 8.101 完成相关选项的输入

(4) 鼠标左键单击 "关闭" 按钮, 如图 8.102 所示。

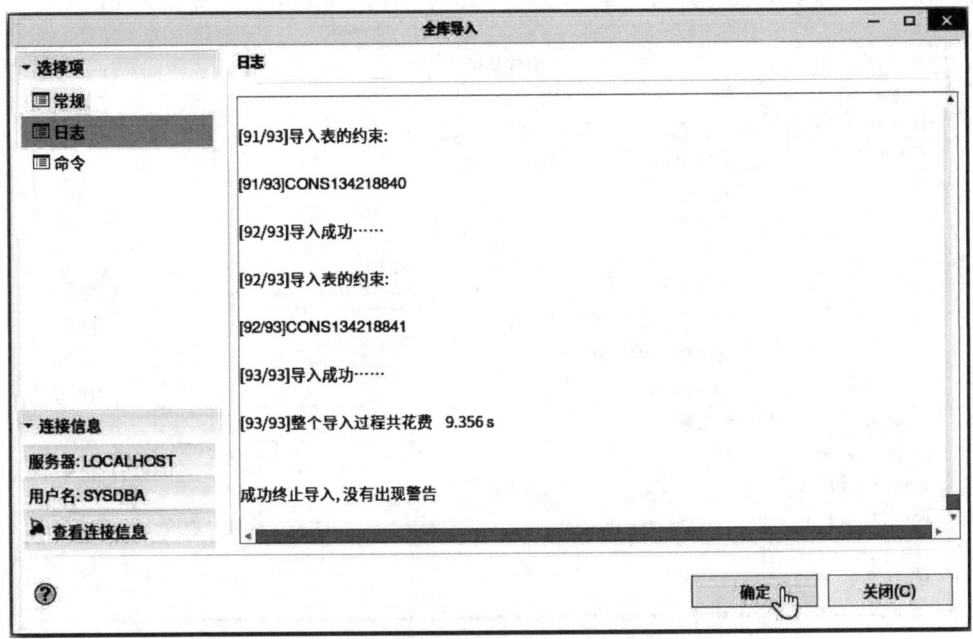

图 8.102　完成全库（FULL）方式导入

2. 以用户（OWNER）方式导入

（1）依次选择"LOCALHOST（SYSDBA）""用户""管理用户""SYSDBA"，鼠标右键单击，在弹出的快捷菜单中选中"导入（I）"选项，如图 8.103 所示。

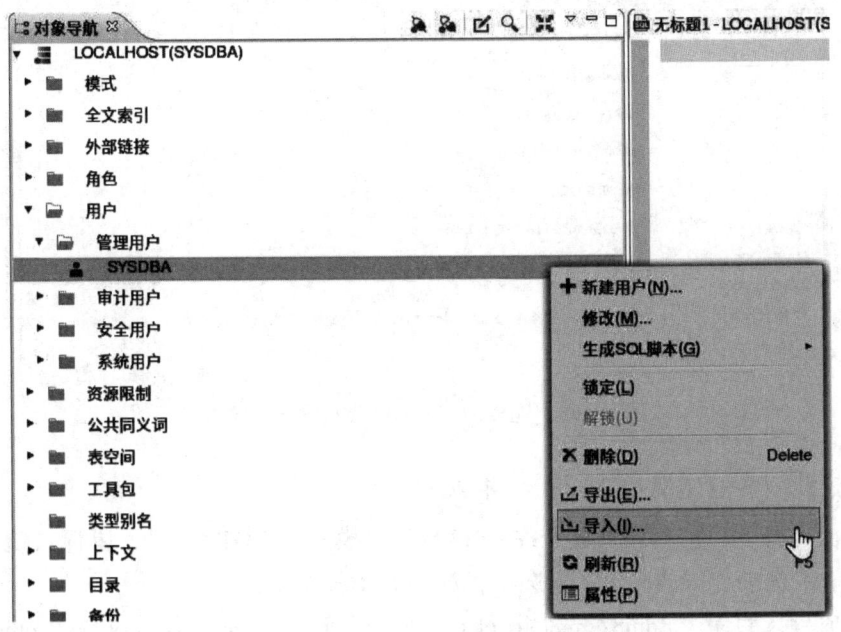

图 8.103　导入

（2）完成导入目录"/dm8/dm8_lback1"的手工输入，完成导入文件"sysdba.dmp"的手工输入，完成日志文件"imp.sysdba.log"的手工输入，表存在时的操作选项为

"REPLACE",其他参数采用默认,鼠标左键单击"确定"按钮,如图8.104所示。

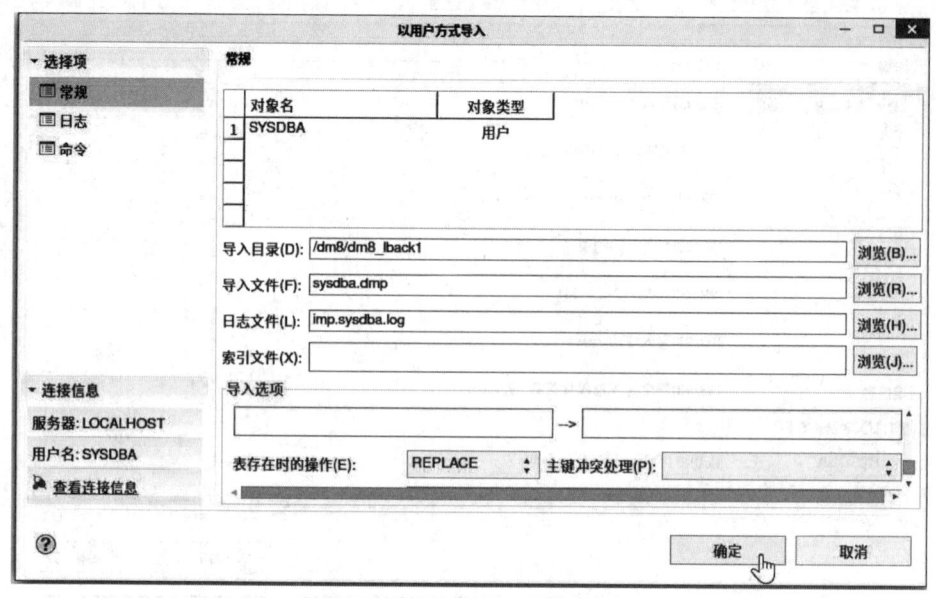

图8.104 完成相关选项的输入

(3)鼠标左键单击"关闭"按钮,如图8.105所示。

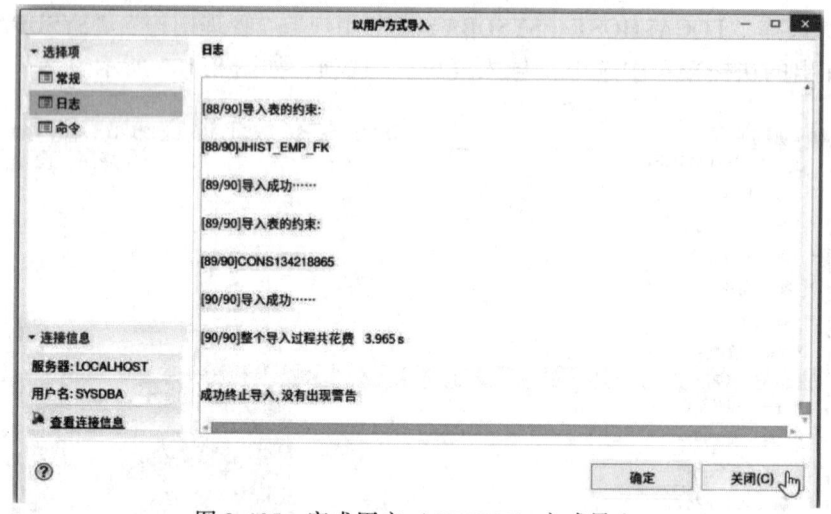

图8.105 完成用户(OWNER)方式导入

3. 以模式(SCHEMAS)方式导入

(1)依次选择"LOCALHOST(SYSDBA)""模式""OTHER",鼠标右键单击,在弹出的快捷菜单中选中"导入(I)"选项,如图8.106所示。

(2)完成导入目录"/dm8/dm8_lback1"的手工输入,完成导入文件"other.dmp"的手工输入,完成日志文件"imp.other.log"的手工输入,鼠标左键单击"确定"按钮,如图8.107所示。

(3)鼠标左键单击"关闭"按钮,如图8.108所示。

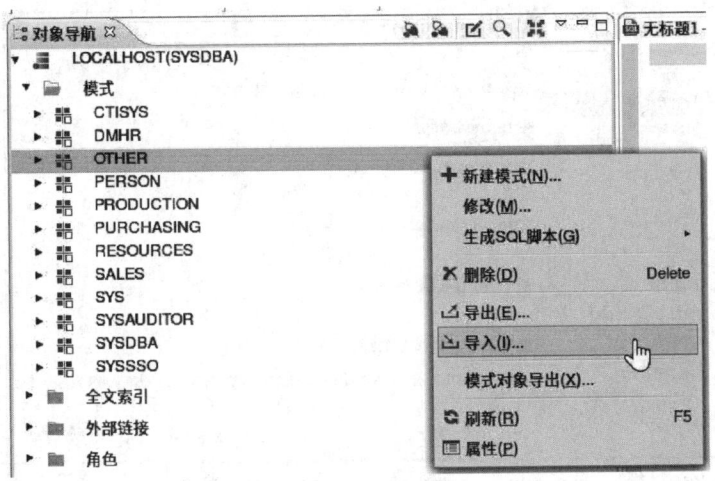

图 8.106 导入

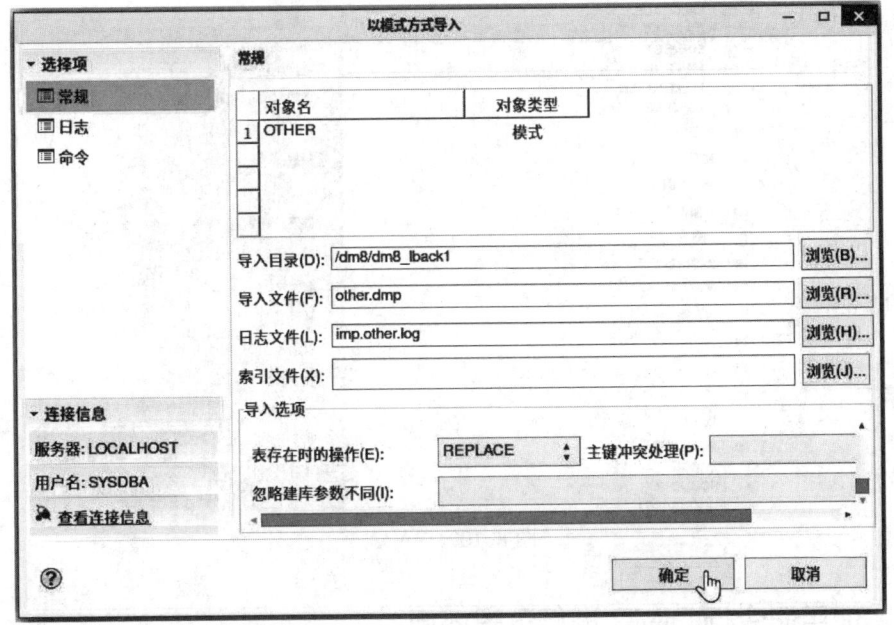

图 8.107 完成相关选项的输入

4. 以表（TABLES）方式导入

（1）依次选择"LOCALHOST（SYSDBA）""模式""OTHER""表""STUDENT"，鼠标右键单击，在弹出的快捷菜单中选中"导入（I）"选项，如图 8.109 所示。

（2）完成导入目录"/dm8/dm8_lback1"的手工输入，完成导入文件"table.dmp"的手工输入，完成日志文件"imp.table.log"的手工输入，鼠标左键单击"确定"按钮，如图 8.110 所示。

（3）鼠标左键单击"关闭"按钮，如图 8.111 所示。

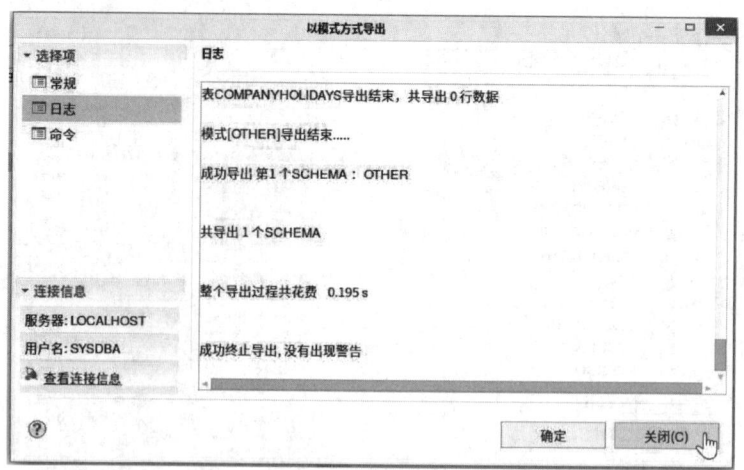

图 8.108 完成模式（SCHEMAS）方式导入

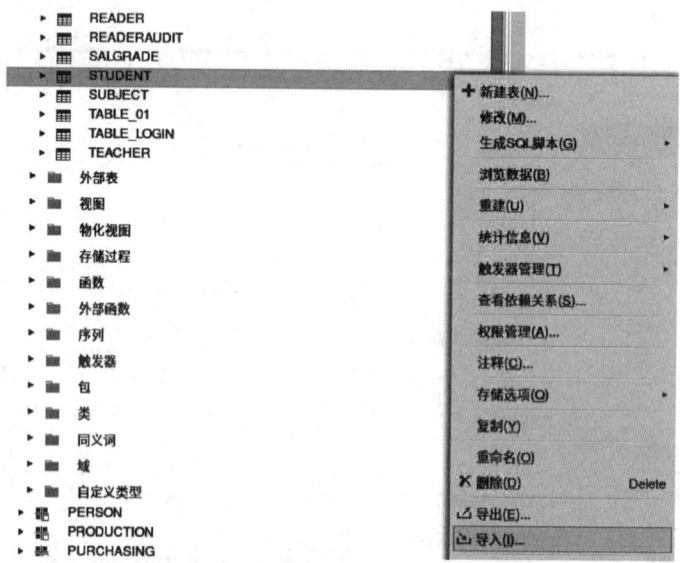

图 8.109 导入

8.3.4.2 使用命令行 DIMP 进行逻辑还原

语法格式：./dimp　KEYWORD=value 或 KEYWORD=(value1,value2,…,valueN)

语法帮助：./dimp help，如图 8.112 所示。

功能：DIMP 是 DM8 数据库中的一个逻辑导入工具，它利用 DEXP 工具生成的备份文件对本地或远程的数据库进行联机逻辑还原。DIMP 导入是 DEXP 导出的相反过程。还原的方式可以灵活选择，如是否忽略对象存在而导致的创建错误、是否导入约束、是否导入索引、导入时是否需要编译、是否生成日志等。

（1）完成目录的切换，如图 8.113 所示。

命令行：cd /dm8/bin

（2）完成全库（FULL）方式导入，如图 8.114 所示。

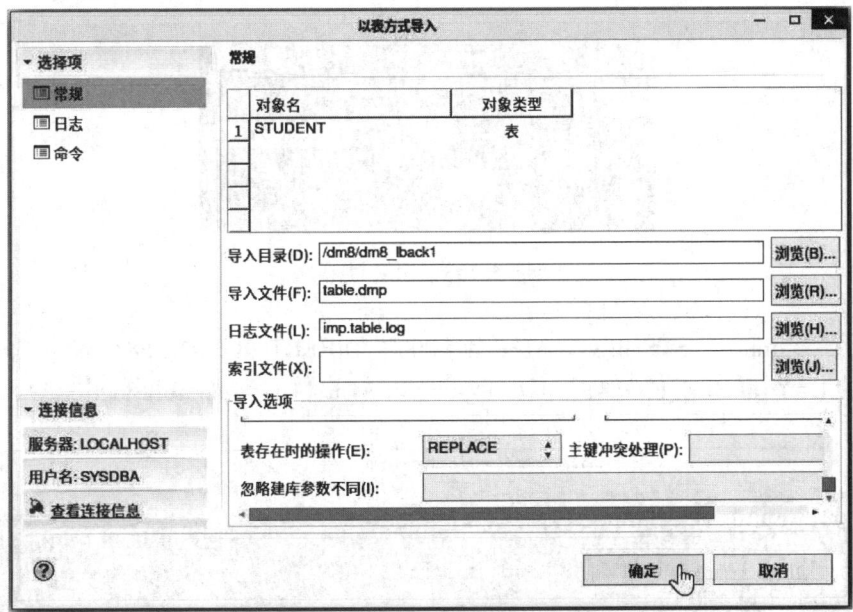

图 8.110　完成相关选项的输入

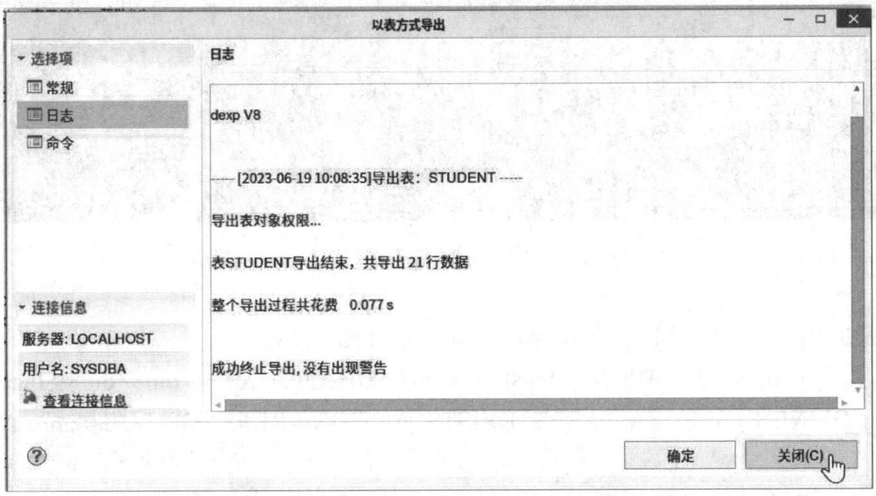

图 8.111　完成表（TABLES）方式导入

```
[dmdba@kylin-dm8 bin]$ ./dimp help
dimp V8
version: 03134283968-20230103-178822-20033
格式: ./dimp KEYWORD=value 或 KEYWORD=(value1,value2,...,vlaueN)

例程: ./dimp SYSDBA/SYSDBA IGNORE=Y ROWS=Y FULL=Y

USERID 必须是命令行中的第一个参数

关键字                   说明（默认值）
--------------------------------------------------------------
USERID                   用户名/口令 格式:{<username>[/<password>] | /}[@<connect_
identifier>][<option>]   [<os_auth>]
                         <connect_identifier> : [<svc_name> | host[:port] | <unixs
ocket_file>]
                         <option> : #{<exetend_option>=<value>[,<extend_option>=<v
alue>]...}
```

图 8.112　DIMP 语法帮助

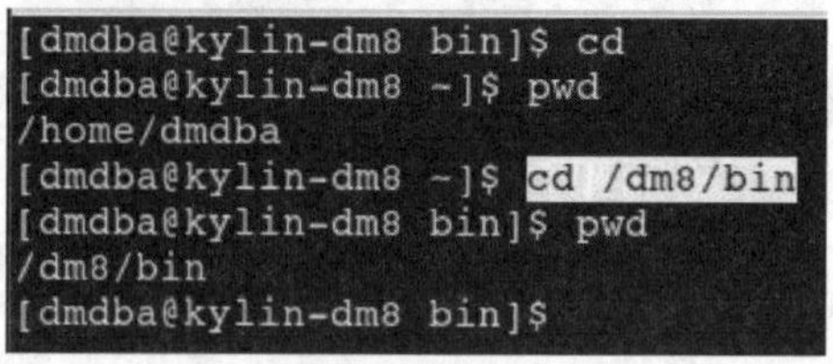

```
[dmdba@kylin-dm8 bin]$ cd
[dmdba@kylin-dm8 ~]$ pwd
/home/dmdba
[dmdba@kylin-dm8 ~]$ cd /dm8/bin
[dmdba@kylin-dm8 bin]$ pwd
/dm8/bin
[dmdba@kylin-dm8 bin]$
```

图 8.113 切换目录

命令行：./dimp SYSDBA/'"Abcd@0000"' DIRECTORY=/dm8/dm8_lback1 FILE=full.dmp FULL=Y TABLE_EXISTS_ACTION=REPLACE LOG=imp.full.log

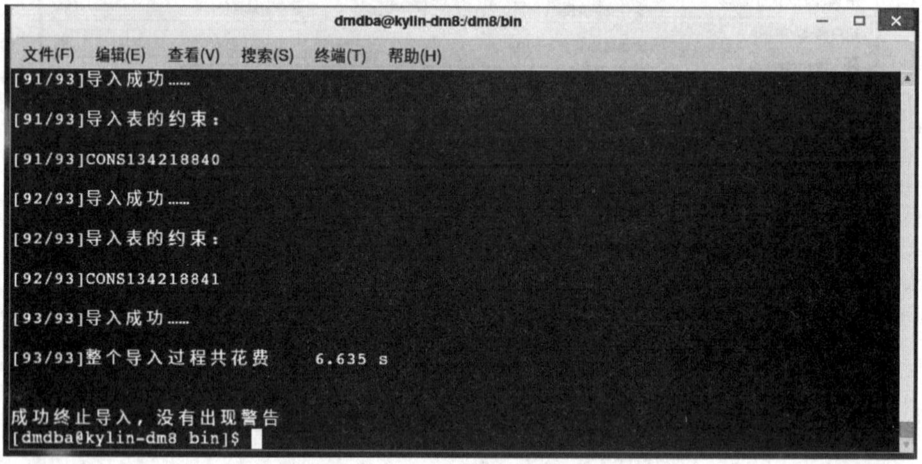

图 8.114 完成全库（FULL）方式导入

（3）完成用户（OWNER）方式导入，如图 8.115 所示。

命令行：./dimp SYSDBA/'"Abcd@0000"' DIRECTORY=/dm8/dm8_lback1 FILE=sysdba.dmp OWNER=SYSDBA TABLE_EXISTS_ACTION=REPLACE LOG=imp.sysdba.log

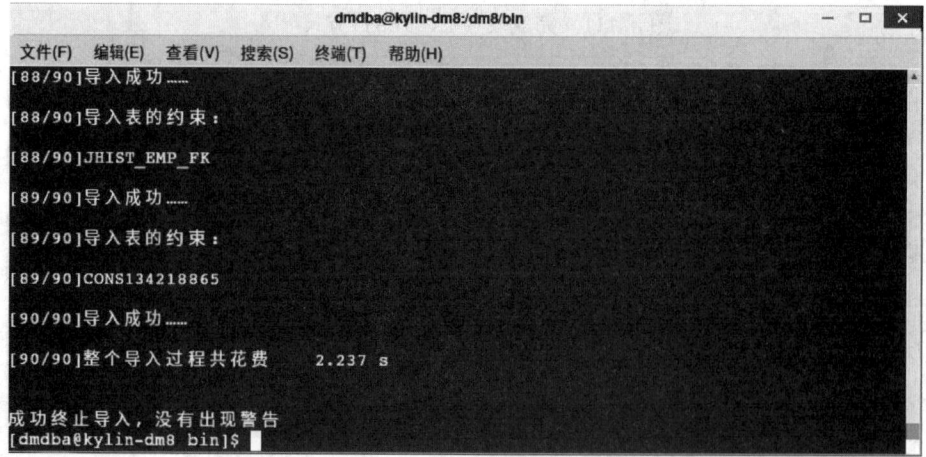

图 8.115 完成用户（OWNER）方式导入

提示：命令行中，可以实现多个用户的同时导入。多个用户名间用逗号（半角）间隔，而图形化界面只能单用户导入。

（4）完成模式（SCHEMAS）方式导入，如图 8.116 所示。

命令行：./dimp SYSDBA/'"Abcd@0000"' DIRECTORY=/dm8/dm8_lback1 FILE=other.dmp SCHEMAS=OTHER TABLE_EXISTS_ACTION=REPLACE LOG=imp.other.log

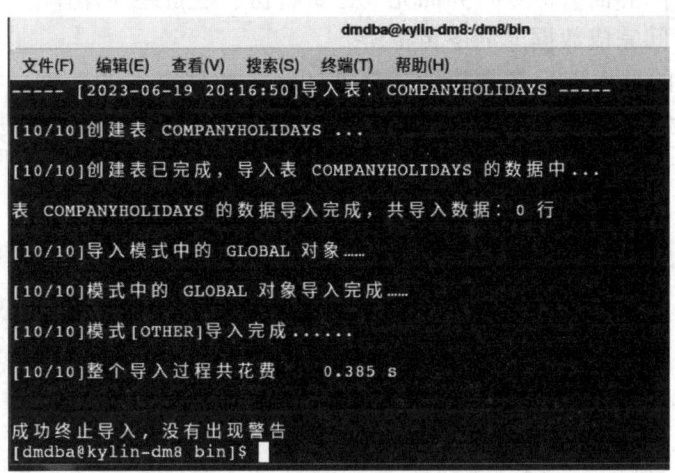

图 8.116 完成模式（SCHEMAS）方式导入

提示：命令行中，可以实现多个模式的同时导入。多个模式名间用逗号（半角）间隔，而图形化界面只能单模式导入。

（5）完成表（TABLES）方式导入，如图 8.117 所示。

命令行：./dimp SYSDBA/'"Abcd@0000"' DIRECTORY=/dm8/dm8_lback1 FILE=table.dmp TABLES=OTHER.STUDENT TABLE_EXISTS_ACTION=REPLACE LOG=imp.table.log

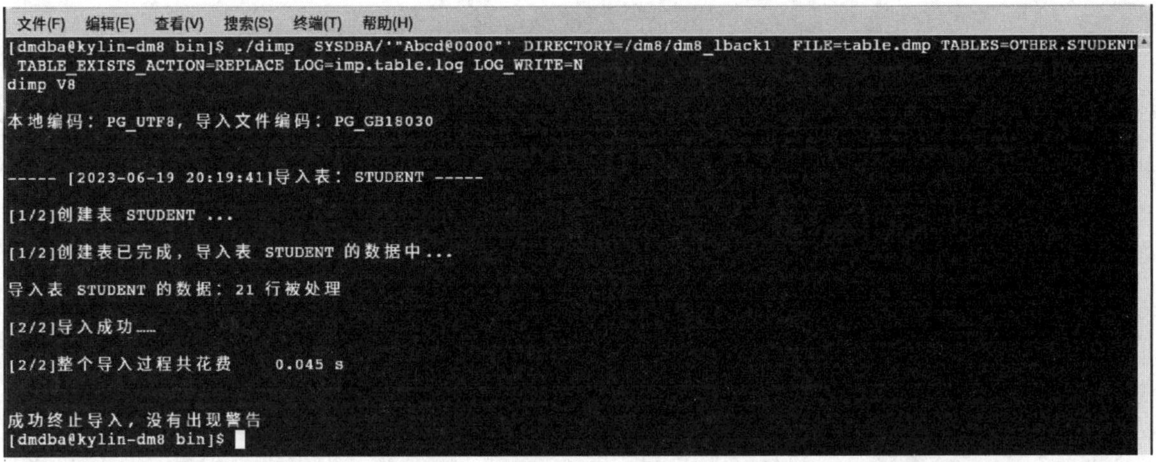

图 8.117 完成表（TABLES）方式导入

提示：命令行中，可以实现多个表的同时导入。多个表名间用逗号（半角）间隔，而图形化界面只能单表处理。

8.4 课后提升

（1）分别在视图界面、命令行界面完成备份、还原操作。
（2）分别在视图界面、命令行界面完成逻辑备份、逻辑还原操作。
（3）在指定时间完成数据库的逻辑备份。

备份的主要目的是用于后备支援，替补使用，是数据容灾的基础，在数据库发生故障时，通过还原备份集，将数据恢复到可用状态，保护数据免受意外的损失，保证数据安全。还原与恢复的主要目的是将目标数据库恢复到备份结束时刻的状态。

备份、还原操作的结束并不是 DM8 数据库学习的结束。当代中国青年生逢其时，施展才干的舞台无比广阔，实现梦想的前景无比光明。DM8 数据库有着更多的内容等待读者们进一步挖掘。